若狭路文化叢書第十七集

昔話・伝説・語り部

若狭あどうがたり集成

採話・編集／金田　久璋

解題　　　／田中　文雅

再話／ふくい昔ばなし大学再話研究会

若狭路文化研究所

協賛：（公財）げんでんふれあい福井財団

福井県の行政区画

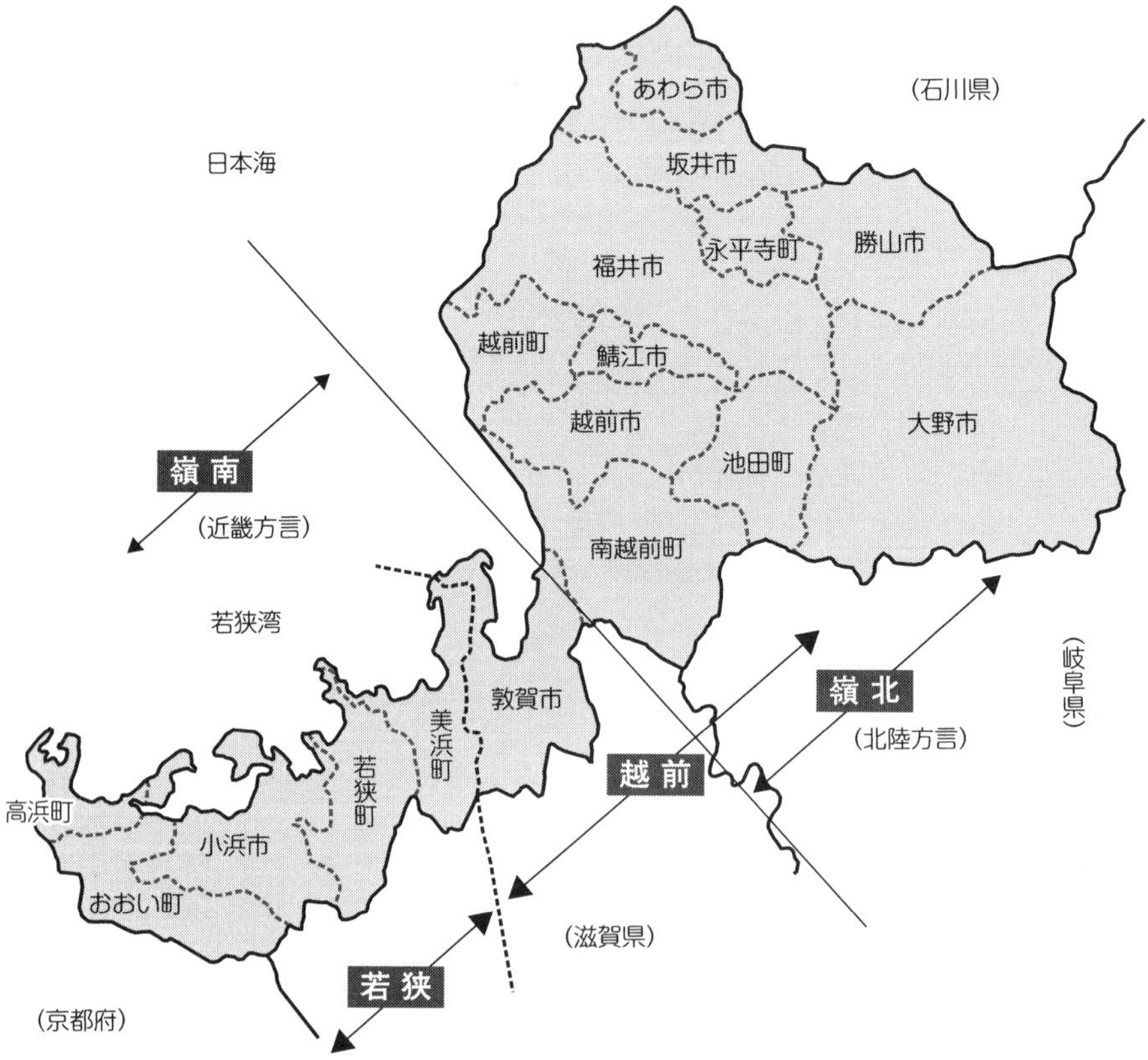

(藩政以前の国名)

若狭あどうがたり集成――★目次

若狭あどうがたり集成――昔話・伝説・語り部

◆凡例

一　本書は、若狭路文化研究会から引き継ぐシリーズの若狭路文化叢書第十七巻として、編著者が約五十年にわたる民俗調査（採訪）の折々に、各地の古老からお聞きした約三十六本の録音テープを、ふくい昔ばなし再話研究会によって翻字した昔話・伝説・世間話・笑話などの多様な資料集成を刊行したものである。「昔話」「民話」などの一般的な書名としなかったのは、話者が語り伝えた昔話を直に編著者自身が「アド（相槌）」を打って敬虔にお聞きした大変貴重な資料であることによる。なお、「補遺編」八篇は、田中当吾稿二編、森下きみ五編、「美浜のザシキワラジ」一編を収めた。そのうちザシキワラジは採話ながら、新聞への寄稿によるもので、先の七編とともに貴重な資料として掲載した。特に田中当吾、森下きみは優れた語り部であるとともに、自ら再話した原稿を遺された。いわば「語られたもの」（パロール）であるとともに、「書かれたもの」（エクリチュール）であることが極めて重要であり、口承文学としての昔話をその観点から検討、比較できるかもしれない。

二　書名に藩政以前の旧国名の「若狭」とうたってあるが、実際は福井県嶺南地方の敦賀市から高浜町に及んでおり、市町及び話者別に編集した。

三　なお、再話は話者順に収載し、話柄別に配列した。『日本昔話大成』（大）『日本昔話通観』（通）の話柄名は「解題」の「対照一覧表」に掲げた。また、翻字（再話）協力を頂いた研究会の会員の名前を末尾に記載した。

四　本書には、一部に現在人権上許されない用語も採録してあるが、採話当時の世相や歴史、心意を跡付けるためにも肝要と考え、注意を喚起するため鉤括弧をつけて標記した。

五　話者はほとんど存命されていないが、ご子孫の了解を得て姓名と生年、死亡年を記載した。話者の生き様や息遣い、日頃のお暮しについて敬意を表し永く顕彰したいとの思いからである。

六　本書は大変貴重な資料集であることから、刊行後録音テープは福井県内の博物館か資料館へ寄贈を予定しており、今後の地域活動や口承文学の研究に大いに役立てられることを期待したい。

敦賀市編

◆田中當吾（敦賀市刀根　一九一一～一九九二）

1　三左ヱ門薬

今からは、約四百年ぐらいまでになろうでしょうか。

三左ヱ門ちゅうとこの、そこの親父さんが、夜さり厠に行くつもりで、家の戸を開けたら、前の柴を入れる柴小屋の付近で、うろうろとしとる者がおると。

不思議ななあと思て、行ったところが、頭が禿げて、茶色で、小さい、ペコペコしたものがおると。

（おかしななぁ）と思たら、

（うちの後ろが川だから、昔から云《い》う川太郎《がわたろう》やないかと、はーん、川太郎かしれん）と思て、その柴小屋まで行ったところが、その川太郎ちゅうのが、しきりに頭を下げて頼んどる。三左ヱ門の親父さんに。

（おかしなあ）と思て、見とったら、指をさすので、行ったら、柴小屋にまた一人の、もう一匹の、どうも女子《おなご》らしいが、ひとり奥の方におると。でまあ、（なんじゃ）と思て。言葉も通じんし、見たところがこうお腹の大きいその雌の川太郎やと言うことを判断したので、

（これは夜中に産気づいたので、お産をするに違いないと、可哀そうなもんや、よし）ちゅうので、有り合わせの汚れたむしろを一枚そこへ敷いて。その縁《ふち》を茅《かや》の穂やらなんやら束があったから、それで囲うてやって。

「まあ、ゆっくり休めよ」と、言うて、戸を閉めてしもた。寝てしもた。

あくる朝になって、そうっと明かるうなったから、この茅で囲うた中から見たら、どうもお産したらしい。子どもに乳を飲ましておんのやと。で、男の川太郎がおらんと。

「ははぁ、こりゃ、なんか川の中にこのふたりの餌でも取りにいったに違いない」と言うておったと。誰にも言わずに内緒で、うちの女房にも言わずにおいてあったと。

そいたら、あくる日の晩、またトントンと、戸を叩くと。おかしいなと思たら、昨夜《ゆうべ》の川太郎が、ぺこぺ

こぺこぺこして、頭を下げておる。

（あぁおかしいな、よしまぁ可哀そうにのぉ。川太郎が、子を産んだと。せめて一週間面倒見てやらなしょうない）ちゅうので、うちから小豆飯《あずきまま》炊いてぇある残りを、皿に入れて、お椀に入れておいてやったと。ほいたところが、それがもうくわえて入いって喜んでおった。

一週間たって、だいぶ、来んで何やろと思て、言うたところが、一週間目の晩、開けてみたら、何にもおらなんだと。

（ふうんおらんな、ほうか、ま、いよいよ子供もどうやらこうやらきつなって（元気になって）、女房もその産の肥立ちがうまくいったので、川の中につれて行ったんだろう）と思ておったところが、中へいったら薄汚れた紙が一枚置いてある。

（あーこれは不思議ななぁ）と思て。紙にや、ただ何も、表も裏も見るけど、何にも書いてない。（うーんおかしいな）と言うので、その紙を、この神さん棚に上げて。

そしてあぁこれは、川太郎っていうのは、今、カワウソのことを言うて、水ん中へ入って生活しておると。ほして魚を食べておる。頭のてっぺんが禿げとるのは、その頭のてっぺんに水がないと、その神通力が川太郎の力が出んと、いつもその皿みたいなもんに、頭の上に水をのせておる。水のある間は、川の中ではどんなことをしても一つの力を出して生活でけるちゅうことになっとる。（というので、なるほど紙を、奴らは置

いて行きおったわい）ちゅうので、その紙を大事にして守って。
二、三年たってから、門口を、また叩く音がする。（うん、おかしいな）思たところが、見たら、川太郎や。そのぉ子を産んで、世話してやった。頭を下げてぺこぺこぺこしとる。（まいど、なるほど、まだ生きおったなぁ。まあ、だまされんようにせんならんと）思て、寝てしもた。それが、ことは済んだと。
したところが、もののひと月もたったら、旅人が来て、「なんか、あんたところに、確か、川太郎かなんかが、おいてった紙がないか」と、言うので、「ああ、思い当たるんにゃ。実はおいて行きおったんがあんにゃ。ああ分かった」と。それが、「その紙を分けてくれんか」と言うんにゃと。

「まあ、あげてもええが」って、「あんた、どこや」ったら、「敦賀の、さる薬屋や」と、こう言うた。「ふん、ほうか。よっしゃ、ほんな、まあ、あげるわ」言うたら。こんなもん置いといてもしゃあないちゅうんで、やったところが。

その一週間ほどたって、敦賀祭りに行ったところが、もう蘭射酒《らんじゃしゅ》ちゅう名前で、その薬を売り出したある。これは南蛮渡来の薬で、ほんとにもう万病に効く。お酒に混ぜてあるらし。蘭麝酒ちゅうやけんのう。売り出したところが、そこの薬屋が、もうたちまち、どんな病気でもそれを飲むと治るからっちゅうので、大変な人気になった。

ほしたところが、礼に来たって。またひと月ほどたってからそこの薬屋が、

「えれぇすまんけど、おまえのとこのぉ紙をもろて、そのおかげで薬がよう売れてな」と。

ほいたらそこの親父が、

「なぜその紙があったらもうかったんや」

「これもなんや、不思議なことで。その橋の上へおったら、川太郎らしいそいつが、指をさして、あっちの方の南の方を指さして、そこへ行くと、こうなんかする」ちゅうので。「わしゃ考えたら、（なるほど、ここになんか、そのぉ）と、思て来たら。そのしるしが、川太郎のなんかしるしが、小屋に見えたと。で、わしゃぁ、（そいつや）と思て、頼んだや」と。

ほたら、「どういうわけで分かった」たったら。「あ

ぶれと。火をあぶると、左の字で、書いてあるのが、その薬の調合する方法を書いてあるというので。私が考えた挙句が、ここへ来て紙を分けてもろたんや」。

結局それを火であぶると、処方箋が書いてあったらしいな。それによって、いろいろな薬を、草の根やら、草の葉やらを煎じたものをお酒に混ぜてるのが、蘭麝酒で。「じつは、あんたのご縁になったんだから、ほっでに」ちゅうので、そのときの金で二十両、薬屋がくれたと。

ほしたら、その親父は、

（なるほど、こりゃ、川太郎を大事にしたので、川太郎が恩返しに来てくれたんだ）と。言うので、大事にして、川太郎を祀ったちゅうのが。その三左ヱ門の薬と言うので、後には、「さんざえもん薬」という名にした。と言うので、敦賀の今の道庵《どうあん》ちゅう薬屋があんにゃわ。その元がそれやって言うことになっとる。

結局、川太郎やら何やら、いわゆるいきものを大事にしてやらないかんと言うひとつの伝説やと、わしゃ考えとるんにゃけどの。四百年ほど前ちゅうと、結局、いろいろ、キリストの伝道使徒やなかったか。あたま赤いやろ。ずうっと福井のほう行って、伝道すんにゃけど、迫害を受けるやろ。ほんで、夜さり夜に昼、隠れてはぁ、追ってくっで。女房が、おなか大きなって産気づいた言うのが、夜さりを人目を忍んで。三左ヱ門の柴小屋に泊めてもらって、子供育てて、夜さりまた、女房を連れていったと。結局、その薄い紙に書いてあるちゅうのは、結局、化学製品、にがりでな、にがりで紙に書いて、乾かすとなんにもわからん。「あぶりだし」ぃて、あるんやが。そういう方法で、横文字いうのは、結局、いろんな処方箋を英語で書いたと。わしの判断やけどな。結局、異国のもんでもや、川太郎と言わにゃぁ。人間やちゅうと、キリシタンのまあ言うと禁教のもんやちゅうと、大事《おおごと》や。その本人を泊めたもんも、罰されるし。そのもんも、お尋ね者になっで。そういうもんが、とった形勢がある。たいした問題になるので。川太郎言うので、その爺いが、結局保護したとわしは考えとんにゃけど。という伝説があんのが、川太郎の、三左ヱ門薬や。

（翻字　ふくい昔ばなし大学再話研究会　坪内啓子）

2 熊の恩返し

むかしぃ、むかしもあったんにゃとい。あるところにぃ、おっ母あとぉお父っつあんと、坊らとおったんやといゃ。

ほうしたら、お天気のええ日にぃ、山の奥へぇ、田んぼをぉ、打ちにいっとったんやと。

バターンバタンとぉ、びっちょ（備中鍬）で打っておったらぁ、とことことこーっと、坊はぁ、そこへぇ、谷間へおりたらぁ、「おっ母あ、あのぉ、熊ぁ、いかーい怪我してぇ、血を出してぇ、ごろーんとないて寝とるでや」「ええ、坊や、どこやい」ちゅうたら、

「ほらいの、こっちやがいの」ちゅうさかいぃ、おっ母とお父っつあん見に行ったら、いかーいいかい胸元にしろーい月の輪のあとのあるうツキノワグマっちゅうぅ、そのいかーい熊ごろーんと寝とったんやとい。

「ああ、かわいそうにぃ、ほうか、熊や、わいはぁ、崖から落ったのかぁ、猟師にやられたのかぁ、なんじゃいえ。ほうか」ちゅうてぇ。熊をぉこちらのぉ、川の溝から上げてぇ、平《だいら》になった草やぶへごろーんと寝さしてやって。もってきたぁ、なんじゃらぁっていう薬もないけどう、そこらにあるぅ、ほらぇのなんじゃらほいの、あの苦い、なんじゃらあるやろう、あのぉ薬の葉（ヨモギ）があるやろがね。それをぉ、練ってぇ、

塗ってやった。

　ほいたらぁ、血はぁ、止まってぇ、ほいたら熊、ぺこん、ぺこんとぉ、お父っちゃんとおっ母に礼しとんにゃと。坊はぁ、こっちの方でかぶられると悪いさかい見とってぇ、

（ああ、熊もぉ、うちのおっ母らのぉ、なんじゃらでぇ、あんばい治ったわい。傷も治ったやら、血は止まったわ）と思ってぇ、おったんやと。

　お父っつあんとおっ母と、そんなことしとったら仕事はあかんちゅうのでぇ、はかどらんちゅうのでぇ、またこっち来て田んぼ打っとったんやて。

「坊や、見てこい」ったらぁ、

「お父っつちゃん、熊、おらんでや」っちゅうんにゃて。

「ふうん。ほうかい。治ったさかい、血や止まって治ったさかいぃ、どっかそこら去《い》んだんて行ったんでよ」って言うてぇ、「よかったな」ちゅうとったんやって。

　ほいたらぁ、春になりぃ、いよいよ田んぼ植えてぇ。夏になり、いよいよぉ秋になってぇ、田んぼの草取りもしてぇ、まだぁ、世話したんやけど。どうやらぁ、実りの秋になっても穂は出んのやといや。「弱ったでよ、今年はなんじゃらぁ、あっこのぎょうさん（仰山）の田んぼは、ちょーっとも穂は出んわ」って、心配しとったんやって。

　ほして秋になって、よそにはみな、ええ穂が出て取り入れるしぃ。

「どこらのあのおっちゃんの田んぼは穂は出んのやって」山芋掘りに行ったぁどこらの兄にゃがぁ、こう言うて、みんなに笑われたんやって。

　お父っつあんとおっ母とぉ、「いっぺん兄にゃま見に行ってこかい」って。田んぼ行ってぇ、見てぇ、鎌で、がーいとぉひと株刈ったらぁ、穂は出んのやけどぉ、茎の中から、ぞろぞろぞろーっとぉ、うまそうなぁ、米が落ってきたんやって。

「おお、こりゃ不思議やでおっ母あ」

「なんじゃいえ」

「穂は出んけど、この茎の中から、米や出てくんにゃ。ありがたいやないがいえ。刈ろうでよ」っちゅうて、おっ母とお父っつあんと一生懸命刈ってぇ。持って、負うて戻ってきて、納屋でみな米を出してぇ。ぎょーさん米あったんやといぇ。

「おっ母や、不思議やないかいえ。明日《あした》も行って、取てこうでよ」っていって行ったらぁ、熊がぁ、ちょーんとぉ、その田んぼのぉ畦にぃ、座っとんにゃと。

「あらー、お父っつあん、こないだぁ春先に怪我して、草の薬つけてやったたぁ、なんじゃらのぉ薬を、草の薬つけてやったたぁ熊やがいの」ったら、熊ぁ、ぺこーんぺこんとぉ、頭下げてぇ、二人のぉ、稲刈るのを見てぇ、熊がおった。ずーっと山へ上がって行ったんやといぇ。

お父っつぁんとおっ母とぉ、家《うち》もどって、

「坊や、やっぱ生き物《もん》を大事にしてぇ、熊をあんばい世話してやったさかい、こんな世話のかかることせんとぉ、熊が神さんに頼んでもろてぇ、米を、穂に出んようにして、じくの中へちゃーんと詰めてぇ、すーぐに米になるようにしてくれたんやと。」

ほんまにぃ、そんなこと思うとぉ、やっぱ、獣《けだもん》でもぉ、大事にしてやらにゃあかんでよ。な、わかったかいえ。

これで、この話はそうらいのけつぽーっぽ、と。

（翻字　ふくい昔ばなし大学再話研究会　ほやほやグループ）

3　六部と狼

あのう、むかしもむかしも、あったんやとい。

刀根のぉ、唐子《からこ》の奥山にぃ、ずうぅっと道があってえ、柳ヶ瀬《やながせ》ちゅうとこ行く道あったんやといの。

ほでぇ、唐子《からこ》のとこにぃ、いかぁい（大きい）、いかぁい、けやきの木ぃあったんやと。道の上を這うようにぃ、ずうぅっと大きな木が、枝の茂った木がぁ、にゅうぅっと出とったんやって。

ほしたところが、むかしやさかえ、旅歩く六部《ろくぶ》さんちゅうのおったんやて。刀根の宿に泊まらんとぉ、（まだぁ、日も高いさかい、ぼつぼつ行こ）と思てぇ、お遍路さんのかっこしてぇ、杖ついて、行ったんやとい。

なんじゃら、行ったけど、にわかに、日がとっぷりと暮れかかったんやとい。しゃあないさかい、柳ヶ瀬まで行くぅ唐子《からこ》のぉ坂の峠のところで、いっぷくしとったんやて。だんだんだんだん暗《くろ》なっさかい、（こら、困ったなあ）と思てえ。そこの六部さんの背中に負うとる、仏さんをちょんとそばに置いて。いっぷくしとったんやと。ほた、ガタガタガタァって言うんやと。「ほおっ、おもしろいでよ」って、ひょいっと見たらぁ、もう目がぴかぁあっと光った、狼やといや。

　狼や、ガタガタガタァっと来てえ、いまにも食らいつこうとすっさかい、「こらぁ」って、杖でぇ払ってんて、

（ああ、こりゃたいへんや）て、六部さんは、けやきの木ぃの上へずうっと、いかいけやきやはかい、にゅうぅっとしとるさかい、わらじを脱いで、そこへ上がって。ちぃんと座っとったんやて。

　ほいたぁ、またぁ、狼やらが、ばらばらばらぁっと、今度ぁ、二、三匹来たんやと。ほんで、（おお、来たでよ。たいへんやでよ）と思て。六部さんが、木ぃのもうちょっと奥行って、ちょおんと、そこに、枝にもたれて、座っておったらぁ。狼が、その上になりぃ、その上になりぃしてぇ、下に台こしらえて、自分はその上になってぇ、狼や、こう、上がってきたんやて。

　六部さんが、ひょいっと見たら、もうちょっとで届くとこにおんにゃと。狼の下におるう親方かぁそれがぁ、「おいっ、もう一ぴきでぇ、六部に届くにゃがぁ、届かんかい」て言うんやと。いちばん上になっとるのが、若い衆の狼やらぁ、「もぉういっぴきおったらぁ、この六部食えるにゃけど、あかんでよ。あかんにゃぁ」ちゅうて、下のもんに言うたら、「ほうかい、よっしゃ。それならぁ、柳ヶ瀬の太郎が母、呼んでこうかい」ちゅて、言うたんやと。

（ほう、おかしいこと言うなあ）と思て、六部さんおったらぁ、ばらばらばらぁっと、また、上になっとったやつ降りて。ずううっと、足の速いやつが、峠のほうにのぼっていったんやとい。

　ほしてぇ、半時も経ったかぁそこらになったら、やって来たんやと、また、おおぜい。

　気のきいたような狼が、「お婆あ、おまえ、いちばん上にあがってぇ、届くにゃさかい、六部をくわえてくれの」て、言うにゃとい。

「よし、わかった。うらぁ、あの柳ヶ瀬の太郎が母で、今まま食てぇ、寝るようなかっこうしてきたさかい、あいつら知らんさかい、うらぁ、よし、いちばん上あがってくわえるわい」て、相談しとんにゃと。

ほしたぁ、ばたばたばたばた上手にぃ、なってきたんやと。太郎が母の婆《ばあ》がぁ、ちょぉんと上になってぇ、六部さんめがけて、グワァーっと、かみつこうと思たら、六部さんが、杖で、頭の眉間《みけん》をめがけて、ガアーンと、その狼のいちばん上の年寄った狼を突き落としたんやと。

たら、ギャアーっとないてぇ、「弱ったあ」て、言うたと思たら、ダァーっと、太郎が母も狼も散ってもたんやて。（あぁ、よかったな。もうちょっとで、狼に食われるとこやった）て言うて、思とったらぁ、夜がしらじらとて明けてきたんやとい。

（あぁ、なんでもよかった）と思たら、そこらにぃ、狼が、もう、ひっでもん、いっしょうけんめいにやったのか、糞《くそ》いっぱい残して、跡《あと》あんにゃと。（あぁ、よかった。これもこのぉ仏さんのおかげや）と思てぇ。よろこんで。笈摺《おいづる》負うてぇ。とぼとぼとぼとぼ峠を越えて。ほいて、ひょいと峠から見たら、ほらぁ、柳ヶ瀬が見えるんにゃて。

（ようし、こりゃあ、柳ヶ瀬はこんぐらいやし、早よおりてまえ）と思て、柳ヶ瀬めがけて、とぼとぼとぼとぼ行って。柳ヶ瀬のぉ、村へぇ着きかかったんやと。

（よし、待てよ。ゆんべ、太郎が母とたしかに言うた、太郎が母の婆。まま食てぇ、寝るって言うたでよ。おかしいでよ。ひょっとしたら、そいつがぁ、婆がぁ、人間かもわからんしぃ、狼かもわからんさかい、いっぺん、その太郎が母訪ねてみよ）思てぇ、思たんやとい。

道を通っとる、お爺やんにぃ、「太郎が母、太郎が母ちゅうて、おるかいの」っと。

「ふん四、五年前から、どこらぁ宿とってぇ、親切に、家のために留守番したりする婆《ばば》さんが、おんにゃ」ちゅうにゃとい。

そこへ聞いてみぃのちゅうのでぇ、

「こんにちはぁ」

「ごめんやす」ちゅうて、言うたらあ。

「なんじゃいの」ったら。

「太郎が母ござらんか」たら、

「おることはおるんやけどのぉ、夕べ、厠《かわや》へ行ってぇ、入りしまぁ、けつまずいて。どこら、顔に血が付いて、『痛いっ』て、寝てござるでや」、そこの坊や言うにゃといの。

(おかしいな)と、思てぇ。「ほんならぁ、そのお婆《ばぁ》に会わしてくれの」て、言うたらぁ、「そうかいの。お婆に、いっぺん問うわの」ちゅうてえ、そこのおっ母が、寝床へ、とことこっと行って、「お婆あ、六部さんが、いっぺん、会いたいといの」ったらあ、その婆、「もうあかんでよ。そんなもんに会わんでよ。え

ろてかなんさかい、会わんでよ」て言うにゃと。

ほんで、「ほんなこといわんとぉ。六部さん会いたがるさかい、どうやいの」たら、「ことわれよ、ことわれよ」て、言うんやと。六部さんに言うたら、「ほお、おかしいな。ほんなんなら、その婆さん、なんじゃら食うか」

「なんじゃらて、なんじゃいの」

「にわとりの肉やら、魚食うか」

「ほぉいの。それが、好きでぇ、困んにゃわいの」

「いつから、ここへござったやいの」ったらぁ、

「ここ三年前にぃ、ここの婆がぁ、どこら、おらんようになったんで。ほんで、『おらんようになったさかい、うら、代わりに来たわ』ちゅうて、来たんやといの」。

(ほうか。こりゃ、おかしいな)と思て、六部さんが、(よっしゃ、ひとつ、その、婆にぃ、どんなことでも会うてやろう)と、思てぇ。

「うらぁ、わしゃぁ、その婆さんに会う」ちゅうて、とことことこぉって、行ってぇ。寝床のぉ障子を、ぐわぇえと、開けてぇ。見に行ったら、びっくりしたはかい、その婆が。狼の姿になって、ばぁぁあっと、飛

びかかってきたんやと。

「こらあ、ゆうべの狼ぃい」て、その杖で、ぱんぱんぱんぱあんと叩いたら、性根あらわしてぇ、「ぎゃあぁあ」。

そこにおる家のもんがびっくりしてぇ、

「おとろしやぁ、狼やわあぁぁぁ」て、言うたんゃと。

ほんで、六部さんがぁ、「おらんようになった婆ちゅうのはぁ。ここの婆を食い殺して、その狼が、ここの婆に化けておったんやてや」て、言うたらぁ、みんな、

「ほうかいの。恐《おぞ》い狼やのうぅ」って、みぃんな、あっけにとられて。まあ、びっくりしたんやと。

「しかしぃ、どんな狼は狼でもぉ、恐いもんやで、たたりがくるとかなんさかい、せんようにぃ、この祠《ほこら》にぃ、狼祀ってやれ。ほっと、悪いことせんさかい」て。

六部さんが、そう言うてぇ、祈ってやったんやと。

それからぁ、柳ケ瀬と峠のあいだのぉ、狼ゃ夜さりだれが通ってもぉ、もう、悪いことせなんだといぇ。

ほれが、そうらいのけつぽぉっぽと。


（翻字　ふくい昔ばなし大学再話研究会　坪内啓子）

4　刀鍛冶と竜神

むかしぃ、むかしあったんやとい。

ずうっと、刀根とぉ、麻生口《あそうぐち》の境に、金洞《かなぼら》ちゅうとこがあんにゃがぁ、そこのぉ話やが、聞いとれよ。

鍛冶屋口ちゅうとこあんやと。そこにぃ、むかしぃ、金洞《かなぼら》から出る鉄《かね》で、毎日とってんかん、とってんかんとぉ、お爺やんと、鍛冶屋の娘と、ふたりでぇ、そこらにあるぅ鉄《かね》を掘って、その鉄《かね》で、刀をこしらえたっちゅうんやて。

その娘さんが美しい娘《こう》でぇ、そこら中の、村の若い衆が、毎晩、のぞきにくんにゃといぇ。

「よう働く娘《こう》や」て、ほめられもんやったんやと、
ある日ぃ、美しいしっかりした男が、

「おはようございます」って、来たんやと。

「鍛冶屋の、親爺やぁ。おはよう。わしゃぁ鍛冶屋やがぁ、刀をぉわしゃひとりで作るさかい。そちのぉ、姉《ねえ》めを、わしの嫁にくれんかいの」て、言うたんやと。

ちょっと、鍛冶屋のお爺やんが見たら、美しぃいしっかり背の高い美しぃい若い衆やといいね。

「兄にゃんとこ、どこや」言うたらぁ、

「わたしはぁ、ずうぅっと、敦賀のぉ海のほうのぉ端《はし》の方のぉ所もんや」て、言うにゃとい。

「ほうか。うちのぉこんな姉めらではぁ、とてもあかんさかいで、兄にゃあかんでよ」ちゅうたんやとい。

「いや、そんなこと言わんと、お父っつぁん、どうか、わしにくだされ」言うんやと。

「ふん。ほうかい。ほんなんならあ、兄にゃ、刀ぁ打つかいえ」ちゅうたら、

「刀、打つ」

「よっしゃ、ほんなんならぁ、きょうのお日さんがぁ西へ沈んでからぁ、明日ぁ、鶏が鳴くまで、刀ぁ百本、打てるか」

「うん、やってやる。ほしたらぁ、その姉《ねえ》くれるかいの」

「よし、百本、刀ぁ打ったらぁ、やるわい」て、言うたんやと。「明日たぁ、朝方来るわの」ちゅうてぇ、約束して行ったんやて。

「あんな一夜《ひとよさ》にぃ、刀百本も打てるかぁ。あほなこと言うとる。けども、こりゃ困ったこっちゃでよ。姉《ねえ》や、わい、気いつけよ」ちゅうて、言うておったんやと。

ほいたら、あくる日の朝になったらぁ、来たんやと。

「段取りができるまでぇ、ちょっと、そこのむこうの部屋でぇ、いっぷくさしてくれ」

「しゃあないなあ」「ほんにゃここにぃ、玉鋼《たまはがね》って、刀のぉもとになんの百あるさかい、これでぇ、ええのをぉ打てよ」ったら、

「うん、わかった」と言うんにゃとい。

ほしたらぁ、夕方になったらぁ、鉢巻してぇ、ちゃあんと白装束で。ふいごのそばと、鉄床《かなとこ》でぇ、座って。やりかけたんやと。もぉう、いっしょうけんめい打って、打つんにゃと。（こりゃあ、ひどい若い衆やわい）と思て、おったと。

ほして、夜さり、カンカンカンカンやるさかい、この鍛冶屋のお爺やんがぁ、障子の穴からひょいと見たらあ、形相は、鬼みたいな顔して、打っとんにゃと。ひょいっと見たらぁ、もう宵の口に、早や二十本ほど作ってあんにゃと。

（こりゃたいへんや。それならぁ、こら、なんか段

取りせにゃぁあかん）と思てぇ。（うちに、飼《こ》うてある鶏が鳴くまでぇに打て、ちゅうんやはかい。よっしゃ）と思てぇ。鶏の止まっとるとこ、竹筒のとこへぇ、こっちからずうっと湯ぅを通して。とりを止まらしてぇ。湯ぅを通すと、（鶏はぁ、明るいや暗いでわからんにゃ。足もとぬくといと、朝になったと思て鳴くさかい。よっしゃ。そうでもせぇにゃ、うちの娘、こんなもんに連れていかれたらたいへんや）と思て。やっとったんやとい。

　ほして、見たら、もう、九十九本打っとんにゃと。ほんで、それももう、まだ夜中やとい。ほんでぇ、鶏の止まっとるとこへ熱い湯ぅを、鉄瓶からずうっと流したらぁ、「コケコォッコォー」って、鶏が鳴いたんやといや。

　ほいた、その若い兄にゃあ、がたあぁっと、その場にぃひざまずいて。打ちかけた刀を、もう一本ですむのを、「弱ったなあぁ」って、残念そうにぃ、小首かたげて、その場へ、坐ってもたんやと。

　（ようし）と思て、そこの鍛治屋のお爺やんがぁ、

「兄にゃぁ、どやぁ、打ったかぁ」

「鶏ゃあ鳴いたぞぉう」言うたらぁ、

「あかなんだぁぁ」ちゅうてぇ。九十九本の刀を、ぐじゅぐじゅぐじゅぐじゅうぅと、手ぇの力でぇ曲げてぇ、ぼぉおぅいっと、前の川へ投げてぇ、その川の上を、すううううっとぉ、海のほうへ逃げていったとい。

　「おとろしやおとろしや、まともやない。ありゃあ竜神やった。うちの娘にほれさらしてえ、竜神が、どないしても連れてくつもりやったんや。ああ、よかったぁ。姉やぁ」ちゅうて、言うたらぁ、姉《ねぇ》め、おらんのやとい。

お日さんがあがってぇ、ぱぁあって見たら、どこらさがしてもおらんのやしぃ。敦賀の浜のとこからぁ、二、三日たったらぁ、姉《ねえ》めやぁ、その橋の下で死んどったってぇ、知らせて来たといえ。

やっぱぁ、あの竜神が、うちの姉《ねえ》め連れていってぇ、ぬしがうちの姉《ねえ》め殺して、ぬしゃ海へ逃げたんやってぇ。ほして、そっちのほうむいて、

「なむあみだぶつ、なむあみだぶつ」て、仏壇に祈って。

「おっ母あ、わい、弱ったわいえ」ちゅうてぇ、仏さん拝んだんやて。その仏さんの向こうから、むすめのぉ、「お父っつぁあん、お父っつぁん」言うて、ふた声言うて、もうせんのやと。

「わいは、かわいそうなことしたなぃ。あんばい、極楽行けよ」って、言うて。チーンチンと、鉦ねぇならしたらぁ、

「はぁあぁあ」ちゅうてぇ、息が聞こえたんやと。

「あぁぁほうか、聞いたかいえ。あんばい、極楽行けよぅ」て、言うたんやとい。

それでぇ、そうらいのけつぽうっぽと。

（翻字　ふくい昔ばなし大学再話研究会　坪内啓子）

5　くわんくわんくったくった

むかしある所に、小僧ひとりと和尚さんがおったお寺あったんにゃと。小僧が、

「和尚さん、今日は、どこへいかっしゃる」言うたらぁ、

「わしゃな、この山からおりてぇ、檀家のぉ法事に行くさかぃ。おまえ、まめに寺守りしとれよ。火の用心が肝心やでよ」

「はい、わかりました。行っておくれ」て。

和尚さん、とぼとぼぉ山おりて、檀家の法事に行ったんやと。「ようし」小僧はひとり残って、

「あの和尚さんな、きのう、檀家の婆さんがぁ、牡丹餅をぉ、ぎょうさん重箱入れて持ってきたのを、わしに『ひとつ食えや』って言わんのや。和尚のおらん間《ま》にぃ、ひとつ食ってやろ」て、言うて。その部屋へちょこちょこぉっと、入いってぇ。棚見たら、いかぁい重箱にぃ、牡丹餅がぎょうさんあんにゃとい。

「ようし。うまそうなさかい、ひとつ食ったろ」ペロ

ペロっと食ったらぁ、うまいさかい、

「ああ、うまい。ここらへんで問題ない、もうひとつ食おう」と思て。また、食たんやて。

「ええい、もう、頭どつかれてもだんない（良い）、もうひとつ食おう」て、七つとも全部食うてもたんや。（こりゃ弱った。食うてから腹ぽんぽんになったしぃ、和尚さん戻ってきたら、なに言おう）と思て、弱ってたんやと。（ようし）て、考えたんやと。

その重箱洗う前にぃ、重箱のぉ、ぐるうっと指でぇ、小豆をおさえて、こっきりとって。「よし」って、重箱のぉきれいに。茶碗の中へちょんと入れて。

ほいで、重箱洗てちゃんと重ねて、（帰りなったら、和尚さんに、また、言わんならん）と思て。「よし」考えたらぁ、「わかった、わかった」と。

小さい床の間に飾ってあるぅ、仏さんの口にぃ小豆をちょいっとつけたんやと。

「よし、わかった。こんでいい」て、和尚を待ってたら。

「小僧、今、もどったぞぉ」

「早うおかえりぃ」ちゅうて、言うたんや。

和尚さん、ずうっと奥へ入いってぇ、説教に歩いとったさかい、おなかすいたんじゃ。（昨日もろた重箱開けて、牡丹餅食おう）と思たら、ないんんやと。（小僧め、あいつが、食いさらしたな）思てぇ、くそっ腹立ったさかい、

「小僧、ちょっとこい」

「へぇえい」ちゅうて、行ったらぁ。

「おまえは、この牡丹餅食たのかぁ」言うたら、

「いやあ、食わん」ちゅて。

「ねずみかなんか食たのちがうか」ったら、

「こんなとこへ、ねずみが入ったりしようか。牡丹餅の重箱どこへやった」ったらぁ、「わしゃぁ、誰ぞがみんな食てもてないさかい、気の毒なさかい、洗てちゃあんとぉ流しぃ片付けてある」ちゅうたんや。

「そうか。ほんまに、食わんかぁ」たら、

「食わん」

小僧がちょいっと見てぇ、

「和尚さん、そこの仏さんが食たやらあ、口にあんついとる」って、言うたんや。

「こんなもん、仏が食いそうなことはない。小僧、この火吹き竹持てこい」ちゅうて。

「はい」っちゅうて、持ってったらぁ、

「この仏を、いっぺん、ひどい目にあわして叩く」ちゅうて。和尚さん火吹き竹でぇ、その仏さんをコォーンと叩いたんやといな。

「くわあんくわあん」て言うんにやと。

「これ、小僧、この仏さんが、食わんて言うとるがぁ」

「ほんでも和尚さん、口に、小豆がついとる」と。

「小豆がついとるんやと。こんな金仏《かねぼとけ》がぁ、金仏《かなぶつ》がぁ、そんなもん、食ったりするかえ」

「和尚さん、ほんなんならな、この仏さんを白状さそう」て。

「どうして、するんや」

「ちょっと待て。鍋に湯ぅたんと入れて、ちょっと、沸くまで待っとれ」

「和尚さん、湯が沸いたでよ」ちゅうたはかい、

「ああ、ほうか」ちゅうてぇ、

「和尚さん、その仏さん連れてこい」ちゅうさかい、和尚さんしゃあない、連れてきてぇ。

「そこ入れ」

「小僧め、おまえらに使われて、何じゃい」

「和尚さん、さっきい、火吹き竹でどついたら、『くわあん』ちゅうたけんどぉ、ここ入れえの」ったらあ、和尚さんふたあけて、そこ入れたら。ちょっと煮やしたらぁ、「くたくたくたくたくた」て、煮えたんやと。

「和尚さん、こんでどうやぁ。『食ぅた』ちゅうとるぞぉ」、言うたらぁ、

「おまえには、もう、かなわん、負けた。おまえの腹見せえったらぁ」、「それだけは見せん」ちゅうたといえ。

ほんで、そうらいのけつぽうっぽと。


（翻字　ふくい昔ばなし大学再話研究会　坪内啓子）

◆下原久太郎（敦賀市山　一九〇三～一九八六）

6　ちょちちょち話―鼠経

昔は、わたしらでも、生まれた子どもにゃあ、「ふ

ご（いずめ）」ちゅうて、竹でこしらえた「ふご」ん中へ入れては育てたもんや。ほうんならせな、今んてなに楽におらせんのやけえ。筵《むしろ》をもう、しょうちゅう織ったもんやから。朝の四時頃からぁ晩げの九時ごろまでぇ、夜なべしてえ。筵織ってな、ほんで子どもはみな、「ふご」ん中へ入れたんや。ところが、もう半年もたってくるとぉ、ちょっと笑うようんなるとぉ、「ちょっちょい、ちょっちょ」と、「ちょっちょしよ」を教《おせ》えたんや。「ちょっちょっちょ、おつむてんてん、あわわ」「ちょちちょち、あわわ、おつむてんてん」っちゅうことを教《おせ》えたんや。「ちょちちょち」ちゅうもんを、はじめひとつぅ。「ちょちちょち」って、こう手をたたく。「ちょっちょちちょち」って、こう手をたたいたんや。

その「ちょっちょち」についてえ。だいぶまあ昔のこっちゃけどぉ。徳川幕府の時分にぃ、江戸に徳川幕府っちゅうのがあった時分にぃ、福井のぉ松平藩っちゅうのが、福井県は百五十万石かそこらのあれがあったんやな。侍がおったんや。ところが、毎年、上納を三百両っちゅう昔の金《かね》やけえ、そりゃ今の三十万円もするようなもんやでぇ、毎年《ねん》、その上納を江戸まで持ってかんならんのや。ところが、今とは違《ちご》て、東海道五十三次を歩かにゃいけんのやでえ、ほんで一ヶ月ほどもかからにゃ、それを納められなんだんや。ところが、毎年《とし》、松平家の殿さんが毎年毎年そうやって、（もうこれなら大丈夫やなあ）と思て持たしてやるんやけんど。道中にゃあ、追いはぎがおってえ。道中どんねしても、盗られて、満足に納まった年がなかったんやと。

いよいよ、秋の十一月頃んなったところが、また上納を納める日が来たんやと。ほうすっと、毎年毎年、三百両の金《かね》を持たしてやるんやけども、まともに、徳川幕府まで着いたのが、江戸まで着いたのが、まん、無いんやなあ。

（今年はこりゃあ誰に持たしてやろう）っちゅうなこと、殿さん考えたんや。ところがその、殿さんの足軽に、桶屋が商売でぇ桶屋が上手でぇ、桶屋の善っちゅうのが、それはとても頓知《とんち》はええんやなあ（桶屋の善助なら、頓知がええさかいに、頓知でうまいこと切り抜けて、ひょっとしたらぁ、持たしてやったら、うまいことといくかも知れん。で、今年はその桶屋の善に持たしてやろう）っちゅうようなことで、ある時、上納おさめる日が来たからになって、ほれから桶屋の善を呼んで、

「毎年毎年、もうまともに、江戸まで行くに、納めたものがおらんのやが、お前は頓智がええしい、ひとつぅ今年はその上納を持って行ってくれんか」と、こう言うんや。

「ああ、やったら、わしんてな者は、こりゃあ、行っても、うまくいかん」っちゅうんや。

「いや、お前はとても頓知がええさかいに。一つ、今年はそうして持って行ってくれ。乞食坊《ぼう》さんになって行ってくれ」と、こう言うんや。乞食坊主になって、乞食になって、一軒一軒歩くような乞食の坊《ぼん》さんになって行ってくれって。

「こりゃあ桶屋で行くんならええけど、こりゃ乞食の坊《ぼん》さんなんてぇ」と、こう言うんや。

「いや、それがええんやさけ。おまえは頓知がええさかいに、ひょっとしたら、うまいこと行けるかもわからんさけ。ほんで、乞食坊主になってえ、坊主になって行ってくれ」と。

ほうして、古びた衣を工面してきて。ほいて、こう着せて、こうやって笠かぶってぇ、錫杖《しゃくじょう》を一本ついてぇ、数珠《ずず》かけてぇ、ほいて、坊《ぼん》さんになってえ。ほいて、三百両の金を懐へごっそりねじ込んでぇ。福井を出たんや。

ほいたらまあ、

「今日もまあ無事やったぁ。明日も無事やった」ってえ、だいぶどんどん遠くまで行くけど、東海道をずうっと遠くまで行ったけど、別に追いはぎにも出会わんのや。ほれから、いよいよ明日は、この箱根の関所を越さんならんのや。箱根の関所を越すのは、一番この辺には、追いはぎが多いんやと。（ここをひとつ、まあまあ切り抜けたら、たいがい行けるやろう）と、善助も思たんやと。その晩は、（どうにかして箱根の、関所のふもとまで行きましょう）と思て、ずうぅっと、夜さり、日の暮れまで歩いたんやと。

ところが、もう今から箱根越すわけにもいかんし、今日は暮れて、山やから。ほうすっと、（どっかで、今晩ひとつ、泊めてもらわんならん）と思て見たけれど

も、日が暮れとるしい。ほうすると、ずうぅっとむこうの山のねき（際）に、一軒灯りが見えたんやと。

（あそこはどうも民家らしいさけ、そこで一夜《ひとよ》泊めてもらおう）と思て、その光をさしてぇ、そこを訪ねて行ったんや。ほういたら、藁屋根の、まあ古びた家やったんや。


　ところが、まあ、灯りがあるさけ、（誰かおるやろ）と思て、

「こんばんはぁ」って、こう言ったんや。ほんでも、いっこうに返事せんのや。ほれからまた、「こんばんはぁ」ったら、とろっと流しの方の奥の方に、

「はえぇ」って、しわがれた声で返事するんやと。ほれから、（これはだれかおるわい）と思て。ほんで呼んだら、門口まで出ていったんや。ほうしたら、もう年寄ったお婆あさんが一人。お婆あさんやで。「実は、この山を越そうと思うけど、もう日も暮れたし、どうか今晩ひとつだけ、泊めてもらえんか。ご厄介になれませんか」ったら、

「ああ、うちにはもう何も食べさすものが、坊さんに食べさすものも無いんやけど、今日はちょうどあるけえ。里芋を掘ったんで。芋めしをこしらえた。それでもよかったら、泊まって行ってくれ」と、こう言うんや。

「ああ、もう何でも結構やはけえ、ひとつ今晩だけここに泊めてくれ」。

「ほしたんじゃあ、まあ、どうぞ入ってくれ」言うて。ほれからまあ、わらじをぬいでぇ、その乞食、坊《ぼん》さんが中に入ったんや。


　ほうして、囲炉裏のふちに寄って。ほって、ばあさんの言うことには、

「まあしろくくの山（不詳）まで、お寺みたいな寺ありゃせぇず。まあ坊さんもおらんのや。けれども、ちょうど一週間前に爺さんが死んでぇ、今日は初七日や」ちゅうんや。

「初七日に坊さんが来てくれるとは、思わん。願《ねご》ってもないこっちゃ。えらいもう旅の疲れもあるやろうけれど、どうか夕めしが済んだらお経を一つあげてくれ」と、こう出たんやなあ。ほいから、その桶屋は、（こいつは困った。お経なんてものはちょっとも知らんのやけえ。桶の輪ぁでも入れてくれっちゅうんなら、よろこんで入れてやるんやけど。これはまた、お経をあ

げてくれっちゅうんや。こいつは困ったこっちゃあ）思たけど。今から逃げて出て行くわけにもいかん、行くとこもなし。ほやもんで、「どうか、んにゃ、泊めてくれ」って泊まるんや。

　ほれから、芋めしを出してくれたけれども、もうめしも喉《のど》入らんほど、何と言うたらええか、もう訳わからんのや。お経は知らんしぃ。まあ、（しゃあないでたらめでも。頓知はええさけ、何でもうまいこと、でたらめで、ごまかせぇ）と思て。

　ほぅいてまあ、夕めしよばれたら、婆あさんが一人よって、「今日は初七日やはけぇ」。「どうかその夕ごはんがすんだら、おっとめだけしてくれ」と、こう言うんやはけえ。

　ほいたら、（まあ、しゃあない）と思とったら。仏さん（仏様）行ってえ。昔の仏さんやけえ、そりゃ古びた仏壇の下にぃ、戸棚の押し入れがある。昔の仏さんちゅうのは、しゃあもない仏壇やけえ。そこへ、灯明つけて、線香立てて。ほうして、「どうか、あのまあ、坊《ぼん》さん、方丈さん、精一杯やさしい、お経をあげてくれ」と。

「わたしもここではぁ、毎週坊さんも頼まれんのやけえ。ほんで、わたしはそれをぉ習ろうて、ほうして、毎晩おっとめしたいさけに、精一杯、いちばんお経のやさしいものをあげてくれ」と、こう言うんやて。やさしいもむつかしいも、ちょっとも知らんのやで、（こいつは、こりゃやさしいもむつかしいもねえけど、まあええわい）と思たら。

　夜めし済んだら、早やまあ、婆あさんが仏さん行ってえ、ほうしてまあ、灯明をつけてえ、ほして線香立てたんや。ほれから、その仏さんの前へ行って、座ったけど。婆あさんが、精一杯やさしいお経さんを習おうと思うさけ、後ろにちょおんと座って、座っとるんや。

　何と言うていいかわからんしぃ、じぃぃっと仏さんをながめとったんや。（よっしゃ、まあ、でたらめ言え）と思て、ちょうど初七日やけえ、花を立ててえ、線香立て、ろうそく立ててあるさけえ、ほれから、しゃあない、「花立てやぁ、線香立てやぁあぁ」と、こうお経のようにちょっと節つけたんや。

　ほしたら、婆あさんが後ろにおって、何しろやさし

いお経でぇ、習ろてえ、毎晩あげたいっちゅうさけに、後ろをひょいっと見たらぁ、婆あさんが、

「花立てやぁ、線香立てやぁ」て、こう言うとんやなあ。ほれから、花立てと線香立てとあったんや。こりゃ輪灯《りんとう》に、灯明《とうみょう》がともったけえ、ろうそくも立てたしい、

「りんりんとぉろうそくぅ」と、こう言うたんや。ほいたところが、婆あさん、同しように、「りんりんとぉろうそくぅ」と、真似しとんにゃ。今《こん》だ、もう仏さんになんにも言うことがない。なんもねえんやはけぇ。

（困ったこっちゃ。もうこんで済みましたなんて言われんし、困ったなあ）と思たら、ほの仏さんの下の、戸棚の押し入れがあって。それを鼠が、かじってぇ穴開けて、ほんで、いると。鼠《ぬず》がいっぴき、ひょこひょこぉ、ちょろちょろぉっと、ここを、その穴から覗いたんや。（ああ、これでも言ってやろう）と思て。

「穴なる、なにやら、ちょろちょろ穴覗《のぞ》くぅ」と、こう言うたんやな。ほったら、婆あさんも一心に真似しとるんや。

ほったら、ちょこちょこっと来て、また一匹出てくうっと、また代わりの鼠が覗いとるんや。

「また覗くうぅ」っちゅうて言うたら。また、二匹がちょこちょこおっと、こう来て。二匹こう、その穴から覗いとるんや。

「またふたつ覗くぅ」と、こう言うたんやな。

ほったら、もう、今《こん》だぁ鼠は出てこんのやなあ。

（もうこりゃ、こんでおきましょう）と思て、

「もうこれでおつとめは済みましたけえ」ったら。ほいたら、お婆あさんが喜んで、

「まん、やさしいおつとめでぇ、わたしも、もう、まるで覚えましたけえ、どうかまたあしたの晩から毎晩おつとめしますけえ」と、こう言うんや。

（やれ嬉しや）と思て、桶屋は、まあ楽に泊めてもろたんや。ほいてまあ、あくる日ぃ、そのうちで、今《こん》だは弁当まで作ってもろてえ。ほうして箱根の関所をいよいよ、もう乗り越え行ったんやあ。まあ無事に、ずうっと無事にまあ、そのあとも無事に行って、とうとう、上納三百両持ったのが、江戸まで行けたんや。

ほいから、日にちはそれから一週間たったんや。ところが、婆あさんが毎日毎日そうやってまあ、夜さり夕飯済むとは、「花立てやぁ、線香立てやぁ」と、一

人言ごと言うとんのやはけえ、毎晩おっとめやはけえ。

　ところが、ああいう箱根のあたりは、関所関所には追いはぎがおっては、旅人でも何でも襲うては、金でも何でも盗っとったんや。

　ちょうど、それから一週間過ぎ。二人組の追いはぎが、一日中待っとったけんど、ぜんぜん、旅人も来《こ》んにゃあ。何やら、今日はもうここら辺りは、一日中なんにも盗ることができなんだと。けれども、

「こりゃ、もう、夕めしでも食わにゃ、どもならんしぃ。どっかへ、今夜はひとつ行こまいか、入ろまいかあ」言うて。「入ってえ。何しょう」って言うて。追いはぎもう、ちょうど、日の暮れやけえ。（あそこの山の根ぇにい、灯が見えるさけ、あそこ行ってえ。今夜ひとつぅ、忍び込んでえ。ほいて、なんかあ、ごはんも、夜、食わんならんしぃ。金でもあるだけ盗ってやろ）と思て、そこへ二人連れのその追いはぎが、その家へ行ったんや。

　ほういたところが、ちょうど、昔の障子は「猫っくぐり」っちゅうて、紙貼った障子に猫だけくぐらせる、ばらばらに切った紙を下げてあった穴あったんや。

　ほったら、婆あさんがちょうどそのおっとめの最中やねん。ほいたら、「花立てや線香立てやぁ」済んで、「何じゃら、婆あさん言うとってよぉ」って。その穴から、猫のくぐる穴から、ひとりずつ、その追いはぎがひょいっと、こう、覗いたんや。

「何やらちょろちょろ穴覗くぅ」と、こう言うのと一緒んなったんやなあ。「何じゃろ。今日は、穴覗き言うでよ」どやどやぁって、またひとりが、ひょいと覗いたんや。「また覗くぅ」っちゅうんやなあ。「お婆ん、ばかなことを言うなあ。あっちゃ向いとってえ、うらの、こっちのすることがわかるのかなあ」って、ぐるうって今度は二人が一緒に、こう覗いたら、

「またふたつ覗くぅ」って。

「こりゃどもならん」と思て、

「こんなとこへ入ったら、こりゃもう、どんな目に会うかわからん。後ろ向いとってえ、その、覗くとは、また覗くぅ、またふたつ覗くぅって、こりゃ、こんなとこへ入れんぞよ」っちゅうて、その強盗はそこへよう入らなんだんや。入らんとぉ、そのまま、逃げてもたんやと。

ほんでえ、昔は「いわしの頭も信心から」っちゅうて。でたらめな、お経やけれども、その婆あさんは、もう、一所懸命にそれがまともなお経やと思て信心してぇあげたもんやけえ、よう強盗もそこへ入られなんだんと。ほんでえ、生まれたらぁ、手を合わして信心をせえっちゅうことで、「ちょっちょい、ちょっちょい」と、こう教《おせ》えたんや。

それが、「ちょっちょち話」という信仰の話でえ。

（翻字　ふくい昔ばなし大学再話研究会　小林史枝）

7　数珠《ずず》のいわれ

「数珠の話」て、ちょっと長いでぇ。長なるかも知らんねんけんど。

それは、もうすでに六十年から前や言うんや。

山《やま》村のお寺の長仙庵言うんや、そのお寺新築祝いに布教師が来て、お説教で、数珠《ずず》のいわれを話した。それを聞いとったんじゃけんど。

布教師がぁ、外国へ布教に行ったんやなあ。ほしたら、インドからあの辺を布教に行ったところがぁ、ホーマちゅう、小さぁい国が一つあったんや。そこの国をずうっと布教に回ったら、子どもも学校の生徒も先生も商人も、行ったとこ、行ったとこ、みなが、手にこう数珠かけとんのや。

（この国はおかしいなあ。だれ見ても、手にこう数珠はめてんにゃなぁ。これからお寺へでも参るときか、葬式かなけりゃ、数珠をこないに掛けんもんやに。いつもかも、みんな数珠はめとるねん）

ほんで、尋ねたら、「こいつの、数珠のいわれちゅう、始まりがある」ちゅうた。「それは、なんじゃ」ったら。

その小さいホーマの国の、いちばん第一世の王さんに、ハルリちゅう王さんがおったんや。その王さんは、とっても、欲しんぼうで、血も涙もないような、まあ欲ばっかりで固まった王さんやったんや。

ほんで、その小さい国の国民は、いくら一生懸命に働いても、税金に金をみな取られてまうんや。裕福に暮らせるちゅうことはひとり一人もなかったんや。

ほて、その王さんは、その金を徴収してなんにするかちゅうと、世界中から宝物、ダイヤやとかなにやらプラチナやとか、まあ高価な宝を寄せ集めて御殿に飾って、「わしはもう、世界中の宝の王さんや」ちゅうて、喜んでおったんや。

ところが、そうして毎年《まいねん》毎年、高い税金を取り上げては、宝を買うもんやはけぇ、小さい御殿にはいっぱいになってきたんやな。

(これじゃ、こんなとこへ宝を詰めといても、家来どもがぎょうさん人の出入りするとこじゃから)。だぁれもそんな王さんの宝を盗む者はおらんのじゃけんども、邪心のかたまりやさけ、(こら盗まれるさけに一つ宝の蔵《くら》をこしらえな、どもならん)て。その宝の蔵ちゅうのは、ずいぶん大きな蔵で、まだまだ宝をたくさん寄せるつもりやけ。

ほうして、今度は、ホーマ国じゅうの石屋《いっしゃ》の、一番技術の達者な人を呼び出したんや。ところが、その爺いさんは、もう年も六十も過ぎた一番年寄りの爺いさんが、これが石屋の職人の一番の親方や。それを呼び出して。

「わしは、こうして、宝の蔵を一つこしらえたいんや」と。「それは石ばっかりで作って欲しいんや。石ばっかりで、三十間四方《けんしほう》ほどあるような、高ぁい宝の蔵で、窓一つない。入り口は金《かね》の扉でぇ。ほうして、金で開けたてして、開けても閉めても『キチイーン、ギチギチギチイーン』というような響きのするような。御殿までは五十メートルも離れとっても、夜中んでも泥棒が入って、その戸を開けたら、目が覚めるような戸をつけてくんや。石ばっかりで、窓一つないものをこしらえてくれ」と、こう言う。

「出来上がったら、お前の望むだけの金《かね》をやるさけぇ」

ほいから、その石屋は、(なかなかこの王さんは、安う金くれる人やないが。こんなもんでぎょうさんの人夫をつこうても、金をくれるかどうか)心配やったけれども、それを断れるちゅうことない。断ったら、もうこの国にはおれんさけえに。(まあ、しゃあない。少々くれるもんやろ、そんなたくさん、思うだけの金をくれんでも、少々人夫の金かかった分ぐらいくれるやろ)と思て。石屋ばっかり、ホーマの国の石屋を全部、招集して。ほうして、五十人くらいの石屋を入れて、夜も昼も交代でぇ、カッツンカッツン、石削《はつ》って、いよいよ着工したんや。

　ところが、大勢の石屋が、五十人も夜昼交代でやったもんやはけえ、一ヶ月目に、出来たんや。一ヶ月目に、三十間四方もあるような、立派な石ばっかりで作った、それは立派な、夜さりでも、そりゃあ白う輝くほど立派な宝の蔵が出来たんやって。

　ほいたら、王さんがよろこんでぇ。あくる日はぁ、御殿にあった宝をその新しい蔵へ、みな、運んだんや。運んで、こう陳列して。

「はあ、こりゃ立派な。わしこそが世界中の宝の王さんや」ちゅうて。

　毎朝、目が覚めると、その宝の蔵へさして行って、キチイーン、キチイーンちゅうて戸を開けては、ぐるうっとこう回って見て。毎日毎日そうして、眺めてはよろこんでおったんや。

　ところが、仕上げた親方の石屋に、いつまでたっても、ちっとも、銭《ぜに》やるて言わん、金やるて言わんのや。

（困ったもんやなぁ。いつくれるんやろ。ぎょうさんの人夫、使たんやし、こりゃ、そうとう金かかったんやが）て、そう思たんやが、いつまでたっても、王さんは、やるか、来るとも言わん。

　ところが、十日たち十五日たってきたところが、今度はおおぜいの石屋が、金の請求に来たんや。ほんで、しゃあない、「夜業《やぎょう》とともに、二十何人になるさけえ、なんぼやけれども、親方、勘定《かんじょう》してくれ」て。まあ、あっちもこっちも、

「わしゃ、何日《いっか》になるさけな。勘定してくれ」って。今度ぁ人夫は、手間賃の請求に、親方のとこに来たんや。

　親方は、ほんなもん、「実はまだ、王さんから、一文ももろうとらんさけえに。その間《ま》には、くれるやろさけえ。まあ、もうしばらく待ってくれえ」ちゅうて、初めのうちは断っとったんや。

　ところが、今度ぁは、月末行っても、王さんは、お金をやろうか、くるとも言わんね。ほすと、今度は、おおぜいの人夫があ、月末行ったら、「親方、お前はもう王さんから、そうとう金もろたんじゃろ。何で、わしらに払わんなり」て。「わしら、かかや子どもに食わすことも出来んのや。さあ、金をくれ」ちゅうてせがむんや。

そやけど、親方も、もろとらんのやから、やるわけにも、一文も金ないんやし。（困ったこっちゃなぁあ）と、思とるし。ほやけど、人夫らは「なんか、ちっとでもくれにゃ」ちゅうて。今度は強く出るんや。「わしら、明日から、餓死してしまうにゃ」と、「ここにあるもんなら、なんか、ちっと、もろてこう」ちゅうて。ご飯やら、家にある米からなにから、おおぜいのなんしろ人夫やはけ、何もかも、家にあるもん、目あたり次第、みんな取ってってもたんや。手間賃の代わりやはけえって。

ほんでも、その王さんは、金はぜんぜん払わんと、毎日、宝の蔵を見ては、「こりゃ、立派なもんじゃわい。相変わらず、こらぁきれいなもんじゃ。世界中の宝の王さんや」ちゅうて、よろこんでおったんや。

ほうしたところ、いっこう銭は払わんし、ぎょうさんの人夫は、せんぐりせんぐり（次々と）、手間賃取り来たんや。来ては、家にあるものは、おおかた取ってったんや。

それが心配で、とうとうその親方が寝込んでもたんや。病気になったんやな。

ほうしたところが、「もう、おまえは勘定してもうたかい」、まだ他のまだ請求にこん奴が。「いや、もう、ちょっとも親方、勘定してくれんさけえ。そりゃ、お銭《あし》はなくなる。米やらなんやら取ってきたんや」ちゅうて。「もう、おまえも早行《はよ》かにゃ、もうなんにもなくなるでよ」って、こう言うんや。

「そんなことになっとんか」てなもんで。残っとった人夫が、寝とる爺いさんのふとんまでちっと遠慮しておったら取っていくものがない、と。もう寝とるふとんまで、こうはぎ取ってぇ行ったんやってのう。

ところが、もうその家には、食うもんもな無けにゃ、爺いさん病気したもんやが医者にかかりゃぁせずぅ。着とる布団まで取ってくんや。しゃあない、まあ、むしろの上にぃむしろを着て、病気でそこんとこに住んどったんじゃ。

ところが、そこに、子どもが二人おったんじゃ。その爺さんの子どもが。爺さんも、（もうこりゃ、わしゃあ、とても生きられん。病気が、だんだん重なるし。こら、とても、この世ではすごせんなぁ）と思たから、その二人の子どもを枕元へ寄せて。

「おまえらも、毎日毎日、食うや食わずの日を送っておるが。おまえも聞いとるやろがぁ。あの王さんは欲しんぼうで。ほうして、村のもんの財産をみな、税金に取り上げては、ああして宝買うてぇ、自分がよろこんどんにゃ」と。「わし等の宝の蔵はわしらがこしらえたんにゃ。けれども、王さんが一文もお金をくれんさけえに、おまえらにもものごいめ（悲しい目、ひどい目）にあわせたんやけれども、わしは一生、あの蔵に対しては、したことのない仕事をしてきた。それは何じゃと思たらそれは宝の蔵の東の方の角から三つめの石、こっちから三つ、下から三つの石を、四つで囲んである。この石は抜けるんや」て。「ちょっとこうしたら、必ず抜けてくるさけ。この村では、必ず、まだ物ごい人が出てくるやろ」と言うのや。「もう病気になっても医者もあげられん。食うにも食われんという人が必ず出てくるに違いない。ほうして、あっちもこっちも、難儀な人が出てきたらぁ、おまえら、あの宝の蔵に忍び込んでぇ、その東から三つめの石をなんかでこうしたら抜けてくるからぁ、その宝の蔵入って、宝を盗んでこい」と。「盗んできて、町ぃ持っていったら、そうとうの金になるさけえ。その金でみんなを救うてやれ。残してやれ」と。「わしがもう一生したことのない仕事を、あの蔵にしてあんにゃはけ」。

そう言うて。ほいたら、その子どもは、まだ大人やないやはけえ。「うーん、わかった、わかった」言う人《もん》も。「わかったって。しっかりわかったか」ったら。二人の子どもを、枕もとに寄せて、ぎゅうっと頭を持って、「しっかりわかったかぁ」て、押さえたときに、その爺さんは、すうーっと息を引きとって。とうとう死んでいってもた。

母親一人おるんやけんど。つれあいがおるんやけんど。もう葬式や出来やせず。家にはなんかないし、菰《こも》でつつんで、墓場へ持って行って、もう葬式やすっどこの騒ぎやない。ほして、とうとうその爺さんを葬ったんや。

その子どもらぁ、あくる日から母親一人でぇ、食糧を工面しに歩いとるけぇどぉ、そんなもん、ろくなもんあたりもせず、いつもかも、食うや食わずの貧しい所帯でおったところや。一週間目に、二人の行くともままならず、ひもじいて寝られもせんのや。その弟めが、夜さり、ふっと夜中、目開いたんや。

「父ちゃん死んだときに、こんなこと言ったなあ。いよいよどうにもならなんだらぁ、あの宝物の蔵行け、言うたんや。盗みに行け、言うたんや。今夜ひとつ行こかしらん」と、弟が気がついたんや。こう思たんや。横に寝とる兄ちゃんを、「兄ちゃん、兄ちゃん」て、ゆすり起こしたんや。ふっと兄貴を揺すったもんじゃはけえ。「あのな、爺ちゃん死ぬときにこう言うたが、今夜、いっぺん行ってこうか」て、こう言うんや。兄貴もいつもかもそういう苦しい生活しとっさけえ、ほうなったら、「行こか」てなって。

ほれから、それは母親にも爺さんはそれを言うとらなんだもんで、子どもらにしか言うてないもんで、母親は寝とるか、と見たら、何や知らん昼の仕事に疲れて寝とったんや。ほれから、二人で、そおうっと寝床を忍びでたんや。宝の蔵をさして、夜さり、夜中に出てきたんや。

ほうしたところが、真っ暗がりのなか、宝の蔵がそこに見えるんや。見えるけれども、ぐるり見たら、たかい塀で積んであるんやと。ぐるうっと、昔の城壁みたいなのを、積んである。ほいで、瓦の屋根が。入られんねん。高うて入られんのや。

「兄ちゃんよ、こりゃ、とても入れん。もう、やめよか」

「いや、ここまで来たんじゃけえ、入る。どないかして入る。よし、待てよ。おまえは、この高い塀にもたれえ」て、こう言うんや。

弟めが高い塀にもたれたら、兄貴が後ろからばぁーっときて、弟の上にあがったんや。肩の上へあがって。屋根の上へとびあがって。尻あがりで、屋根の上へあがったんや。

「兄ちゃん、兄ちゃん、ぼく、おいとくのか」て言うたら。「いやいや、まあ、待てよ」ちゅうて、帯をばらばらっとほどいて、「さあ、これにつながれ」って。ほうやって、その帯につながって、弟をまた屋根の上にあげて。ほして今度は、中へ下ろしたんや。ほしてまた、もたれてる弟を、「屋根から下りるさけえ。おまえの肩に乗って下りるさけえ」ちゅうて。そうして、いよいよふたりが、その中へ入ったんや。

ほんなこて、その中に入ったところが、なんじゃその熱帯地方じゃけえ、椰子の木やらなんやら大きな木が、ばあーっと繋っとって昼間でも暗いところに、真夜中じゃけえ。

「気持ちが悪いとこやろか。兄ちゃん、やっぱり、やめようかい」って。

「なにぃ、ここまで来たんじゃけえ。さあ、もう、元気つけて行こう」ちゅうてえ。その東のほうの角へさして、行ったんじゃ。

ほれから、角から三つめって、手でこう、さわったんや。一段目、二段目、三段目と、なでてみたんや。ほいたら、こう四つ目に、筋がついとんや。

「ああ、これや。これや」

ほいて、それが、石がいちばん小さいんや。ほかのは、いかい（大きい）んや。

「ああこれや。何か、こじって見ぃ、言うてたな。なんかこじって見ぃって」。

ところが、兄貴は、爪がちょっと伸びとったんや。ちゅっと手ぇ掛けて。すっと、つるつるとこう動く。

「ああ、よっしゃよっしゃ。じゃあ、出すぞ」言うて、爪でぎゅうっぎゅうっとこうやったら。なあんしろ、石を丸ごと磨いてあるさけえ。つるつるんなっとんじゃさけえ、大理石みたいなもんじゃ。つるつるって、石が出てきて。

それから、二人は、

「さあ、足の上へ落とすなよ」言うて、二人で抱えて、そおっと下へ下ろしたんや。ほれから、兄貴が入ろうと思て、ぐうっと、こびり入ったんや。ほいたら、あんまり小さい穴でぇ、肩へ擦って、入れんのやわ。

「さあ、兄ちゃん入れんさけえ。おまえ、ちょっと小さいさけえ、入れ」

「兄ちゃん、ぼく入るのかぃ。一人、入るのかぃ」て。

「うーん、おまえ、一人じゃ、いやなんか。兄ちゃん入れんのやもん、おまえ入れ」って。

ほいから、弟《おじ》めが、責められて、とうとうその中へ、弟がこう入ったんや。

「よぉう、こりゃぁ、立派なもんやわい」。目がくらんでもうたんやの。

ほいから、兄貴が外で待っとって、

「早うせえ。出そうとして、取らんかい」言うて。

「よし、待てよ」て。ふとん袋をひとつ持ってったんや。ほいから、袋持って、弟めが、穴ん底か、袋を下においてぇ。ほいて、あっちのも取ってやれ、こっちのも取ってやれって、あっちゃ取りこっちゃ取りって、袋にいっぱい入れたんや。ほいて、

「早よ出てこう、早よ出てこう」って、兄貴が外に待っとんにゃはけえに。

「よっしゃ、出すぞ」

袋いっぱいに入れて、こびりいって。

「そらぁちょっと、お尻押そう」って。

「押しとんにゃはかい、兄ちゃん、引っぱらんかい」って。

「引っぱっとんにゃないか。押さんさけ、おまえ、出んのや」て。今度ぁ、いっぱいに入れたもんやから、その穴から出ようちゅわんのや。ほんで、

「押さんさけえや」たら、「引っぱらんさけえや」たら、「押さんさけえや」て、二人、言い合いしとるけえ。なかで、弟が、

「ああ、こりゃあ、入れすぎた」ちゅうことに気がついたもんで。

「待っとれよう」って、下にぃがらがらって、みんなあけて。

「さあ、今度は、ひとぅつ出そう」って。

「よいしょ」って、袋をやって。

「なんでぇ、こら、空っぽやないかい」って、兄貴は外におんのに。

「おまえ、そこに広げとる、今度は、一《ひと》ぅつじゃ」て。

ほうすっと、弟は、中におって、

「よっしゃ、一つ」「よっしゃ、一つ」て、手渡して。

「よいしょ」「よいしょ」「よいしょ」「よいしょ」と、もう今度ぁ一ぅつずつ、そこへ入れたんや。

「もう、いっぱいになった。出てこいよ」って。弟は、こう、出たんや。

ほいで、弟が出て。今度ぁ、二人は、相手の足の上へ落とさんようにして、返って、今度ぁ、三つめの筋に入れて、ずうっとこう、押したんや。この前から、ちょっともわからん。

「よっしゃ、こんでいい。さあ、去《い》の（帰ること）」。

宝物を袋にいっぱい取って。ほうして、飛んで戻ったんや。今度ぁもう、行きしなの経験があるさけ、今度ぁ、高い塀越すのわけない。

　ほうして、越して、降りて。

ほいて、うちに戻ったけれども、母親まだ知らんねや。「どこへ隠しとこかな。おっ母ちゃんに見られると、また、叱られるとかなんさけ。どっか隠しとこ」って。

ところが、戸棚の裏に布団入れたぁったけど、もう人夫にみんな取られて空っぽや。「こん中へ隠しとこ」て、そこへ隠して。ほんで、知らぁん顔して見たら、母親も同《おんな》しようにまだ寝とるんや。二人は、こっそり、布団の中に入って、また朝まで知らん顔して寝たんや。

ほうして、夜があけたら、毎朝王さんは、朝ま起きたら、決まってその宝の蔵に行くもんやはけえ。宝の蔵行って、キチイーン、ギチギチイーーンと戸を開けて。「相変わらずりっぱなもんじゃあ。こらぁ、宝の王さんは、世界中でわしひとりじゃ」ちゅうてよろこんで。ずうっと行ったところが、東の、ここの角の方へ回ったんや。昨日まできれいに陳列してあったあれが、バタバタ返っとんやと。

(はてよ)て、こっちを見たら、また、こっちも返っとる。また、こっちゃも返っとるんや。(はてなぁ。こら、入るところもない、石ばっかりで作った宝の蔵に、こら、泥棒が入った)と。(これでは、蔵をこのままおいたら、あとにある宝の蔵の宝が、みな無うなってしまう。こらひとつ、宝の蔵の蔵に、落どしをかけにゃあかん)と。

ほいたら、さっそく今度ぁ、御殿戻ってきて。ほうすっと、落どしをかけるのに、どっから入ろうとも、こっから入ろうとも、一歩でも中へ足を入れたら、その三十間四方ある宝の蔵が、いっぺんに、ズゥドォーンっと、落どしが落ちるような、金《かね》ばっかりの落どしを作ることになったんや。

しかし、作るのについては、今度は、鍛冶屋《かじや》の上達した者を、頼まにゃあかん。ほんで、ホーマの国中の鍛冶屋のいちばん達者な人を、調べたところが、その鍛冶屋の鏡の鉄工所で技術の達者なのを。それから今度ぁ、それを寄こせって。

「実は、この宝の蔵にぃ、泥棒が入ったんや」と。ほんで、「このましておけんから、人がかかってもええさけえ、ほんで、今日中にこしらえてくれ」と、こう言うんじゃ。

「今日中にて、そんな無茶なことが、何人出来そうなこともないが」ったら、「出来あがったら、おまえが望む存分の金を払うさけ」ほんで、「延びても明日中にはこしらえてくれ」と、こう言うんや。

ほいから、その鍛冶屋も、

（こら、困ったこと言うんやし。この王さんでは、金をくれるやろか。せっかく、この仕事やて人夫かけても、この王さんでは、こら金が当たらんがぁ）と思たけれども、

（しゃあない、まあ、手伝い代だけは、くれるやろ）と、思て。

ほうして、やらにゃしゃあないさけ、王さんの言うこっちゃけえ、せんわけにいかん。まあ、請け負うたんや。おおぜいの、今度ぁ、鉄工所の人夫を雇てきて。ほいであくる日一日、中へ一歩でも足を差し込んだら落どしが落ちるんやと言うような仕掛けにを、こしらえたんや。落ちるときは、どうやと思たら、ズゥドォーンちゅうて、ひどい音がして。王さんの御殿までそうとう離れてるけれども、目が覚めるような音がするような仕掛けにしたんや。あくる日、出来あがったんや。

王さんは、

「これなら、もう、いくら泥棒が入っても、この落《お》どしにかかるさけえ」て、安心して、寝たんや。ほいから、あくる日や。

（きょうは、蔵ぁ、泥棒が落どしにかかっとるぞう）と思て。あくる日今度、宝の蔵の扉を、キチイーン、ギチギチギチイーンと開けて。そしたら、落《お》どしの扉は、上がっとるんや。

（はてなあ。こら、おかしいなあ。まあ、昨日の、こら、今日やで。まあ、もう一日待て）と。また、一日待って。

（今日こそ、かかっとるかな）と思て、見たら、また落とし穴に落っとらんのや。

ほして、三日四日と毎日、今日こそは、今日こそはと思て、王さんは行くけど、まあ、落どしは上がっとるんや。

ところが、今度は、一方、宝物を盗んできた兄弟は、

（こりゃ、町ぃ持っていって売ってこう）て、一つ持って売りに行ったんや。

町持っていったら、「こら、まあ、値打ちもんやはけえ」ちゅうて、相当な金になったんやな。「こりゃ、

うまいもんや」と、思て。

　ほいから、一つ売って、売った金を、今度ぁ全部、今日は魚買う、菓子買う、あまり買うで。全部、ひとつ売った金で、何もかんも物買うてきて。うちん中やぁ、もう今まで苦労して、何も食わなんだ。もう、取ってこうなら、いくらでも取れるんやで。今日も、一つ売り、明日も二つ持っていき、あさっては三つ持って行きして、売ってって。今度ぁ、近所隣りから、みんなに、施したんや。爺さんの、言うもんやはけえ。

「貧しいもんがおったら、こうして助けよ」ちゅう、言うもんで。毎日、持ってっては売り、持ってっては売っては、自分らもごっつぉも食ったんや。

　ところが、ふとん袋にいっぱいの宝は、一週間過ぎたら、みな、無《の》うなったんや。ほいて、またその、三日ほどたってから、弟はまた、目が開いて。

「もう、宝、みな無《の》うなったし。今夜また。いっぺん行ってこう」と思て。今度ぁ、兄貴の寝っところを、ゆすり起こして、

「兄ちゃん、兄ちゃん」ちゅうて、起こしたんや。

「今夜、もういっぺん行こうかい」て。

「ほにゃ、行ってこう」て、二人はまた、母親の寝てるのを、そうぉっと、すり抜けて。今度は、いっぺん前行ってあるさけえ、経験積んどるわぃ。何もかも、案配して、ぱぁっと高いものを越して。今度、前も行ったもんで、恐ろし怖いもねえ、この前も行ったその、東の角さして駆けて行ったもんや。

　ひとつ、ふたつ、三つて、下から三つやはけえ。ほいから、「ほい、これや」って、こうやったら、ずずずずうっと出てくんにゃ。ほいで、

「よし、落とすなぁ」って、こうして、とぉんと落として。

「さあ、入れよ」って。なあに、前にいっぺんは入ってあるさけえ、

「よう、これは立派なもんやわい」と、落どしのかかっとんのも知らんと、弟がとーん、とととーん、と。

ズゥッドォーン。

兄貴は、外におって、

「なんじゃったんや」って、飛びあがったんや。

「どうしたんじゃあい」ったら、もう、返事がない。

「どしたんじゃあい」ちゅうて、こう、のぞいたところが、うーうーうーうーと動いとるんや。ほいから、

「こら、いかん」。

兄貴は、入られんものを、肩もなんも擦《す》りむいてぇ、中へ入ったところが、弟の胸が、鉄板でぴしぃーーーっと閉まっとんにゃ。抜くにも抜けん。「しっかりせいよう」て、何して抜こうと思たけど、ほんなもん、どうにもこうにも、それどころの騒ぎやあらせん。こぉうやったけれども、こらもうあかんし。ほいて、弟は胸が閉められとっさけ、

「兄ちゃーん、早よ、殺してくれぇ」と、こう言うんや。

「殺してくれ」ったって、そらもう、二人しか、二人しかない兄弟や。殺すわけにもいかんけんども、もう抜けんのやし。このましてたら、こら、もう、わかるさけ。うーーっと、その兄貴は、もうしゃあない。

二人の兄弟、もう、泣きの涙で。

ところが、昔は西洋カミソリちゅうのが、あんにゃな。それ一丁持っとったんや。もう、しゃあない。弟の首を、その西洋カミソリで、切ったんや。もう切らにゃせいで。首を切って。

今度は、外へ兄貴が出て。今度は、宝を取らず、弟の首だけ袋に入れて。ほうして、今度、戻ろうと思たら、一人や。高い塀越さんならんのや。（どうして越そうかな）と思たら、椰子《やし》の木の二股《ふたまた》になった枝が、折れて、落っとったんや。それを、高い木に戻して。ほてから、上がって、今度ぁ外へ出た。

弟の首を持って、ぶらぶらぶら戻ってきたんやけども。こうなりゃ、母親に言わなしゃあない。家におった母親は、何も知らず寝とる。

「母ちゃん」、もうこうなったら、なんもかも言わなしゃあないさけえ、

「母ちゃん」って起こしたら、母ちゃん、

「なんじゃ、今時分、夜中に」ったら。こうやって、母ちゃんの枕もとに、おっちん（正座）して座って、

「実は母ちゃん。父ちゃんの死ぬときに、わしと二人を寄せて、こういうこと言うたんや。ほんで、一回目、こうして、そのまあ、宝を盗みに行った」と。「ほして、みんな村中のもんにも施したんや。で、きょうは、二回目行ったところが、落どしのかかっとんのも知らんと。入ったら、弟が落どしにかかって、もう抜くこともならんし、しゃあない」、弟の首を出して、母ちゃんの前に出して、首をちょおんとおいた。

ほいたら、母親は、なんと言うやろと思たら、怒ったんやな。

「おまえは、二人しかねえ兄弟やに、よくもようも首だけ取って持っとる」と。「そりゃもう承知ならん」と。「弟の死骸取ってこい」と、こう言うんや。死骸取ってこい言うても、取れんのやからぁ。

「取ってこい」言うてもそんなん無茶や。「死骸取ってこんと、家、寄せん」と。「行って、死骸取ってこい」と、こう言うんや。しゃあない、兄貴は、もう母親があんまり怒鳴るもんやはかい、そのまま、家を出たんや。そのまま、ぶらぶら、まだ夜も明けんし、まあ、歩いておったんや。

ほいで、見たら、行くし間なしに、こう歩いてたら、寺の前にひょいと出たんや。

(はてな。こりゃ弟がお寺に呼び寄せたんかなあ)と思て。(こんなところに、お寺におったって、弟の死骸を取れそうなこともないしな)。またこう歩いて行ってちょうど御殿の方へ出て夜が明けたんや。

すうっと夜が明けて、明るなった時分に、王さんはいつもの通り、(今日こそは落どしかかっとるか、今日こそは落どしかかっとるか)と思て、毎日楽しみに、朝間、行ったんや。ほうして蔵の扉を、キチイーン、ギチギチギチイーンと戸を開けたところが、落どしは、バァーっと落って。

(よし。今日こそは、かかった)と思て。手を叩いて。中入ったけど、何にも無《ね》えんやぁ。

(はてなあ。から打ちしたかしらん)と、ずうっと東の方へ回っていったところが、

(あっ、ここにかかっとるわい)と思て見たら、首が無いんや。

(はてな。入るところのない、石ばっかりで作った宝の蔵に、首のない人間が、宝盗みに来るて)。はぁて、一生懸命考えたんや。何ぼ考えても、

(この入るところのない宝の蔵に、首のない人間が、宝盗みに来る)。どうしても、合点《がてん》がいかんのや。しゃあない、お神酒持って、寺やとこに相談したんや。

(今日こそは、落どしが落って、宝の泥棒がかかったんや。けれども、入るところのない宝の蔵に、首のない人間が、宝を盗みに来る、と。どう考えても、不思議でならん。なんか、お前ら、いい知恵がある人は

おらんか）と、みんな寺やなんや寄せて相談したんや。誰しも、合点がいかんのや。石ばっかりでこしらえてあんのやしぃ、入る口は金の扉や、ほうれに、首のない人間の宝盗むことなど誰しも考えつかなんだけれども、一人だけ、

「王さん、これは、しょうないさけえ。これは、かかった死骸を落どしから抜いて、今度、表門に、ちょうど御殿の前へ、これを戸板に張りつけ」と。「これを戸板に張りつけて、そこを通る人に、『かわいそうに、かわいそうに、首もがれて、戸板に貼り付けられて』ちゅうて、涙をこぼすような人があったら、みな引っ張り入れて、それを調べたら、わかるやろ」てなこっちゃ。

「それよか、しょうがないさけ」

ほいから今度ぁ、落どしを上げて、戸板にばぁーんと張り付けにしたんや。ほうして今度ぁ、表に、がぁーっと出して。今度は歩哨《ほしょう》を二人ずつつけて。一時間ごとに歩哨が交代なんや。ほしてその歩哨に、眺めてるもんが、

「ああ、かわいそうに、首は切られたは、張り付けにされて」ちゅうて、「かわいそうに」ちゅうて、涙を流して通るような人があったら調べよ、ちゅうて、張り付けに出したんや。

ところが兄貴は、どこ行くしまもなし、歩いてるとこへ、夕べ盗みに入ったとこから、ずうっと裏のほうへ回ったんや。ほいて、ひょいっと見たところが、なんや、弟の死骸が戸板に張り付けてあるんや。両脇に、兵隊が二人番兵しとるんや。

こりゃあ、あの死骸が弟で、こりゃあどうしても取ることがならんと。どうしたら取れる、取らにゃへ帰れんし。どうしょう知らん、と思て。じぃーっと眺めて考えたところが、ふっと、頭に、気がついたんや。

（よし。これなら、明日、取れる）

もう、家《うち》には帰られんし。その石屋の弟のお爺さんが、てんぽな（とても）、いかぁい百姓やったんや。ホーマじゅうの百姓で、馬を何匹もおいてあったんや。

その朝、そのお爺さんのうちへ、飛んで行って、

「爺さん、すまんけど、馬を二匹、貸してくれ」て、馬借りて。ほして酒屋で、四斗樽《よんとだる》四丁《ちょう》買って。酒二升ずつ入れたら、八升入れたんや。ほして、その馬にぐ

うっとこう、またがして。昔の飛脚や荷物運搬や。それに、化けたんや。馬を二匹、樽付けて。門の手前まで来たんや。ほして、三十メーターほど離れたところで、馬を止めて。よしそうやって。

ほいから、その兄貴は、馬のひと樽の底を、石一つ持てきて、バアーンとひとつ叩いたんや。ほしたところが、ヒビが入ったんや。酒が、ぽちょん、ぽちょん、ぽちょん、ぽちょんと、漏れかかったんや。ほいから、四つあるんや。それをバアーンと、四つともそうして、酒がバチャバチャ漏れるようにしたんや。

ほうして、いかあい声を出して、泣いた。ほうしたところが、いかい声で泣くもんやはけえ、歩哨の兵隊が二人、「なんじゃい」て、のぞいたんや。ほうしたら、酒がバチャバチャ落っとんのや。酒樽が破裂したのかなあ、ちょっと行って見てくるって、一人がこう見に行ったんや。ほうすっと、その兄貴めが、

「実はわしら、運搬役でぇ。馬でぇ酒を酒屋まで持って行くんや。今ここで破裂してもう、酒がみんな、こぼれてしまうんや。」ほんで、その兄貴めが、「手間賃どこやない、今度ぁ、みな酒を弁償せんならんのや」ちゅうて、いかい声で泣いたんや。

ところが、手で受けて、ぼちゃぼちゃ落ちるんや。こら、ほんまの酒やあ、こら、もったいないもったいない。どうせ地面がみんな飲んでしまうんじゃはけえ、これもこれもう、てなこっちゃ。ほらもう、どうしようもせんかい。四斗樽四丁も積んどるんじゃけえ、みな、それが漏れるんじゃけ。

二人はこうして飲んどったんじゃけんど、これじゃ、とても飲みきれんわい。衛兵におるもんは、みんな来いって。呼んできて。みんなして、その全員に向けては、あっちゃも飲み、こっちゃも飲みして、みんな酔うてしもたんやな。酔うてもたところが、今度ぁ、番兵も衛兵も、交代する人も居らず。

あぁこりゃ、もったいない、もったいない、言うて、飲んで。その間に酔いが回ってきたもんやで、歌うたうもんやら、なんやらベロベロになってまうんや。

（ようし、これで、うまいこと計画にかかった）

今度ぁ、兄貴は、ふところからカミソリ出して。ほいて、ホーマの国の兵隊は、ひげを伸ばす者やら、いろいろおんにゃ。よし、こりゃちょっと、曹長か伍長か

知らんが、ひげ伸ばしてる。半分、剃ってやれっちゅうて、ゾリゾリゾリって剃って。こりゃあ、頭、えらい伸ばしてるから、こっちゃ半分剃って。ちょいちょい、あっちゃ、眉毛《まゆげ》落とすのやら、どれもこれも。みな、ひとりひとり、悪さをして。ほう言うて、みんな、もう、酔い潰れてもうてんにゃさけえ。

それから、ばぁーっと、そこまで行って。ほして、弟の死骸外した。今度は、その馬に乗せて、ばぁーっと、戻ってくるんや。

ところが、今度は、時間が経ってぇ、衛兵交代の兵隊が十人ほどやって来たんや。ところが一人もおらんのや。どこ行ったんやろ。外見たところが、戸板にあった死骸があらせん。ほいて、見たら、みんな酔いつぶれて寝とんのや。これは、騒動やと。このましたら大変や、王さんに言うてこうと。それから、王さんに、わけを話したんや。

ほしたら、その王さんも、

(こんだけ厳重にやっても、取って行くんや。その死骸を取ったらしい。これは、よほど知恵のある人間がこのホーマの国におるんやと。こいつは、わしの負けで、もう観念しにゃいかん。悪政で、民の働いた金をみな、取り上げた金で宝を買うて、わしもよろこんだけど。これでは、もう国も終りや。こんな賢い、知恵のある人間がホーマの国におるんなら、わしは、もう、引退せにゃどもならんし)ちゅうて。今度ぁ、そのホーマの国は、今度は、この国の王さんを探し出すんじゃ。

それから、国中へ、今度ぁその貼り紙をして、出したんや。

「首のない人間の死体を取って行った人は申し出てくれ」と。「この国の一番偉い人にするから、出てくれ」

ところが、その取ってきた兄貴の辻にも張り紙が出たんや。

(なあに、この王さんの言うことになんか、かかるかい。ほんなもん、言うて。言うたら。いっぺんに打ち首や)と、思たけれども。自分はしたんやけえ。自分が取ってきたからぁ、もう度胸出して。ひとつ、どうなろと、打首になろうと、どうしようと、届けてやろ、と思て。そして、その兄貴が申し出たんや。

(こら、どのような罪に落ちるやろ)と思たら、なあに、その王さんが合点して、「なんと、おまえは、知恵がある賢い人や。わしのあとを継いでやってくれんか、おまえやったら、この、ホーマの国はだんだん栄えて、うまいことやっていけるやろから。ほんで、おまえはわしの跡を継いで、ホーマの二世の王さんになってくれ」ちゅうて。

兄貴はもう、びっくりやあ、自分はもう死刑になるやら、懲役になるやらわからんと思うて申し出たところが、王さんからそう言われて。ほうして、今度は、そのホーマの二世の王さんになったんや。王さんは隠居して、代わりに入ったんや。

ほれから、その兄貴は、ホーマの国は、今まではぁ、王さんがあんまり欲しんぼうで難儀したんやから、このホーマの国は小さい国やけれども、みんなが心が一つになって、ほうして、こりゃ共同でやらにゃいかんと。ちゅうんで、数珠《ずず》ちゅうもんをこしらえた。いつでも忘れんように。みんな、この国中のもんは、まあ、心は一つにならにゃならんと言うことで、ずっと繋いだものを、手にかけて。ひょっと悪いことをしよ思うもんがあっても、こりゃいかん、ホーマの国はみんな一つの心になっていかにゃならんちゅうんで、王さんになった、兄貴が、数珠ちゅうものをこしらえてえ、学校の先生やら、生徒やらがぁ、商人やらが、もう誰やろうが、全部の人にぃ数珠をかけることにして、それが数珠のはじまりや。と、こういう話をその時、聞かしてもらったんや。

（飜字　ふくい昔ばなし大学再話研究会　坪川祥子）

8　薬売りと猫と南瓜

富山の薬屋が木賃宿で泊まっとったら、薬屋がかぼちゃが好きで。五月時分でも六月でも、薬が来なるとその村のもんは、行商の薬屋はかぼちゃが好きやはけえ、かぼちゃを渡いては、薬屋に食わすと、薬屋は、よろこんではぁ、「こらぁ、美味しい」ちゅうては、かぼちゃを食うとったもんじゃはけえ。

ところが、あるとき、泊まっとったら、そこには宴会あってぇ。大きな鯛《たい》を、造りに料理するんやと。ところで、大きい鯛がおいてあったのがぁ、そこに飼うてあった大きな猫が、片側、があぁっと食てもたんや。

ほて、こっぽんとひっくり返って、わからんようにして。

ほんで今度は、料理場にいたそこのおやじが、料理しょうと思たら、半分ずうんと誰が食たかわからん。薬屋が見てたんや。

「それは、だれも食たんやない」と。「わしの目で見たんじゃが、ここの飼い猫がぁ、半分食て、ぽぉんと返した。」ちゅうて。

ほいたら、そのおやじが怒って。飼い猫を殺したんや。殺して、ほいで、浜へ持ていって、捨てたんや。

ところが、あくる年や。今度ぁまた、薬屋来たんや。ほうしたら、「薬屋さん、今年はあの浜辺にぃ、いかぁいかぼちゃ、なっとるわい。お前に食わそ思て残しといたんや。てんぽな、ごっつい、いけえ、かぼちゃや」

「そりゃ、うらにゃ、ごっつぉうやけども、そんたらいっけえ（大きい）かぼちゃ、どこになったんにゃ」ちゅうたら。

「こりゃあ浜辺になった」言うた。ほいから、その薬屋は考えたんや。

「ようし、もういっぺん、そのかぼちゃのなったとこ、見せておくれえの」て。

「どこや」ったら、

「ここや」って。ほんな浜辺の砂の、猫殺して捨てたとこや。

「ここに生えたかぼちゃや」て。

ほいから、どないしてぇと、ほじくって見たら、猫の死骸の骨ばっかりのとこから、かぼちゃがしゅううっと、出とんのや。「いやあ、これは。わしゃ、今晩、そのかぼちゃ、いらん」て。

猫が今度は、かぼちゃになって生えてぇ。今度は、その薬屋を猫のあたん（仕返し）や。ほんで、猫の死骸から生えとって。それでその薬屋も、「もう今夜は、わしは、そのかぼちゃは食わん」ちゅうて、食わなんだんやと。そういう猫の話や。

（ふくい昔ばなし大学再話研究会　坪川祥子）

9　あわわ話―飛んだ亀

そりゃそのぉ、「あわわ」っちゅうのは、人の悪いことは言うな、っちゅうこっちゃっけぇえな。

　むかし、百日からの干ばつで、どこ行ったたっても水も無い。亀が、自分が命がもうないっちゅう、水気がない無いやはけえ。無いっちゅうときに、雁《がん》が二匹、「おまえを助けてやるさけにぃ。ほんでぇ、わしの言うとおりぃしてぇ、ぜったい口を開けるなあ」と、なあ。ほんで、

（何や）と思っとったら、雁はこういう木の棒《ばい》を一本持ってきたんやと。

「おまえは真ん中くわえぇ」って、亀に真ん中くわえさしてぇ。「わしらが両端《はし》をくわえて、発《た》ってって湖へ連れていってやるさけえ。ほんで、着くまで、どんなことがあっても口を開けなあ」と言うたんや。ところが、「うんにゃあ、わかりました」ちゅうて、亀はこういう棒の真ん中をくわえたっちゅうんや。ほんで、雁が両端をくわえてぇ、ほいて、たち上がったんや。

　発ってずうぅっっと行ったところが、こういう村へ通ったときに、子どもらがぎょうさん遊んどって、それを眺めて見たんや。

「馬鹿なやつや。亀が二匹の雁にくわえられてぇ、ほって飛んでから。馬鹿もんやあ。何やあ」って言うたんや。

「ぜんぜん口を開けな」ちゅうときに。その亀が、「馬鹿もんや」って言われたもんやで、

「わしゃ、馬鹿やないぞぉ」って、こうひと言、言うたさけ、口開《あ》いたもんやはけ、棒から、があっと落って、とうとう岩にぶつかってぇ、死んでしもたんやけん。

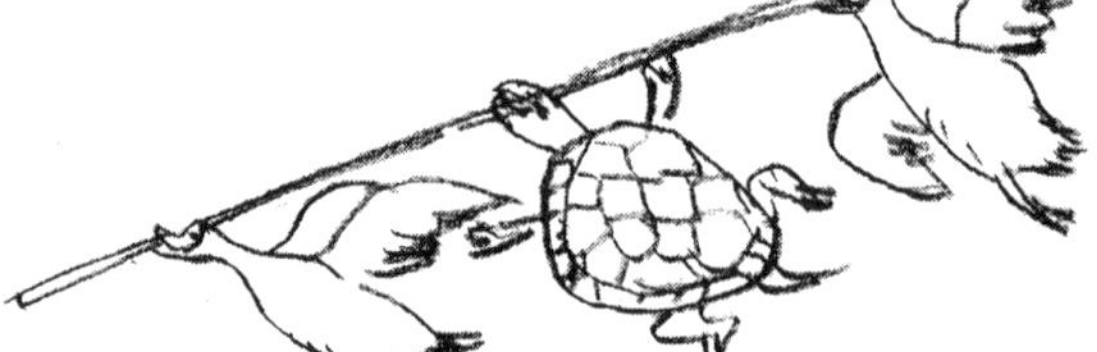

　ほんで、人の悪い口は言うなようと。悪いことは、どんなことあっても、悪いことは言うなっちゅう。馬鹿やなんぞと、何を言われても、そんなことを言いさえせにゃあ、亀は助かるんにゃけんど。

　ほんで、人の悪いことは、ぜんぜん言うなっちゅうんでぇ、「あわわ」を教《おせ》えたものなんや。「あわわ」って。

（翻字　ふくい昔ばなし大学再話研究会　小林史枝）

10　おつむてんてん話―狸の恩返し

「おつむてんてん」ちゅうのはぁ、だいぶ長い話やったんやけんどぉ。

あるとき、爺さんが、山へ山仕事に行ったところが、狸が一匹、病気をしたのか、ひょろひょろ、ひょろひょろして出てきたやつをつかんでってぇ。自分のうちで、まあ養《やしの》て、飼《こ》うてえ、ほいて大事にしてぇ、おいたったんや。

ところが、まあそうして何年も養《やしの》てやった、その狸がぁ。今度は、爺さんが病気になってぇ。病気になって、そりゃ医者もあげられんしぃ、どうにもならんちゅうときにぃ。今度その狸が、毛並みもええしぃ。したところが、自分が今《こん》だは犠牲になってぇ。ほういてどうしたんか、その狸が死んでぇ。

そりゃあ立派な毛ぇでぇ。それを今《こん》だは、狸の毛ぇを、筆にするためにぃ。大した金《かね》になしてぇ。商人が買《こ》うてってぇ。

んで、爺さんは、医者にもかけられるよな金もなかったけれども、た狸が自殺して死んでぇ。ほうして、ほの毛ぇを筆屋に売ってぇ。その金でぇ、爺さんを今だ助けたっちゅうような、恩返しをしたっちゅうんでぇ。

いくらけだものでも、畜生でも、恩を忘れなんだと、人にご厄介になったら。だれにでもだんねぇ、恩を忘れなぁちゅうことで。「おつむてんてん」っちゅうことを、いつもこう、小さい子どもに教《おせ》えたもんやぁ。

んでぇ、「おつむてんてん」ちゅうのはぁ、動物でさえか、畜生でさえか、その恩を忘れんさぁけぇにぃ。まあ人間やったら、誰に恩を受けても、ご厄介になったら、そのご恩はかならず忘れなっちゅうんで。いずれはそのご恩返しもせんならんさけぇ。忘れたらでけんさけぇ。ほんで、「おつむてんてん」ちゅうことを、結局はぁ、小せぇ子どもがなんにも知らんもんにぃ、そいうふうに教《おせ》えたもんやなぁ。ほいで、それを言えんさけえ、ただ、「おつむてんてん」だけやけんど。人に恩を忘れなっちゅうことで。

「ちょちちょち」っちゅうことは信仰せえっちゅうこっちゃし、「あわわ」ったら、人の悪いことは言うなってことやろうしい。ほんで、ご恩を忘れなっちゅうんでぇ。

なあにしろ、もう小さい。一つまでの子どもにぃ。一つんなると、ちょっと、片言でぇもの言うさけぇ。まだだいぶわかりもせんやけど、にっこり笑うようんなったぁ頃にぃ、こう教《おせ》えたぁ。ほっと、「ふご」ん中にぃおる子ら、「ちょっちょ」せえ言うと、まねして、手ぇ叩くんやから。それを、「ちょっちょっちょっ」と、こう言うたんやろねぇ。


（翻字　ふくい昔ばなし大学再話研究会　小林史枝）

11　ずずどん―和尚と狐

むかし「ずずどん」ちゅう坊さんがおって。ほったら、その坊さんひとりでおったところが、毎晩、「ずずどん、ずずどん」と、こう言うんや。

ほんで、起きてみると、なあんもおらんのや。

（おかしいなあ。毎晩、夜中行くとは、「ずずどん」、ちゅうんにゃ）、「ずずどん」ちゅう坊さんじゃはけぇ。

（おかしいな。いつきても、まぁ、夜中に起こしては、出てみると、何にもおらんのや。ふしぎやな。今夜、一つ、さぁっとそれを、考えてやろ）と思て。

ほっで、知らん顔して、こうその戸の塀やら、入り口の方に、すくんで考えとったんや。

ほたら、夜中に、何じゃと思たら、こう言う、「くるりくるり」っちゅうて鍵でぇ、鍵でこう、「かちゃん」と上げてぇ戸を閉めたり開けたり。今でもうちらでも蔵にでもぅ、外から開ける時はぁ、こんな穴が空いてそん中へ鍵さしてぇ、「ぎょっ」とこういう曲がった鍵で開けたもんや。

ところが、その、ずずどんの坊さんが、何やと思たら、今《こん》だ夜中に、狐が、うしろ向いとったんやて。尾をずうぅっと、こんなかへ入れてくるんやと。尾を入れてきて、ストンと、こう、抜くんやと。

ほうすっと、
ズゥーッストン　ズゥーッストン
（これじゃ、この狐めがわしが毎晩起こされとったぁわけや。くそ、今だぁ、明日の晩は一つぅ、あのいかい尾を入れてきた時に、引っ掛けてやろう。開けてやろ）と思て。

ほで、明けの晩、待ち構えとったらぁ、夜中にずうっと入れたはかい、ガラァーっと、戸を開けたんや。ほったらその狐がたまがって（おどろいて）、びっくりしてもて、ダァーっと、今度は、中へ入ってもたんや。（どこへ入ったぁ）って、鶏小屋もちゃあっと閉めてぇ。

ほんで、狐も、こわいやら。（とってやろう）と行ったら、仏間の仏さんへ入って。ちょおんと今度はお釈迦さんになっとるわいや。ほんまのお釈迦さんと二つ、同しように、ちょおんとお釈迦さんになってもた。どっちが狐やら、ほんまもんのお釈迦さんやら、わからんのや。

ほいたら、焼き火箸に、七輪で火箸ぃに火をにつけてぇ、ほんでもって、「この火箸をだれに当てちゃっかい」ったら、ほんまの狐、「これにせえ」って、今度、そう言うたさけぇ。「おんどりゃ」言うやさけぇ、狐に決まっとるさけぇ。狐にちゃあっと火箸を当て、したら、「ク、ク、クワァー」ちゅうて飛んで出た。

「ずずどん」ちゅう坊さんと狐のだましあいの話もあったな。

（黐字　ふくい昔ばなし大学再話研究会　坪川祥子）

12　見てもとまらん話

ある村にぃ、小豆島らしぃんやけどぉ、いつでも遍《へん》路《ろ》さんが来て、なんすっともう親切に、「まぁご苦労さんです」っちゅうて。この辺ら来ると、すごく米をやったりぃ、食べもののあったときには、それをほどこしたり。晩がた来て、日が暮れて行かれんときには泊めてやったり。いろいろした、爺さんと婆さんとがおったんや。

ほいたところが、あるときも、また、遍路さんが来てぇ、「もう日の暮れやけ、今晩ひとつご厄介になれませんか」っちゅうて。

「ああ、どうぞ泊まってくれ。泊まっておくんなはれ。おかまいも出来んけれども。ほんでまあ、うちのもんと同しような食べもんなら、どうか泊まっていってくれ」っちゅうて。ほいてもう、心よう泊めてやったん

や。ところが、朝帰るときに、

「毎度もここでお世話になるさけに。んで、今日は何かお礼をしますさけ」と、こう言うんや。

「お礼をしますたって、ほんなもんお礼なんて、もらおうと思って、何しとんやないんやはけえ」

「いや、こんなけ、あんまりご厄介になるけえ、何かお礼をするさけに。見たら止まるもんを、お礼する」と、こう言うんや。「見たら止まるっちゅうんや。見なんだら、いつまでも出ておるもんや」って言うんや。

ほんで、爺さま、山へ木ぃ切りに行くし。婆さま、家でおって、（これから、爺さんの袢纏《はんてん》でも、こっしぇえてやろう）と思て。残してあった縞《しま》を半反《はんたん》出してきて。（これで爺さんの袢纏、こっしぇよう）と思て、計りにかかったんや。もうその遍路、往《い》んでしもてもて、おらんのやけ。

（今日は爺さんの袢纏こっしぇてやろう）と思て、物差し出してきて、こう計ったんや。なんぼ計っても、半反しかないもんが、いっくら計っても、いっくら計っても、いっくらでも出てくるんやでのう。もうそりゃあ、うちじゅう台所の間ぁも、そりゃ反物でいっぱいになったけど、まだ出てくるんや。ちょっともとまらんのやと。とまらんのやで。

「こりゃたいしたものをいただいたもんや」

置くところもないほどの反物が出てくるんやと。なんぼ計っても、出てくるんやと。

ほしたら、そこに山から、昼めし前やけえ、爺さまが帰って来たんやけんどかど口までもう反物やろ。

「婆さん、なんじゃあ。これはぁ」って、ちょっと見たら、ぽんと、止まってもたんやと。止まってもたんやな。もうほんで出んのや。

（ははあ、これは、あの遍路さんが出るときにぃ『見たら止まるもんのお礼をするさけに』と言う、遍路さんのお礼にくれたんやなぁ）と思て。ぎょうさんの反物も、どんねもならんし、一反《いったん》ずつ、呉服屋へ、ずるぅーと、頼んで。ほいて、その換えてもろて金《かね》に。売って、買《こ》うてもろたんや。

ほいたところが、同じ庄に、まあ五、六軒離れたところに、そりゃまた、欲の深い爺さんと婆さんとおったんや。ほうすると、そりゃいくら遍路が来ても、

「いや、おことわり」

いつ来たかって、ほんなもな、もう全然物をやったり、何するということがない。ほしたら、晩かた来て、「泊めてくれ」と言うても、「いやぁ、お前みたいに汚ないもんは、家は泊めるようなとこはない。もうお断り。出てってくれ」て、いつもかも、そう言うんや。ほして、金はいくらでもたまっておったんや。そういう欲の深い爺さんがあったんやと。

ほうすっと、それを今度ぁ聞いた爺さんと婆さんが、「今度その遍路さんが来たら、家に泊めてやろ」て。ほして、こないな約束して。ほうしたら四、五日たったら、今度は遍路がまた来たんや。まだ昼からの三時頃に、ここ来たんや。ほして、遍路が来たら、

「ああ、ご苦労さんです。まあよう来ておくれた。まあどうぞ、家に入って、泊まっていってくれ」と、こう言うんや。

「いや、まだ時間も早いし、まだずっとまだ向こうへ回りたいさけに」

「いやいやそう言わんと」

もう無理やり、それを引っ張り入れたんや。引っ張り入れて、

「今夜泊まってくれ」っちゅうて、ほいて今度ぁそれを泊めて。今度はまあ、いろいろごっつおう（ご馳走）こしらえて。

ほいて、今度は、奥の間の一番いいとこに、一番いい布団敷いて。ほいて今度は、「ここで休んでくれ」っちゅうて。てんぽ（大きな）もてなしして、ほいて、泊めたんや。

ところが、朝間、今度ぁ、その遍路さんは、「どうも夕べは、すいまへんでした」ちゅうて。お礼やるとも、何とも言わんのや。

「そんなばかなことない。あんだけうちでは接待してやってぇ、ええとこに、お客さんでも泊めんような布団着せて、何してやったに、お礼もせん。馬鹿なやつや」木戸へ出て行くのを、今度は追いかけてって、つかんで、

「何かお礼せんか」と、こう言うたんやと。

「いや、別にわたしゃ、お礼するような持ち合わせもありませんしぃ」ったら、

「そんな馬鹿なことあるか。隣りのには、あんだけの

お礼しとるやないか。あっこには、ろくなことせんとっても、お礼したやないか。家はこんだけしたんやから、お礼していけ」と、こう言うんや。そう言われっと、もうしゃあないさけに。

「何なら、ちょっとでもお礼させてもらう」と。

ほいたら、欲が深いさけ、

「見ても止まらんもんを一つ」と、こう言うんや。

「見ても止まらんもんを、お礼してくれ」と言うんで、

「けどぉ、ほんなら、見てもとまらんもんを、お礼しましょ」とこう言うんや。

ほいて、遍路さんはこんで、行ってもうたんや。

ほいから、爺さんは、今度は二階から金庫を出してきて、そろばんおいて、帳面書きよるもんやけ。一方、ばあさんは、せんたくに川へ行った。爺さんは、今度は金の算用《さんよう》や。

「何円や、何十銭なり、なになに」と、そこ置いては、金庫からこう金を出して。ほやけど、ちょっとも出てこん。いっくらたっても、出てこんのや。いっくら算用（計算）しとっても出てこん。

「ばかなやつや、ちょっとも出てこん」

その間に、その爺さんが、小便しとなったんや。門口《かどぐち》行って、小便してん。小便しとったら、小便、もういつまでたっても止らんのや。どうもこうも、まるで今の水道の蛇口てなもんや。もう、田んぼいっぱいになるかな、かなわんわな。庭中いっぱい。ほんでも、ぎょうさんの、小便は止まらん。どっどどっどと、出どおしや。小便でそこらじゅう、わーっと、浮きになってきた。家も、かども、行ったもんやで、小便で浮いてきたんや。

ほいたら、婆さんが、洗濯して、戻って来て。

「もう、小便しとうて、小便したら、止まらんのや。まあ見てくれま」って。婆さんは見たけんど、

「なんじゃの、それは」って見たけんども、見ても止まらんもんちゅうさけ、婆さんが見たけど止まらんわの。いくらでも、小便は出どおしや。とうとう、そのうちにゃあ、爺さんも婆さんも、小便に浮いて、家も財産も、みな、流れて行ってもうたんや。

あんまり欲をするると、そういう目にあうんでぇ。ほんで、四国のその遍路さんは、弘法さんやったんや。弘法さんが遍路で来たけど、いっつもかも、そういう

ような欲ばりのその爺さんやで。その弘法さんがいましめて、んで、二人とも死んだっちゅうような「見ても止まらん」話や。

（翻字　ふくい昔ばなし大学再話研究会　グループおもっしぇ）

13 池の原の大蛇

池の原言うてぇ、今ぁ、国有林になっとるわなぁ。昔はみな国有林は、全部、粟野五ヶ村の山村《やまむら》、長谷《ながたに》、砂流《すながれ》、ほれから公文名《くもんみょう》と、ほして櫛林《くしばやし》と、五ヶ村の共有地やったんじゃけえ。

ほんで全部が炭焼きで明治の何年まではぁ、炭焼きばっかりやったんや。その池の原は金はいらんし、共有地やはけえ。誰でも行って炭焼いては、長年炭焼きで生活したんや。

ところが、山村の治郎左衛門《じろうざえもん》ちゅう爺さんが、その池の原の上で炭焼いとったんや。炭焼いとって。その池の水が、どおんと、いっぺえあるさけえ。口焚き言うて、火を焚いとって。

ほいで、池へ行って、（魚でもおらんのかなあ）と思て、こう、覗《のぞ》きに行ったところが、緋鯉《ひごい》のきれぇいなのが、一匹、ぐうっと泳いどったんや。だんだんだんだん近いところへ、自分のおるところへ、来たもんやはけえ、ちょうっと、手で緋鯉をつかんだんや。（こうら、こんなとこに、こんな緋鯉おるわい）と思て、炭焼き小屋へ持っ帰って。火ぃで焼いて、昼飯に食ってもたんや。

ところが、今度ぁ、三時ごろに行ったら、とぉってもに喉がかわいてどもならんのや。喉かわくさけえ、また、その池へ水飲みに行ったんや。

ほういたところが、今度ぁ、水鏡に自分の顔が、蛇《じゃ》になってぇ、映ったんや。

（はあ、こりゃ、あの緋鯉を焼いて食たのが、ここの主やったんや）と。（こらぁ、わしも、もう、家へ帰られんし。蛇になってしもたんじゃから）

ほいから、みんな、四時すぎには、うちへ炭背負うては帰るんじゃけんど、「もう、帰ろか、治郎左衛門《じろうざえもん》よう」ちゅうたら、

「いや、わしゃ、こんなわけやに。もう、ここの蛇になっ

たはけえ。わしゃもう、中へ入るは」ちゅうて、池ん中へ入って。ほやって、その池の蛇になっておったんや。

　ところが、その蛇がだんだん出世して、（今度ぁ、こんな狭いとこにおるよりも、もう、海ぃ出よう）と思て。ほんで今度ぁ、その谷の池の上に、雨滝ちゅう滝あんのや。ずうぅっと、谷上がって。この、大雨が降って水が出たっちゅう時に、それを利用してこの谷を降りたんや。

　出たところが、ちょうど、今、この黒河《くろこ》の林道から、今でも見えるが、雨滝て段になった滝がある。その滝で、その蛇が何か首の骨を折って、ほういて、そこで死んで、七日七夜さ、血の水になってもて。血が流れ通しで。

　ほんで、霜月（旧十一月）の二十三日、その蛇の出た日に、山《やま》村は、昔から霜月の何日には、水を炊かんちゅうて。今でも、そう言うんですけんどぉ。雨滝で蛇が首折って死んだんでぇ。その血の水が流れたもんじゃはけえ、その水を使わんちゅうようなもんで。一週間ちゅうものは、その水を使わなんだ、ちゅう。
　ほんで、その池はぁ、今では水がみんな出てってもてぇ乾いて空っぽになったはけえ。空っぽになって、ほんでど真ん中にぃ、十坪《とつぼ》ほどの池ぇ。そらなんでかって言うと、そこに神代杉《じんだいすぎ》が出たもんじゃはけえ。昔の人は、まあ、その神代杉を掘ったらしいんや。その穴が、水溜まって。今歩くと、じゅくじゅくじゅくじゅく、水苔やらあったでぇ、じゅくじゅくしとんにゃけんど。大きな池が今でも残っとるのがぁ、「池の原の伝説」っちゅうのやがな。

（飜字　ふくい昔ばなし大学再話研究会　坪川祥子）

14　小浜線と偽汽車

小浜線が開通した頃の話やけんど、狐に騙されて、汽車に飛ばされてぇ、死んだ人もおるしぃ。化かして、汽車に轢かれて死んだ狐もおるしぃ。

東洋紡の工場が出来た時分には、今みたいな車ないしぃ。みんな歩いては通ったんじゃはけえ、東洋紡績まで五キロはあるかな。

ほいたところが、村の勤め人が毎日そこに、通とったんや。冬は自転車やないさけえ、歩いては汽車道を通ったんや。ほうすっと、一番近いさけえ。

ほいたところが、ちょうど、鉄橋渡ったところに、汽車にやられてまだ生きとんにゃし、狐が一匹、どぉーんと、草の上に寝てる。それを拾てきて吊っとけえて言うて、獣を売り買いする者へ売ったこともあんにゃわ。

化かされたら化かしたりぃ。人が、ちょっと酒でも酔うて、フラフラなんとかなったやつが、狐にだまされたとか、こう言うんにゃけんど。狐にだまされて、そう言うふうになっとんにゃちゅうのもあるしぃ。

汽車に化けて、ほの汽車道が実物のほんとの道に見せたりぃ、たいがいして、やられとんにゃな。

（翫字　ふくい昔ばなし大学再話研究会　坪川祥子）

15　狐のあだ討ち

ほれからもうひとつは、狐が今度ぁ、山泉《やましみず》から向こうに堂村ちゅうのがあるんやけどなぁ。山泉のもんで。若い衆は昔からぁ、仕事は無いし冬はぁ、一軒の納屋に寄って藁仕事をしたんや。

ほうしたところが、日曜やなんかは、寄っては一杯飲んだりぃ、何か、ほかのごっつぉ作って飯をこしらえたりなんかしては、みんな楽しみに、してやったんや。

ところがあるとき、狐が鶏を盗ったんや。鶏飼うてあったところを、二匹も三匹も狐に盗られたんや。

「こりゃ、狐やぞ」

グワァーッと、鶏が鳴くもんで行ってみたら、狐が来て鶏を、二、三羽殺したんや。それをくわえて逃げるのを、追いかけてって獲ったんや。獲って、そのときは、その鶏を、病気で死んだんじゃねえさけえ、それは料理して。みんな、鶏肉《かしわ》で、一杯、飲んだんや。ほいて、しばらくしたら。今度ぁ、若い衆が夜さり寄っててぇ、いろいろ将棋したりなんやして、遊んでおったところが。

　ほういたら、向うから、隣の爺さんが、

「今よう、うちぃに、妙なこと言うて来たんやけえ」と、こう言うんや。「なんじゃい」て。若い衆が寄って、今度ぁその、鶏を料理して、また、飲んどったんじゃな。ほしたら、隣の爺さんが、「今やぁ、妙なこと言うて来たもんやはけえ。誰や知らんにゃけど。三日ほど前にぃ、そこのうちの赤子が死んだんや。土葬したんやな。ほいたら、今、お前ら、そこにいたら、やかましいしい。何んじゃい」言うたら。

「いやぁ、狐、獲ったたら。鶏獲ったもんやで、今、すき焼きして、やっとんにゃぁ」ったら。

　そのおやじは、「そら、鶏かやぁ」ったら、

「そらぁ、狐獲ったからあ。今、声が出とったんや」こう言うんや。「けれども、ほんまに、それは、鶏かやぁったら、そんなこと言うてきたんや。お前んとこの死んだ赤子を、若い衆が掘ってきてぇ、すき焼きにして、食っとんにゃって言うてきたんや。ほんまかやあ」

よう見たところが、狐が前に鶏獲ってきて食たもんやで、狐は、「あたん（仕返し）」をして。三日前に死んだ赤子掘ってきてぇ。鶏に見せて。いよいよ若いもんに、鶏見せたもんやはけえ、狐はそれを取らそとの思いで、ようけ逃げんのや。その赤子を取ってきて、鶏に見せてあんのや。騙したんや。料理して食とったんや、若いもんは。

　ほんな馬鹿なことない、ちゅうんで、何したんじゃけれども、いよいよ、今度ぁみんな、「何やこりゃ、行って見て来よかい」て、行って見たところが、赤子の埋《い》けたところを掘ってあったんや。ほんで、その若い衆は、狐にいっぱい、やられてもたんやな。

　ほんとにあった、ちゅうことを聞いたもんや。山泉ちゅう村でぇ。


（飜字　ふくい昔ばなし大学再話研究会　坪川祥子）

16　谷の主

　ちょっとこれはえげつないかも知らんけどお。

昔は黒河《くろこ》から江州《ごうしゅう》へ抜けられた、まあほんな山道やけ

どお。まあ林道ついてからでも、それから林道から奥は、滋賀県の白谷まで抜けるまでは、もう山ん中やで。こっから饗庭野《あいばの》行くのに連隊でもみな、兵隊がここ通ったことがようあるんやで。ほっと近《ちこ》なるさけ。若狭の熊川へ回るよりも。近いさけ。ここ通れたんや。江州抜ける。今ではもう車で行けるようになったさけ。車で大抵行けるんやての。あっちから江州からもう来とるさけえ。ほんでその間にゃずうっとええ道になるやろと思うんやけどお。

　ほんで、大昔やけえ、黒河は八千八谷ちゅうんや。新庄は八万八谷って、ここの十倍あるっちゅうんやけえ。ここには八千八谷っちゅう谷が、あるんやなあ。平均して三千三百町歩ちゅうんやけどお、相当谷があるわな。山村の地元の人は、ほんの炭焼きこっかようせなんだんやと。ほんで大きな木は、むこうの奥へ行くと、村の木でも天然木っちゅうのは、昔は誰も入らんさけえ、ごっついのがどんどんあったらしいんや。

　ところが伐採をよう、ここの地元の人はせんもんやから、伊勢辺りからも来たり、長野辺りからも来たりぃ、おおぜいの人夫が来て、ひと谷ひと谷、飯場を建ててえ。ほいて伐採を頼んでえ、木を出したもんやがなあ。

　ところが、菩提谷《ぼだいだに》、葦原谷《あしわただに》、ほれから小菅谷《おすがだに》って谷あるわな。その谷によそから来て飯場建てて。ほいてそこに、二間半に十間もあるような、こういう細長い飯場が、みな谷に谷に、こう建てて。他所から来てとったんや。

　ところが伐採する谷を、ずうっと伐採してくのに、女子《おなご》なんてのは、全然ほんなもん昔は置かんさけ。ほんで炊事するのに晩、炊事が、毎日交替で、朝間はちゃんと準備して、ちょっと人よか他の人よか遅れんと、ほって晩早う帰ってきてえ、ほいて、炊事しては、こうやっととったんやと。

　ところが、ある谷に、菩提谷っちゅうとこに、飯場が建ったところが、若い二十歳過ぎたのがちょうど炊事の当番なって。ほれから夜さりがた、はよ戻ってから飯炊いとったんやと。すると、ほこへ若いきれいな女が、尻からげして、赤い腰巻して出てきて、滋賀県は昔は、江州ちゅうんやけんど。「江州越そと思て来ましたんやけんど、道を迷たら、どうしても行けんのじゃし、もう日も暮れたし、後帰りをするのも、もう遠いし。今晩一つ、ここで泊めてくれんか」と、こう言うんや。

当番の若い飯炊きは、

「いやあ、わし一人では何とも言えんけど、もうしばらく一時間ほど待ちね。みんな人夫はみな戻ってくるさけえ。戻ってきたら、それに相談してぇ、今からそんな遅から、行かさせん。そりゃ泊めるに決まっとるさけ。おまん、ここに待っとんなはい」って。ほっと、「どうかひとつお願いします」ちゅうてんのや。

「間あに上がって、そこに待っとっておくれ」っちゅうて。その当番はぁ飯炊いとったんや。(見るっきりないし、きれいな女子《おなご》やしなあ。若いんやし)ほやけど、それに目がけて飯炊いとっとると、もう目は自然にいく。飯の焦げるのも知らんとお、もう飯炊いとったとぉ。

そのうち、「戻ったぞお。飯は出来たかあい」っちゅうて、男盛りの若い衆ばっかりやけど、まあ戻ってきたんや。ほいてみんな、飯場へ入ろうと思たら、「ありゃなんじゃい」と聞く。

「いや実は、江州へ越そと思て来たけどお、もう日も暮れるし、道迷て、どうしても行けんさけ、今夜泊めてくれちゅうんや」。「おめえ泊めるか」ったら、「お、泊めてやれ。泊めてやれ」ってなこっちゃあ。みんな、「泊めてやれ」、「泊めてやれ」って言うんや。みな、「うら、家出てからもう半年ぶりや。女子《おなご》の顔なんてえ」ってなもんや。みんな、「泊めてやれ」ってなもんや。ほいたところが、そこの一番の飯場のあ長《おさ》が、親方が、もう一番年寄りで、六十ぐらいやな。「あかん」ってこう言うんや。「あかんあかん」って、こう言うんや。ほっかって、みんな、

「親父ゃ一人ぐらい言うたって、ほんな可哀そうに。今から、往《い》なされもせんしぃ。ほんなもん、泊めたれ。泊めたれ」、何言うても、「泊めてやれ」の一点張りや。もう親方の言うこと聞かんのや。親方が「もうあかん。絶対泊めん」って、こう言うんやけど。ほやけど、もうみんな若いもん、若い衆ばっかりやけえ、「泊めてやれ」って、みんなが言う。いつも、戻ってからまだ夜飯《よめし》食うまでに、まさかりでも研いだり、のこの目立てなんどしたりするんやけんどお。その女子《おなご》がおるも

んやけ、「今夜もう中入《はい》れよぉ」ってなもんや。もうその日は、まさかりもなも研がせんのや。ほやけど親父は、「もう絶対わしゃ、反対や。泊めん」っちゅうんやけど。一人と、二十人もと相手やけ、もうどうなしても、聞かんのやけん。もうしゃあない。負けたって。負けてん。

けんども親父は、その日はまさかりをええほどよう研いだんや。ほぉいて　もう、かみそりの刃ほど刃つけたんやな。ほいから、一丁三尺もあるまさかりやけえ、(うら切るのは惜しいけんど)一尺に切ってもたんや。自分の懐へごっそり入るように。

「おい親父、早よ飯食いわいぇぇ」って言ったけっど、親父は、「おめら先食え」っちゅうて、そんだけ刃ぁつけて、今度これ一尺に切って、懐へこそおっと入れて、ほいで入ったんやと。

ほいたら、その女子《おなご》も、しゃあぁんともう遠慮して、こう座っとるんやなあ。ほやけどらあ、みんな若い衆は、まん長いこと女子《おなご》の顔も見んで、うち出てから見んのやけ。今夜みんな、あれを一つしてやろまいか言って、こうなったんやな。若いもんばっかりやでえ。みんなそう言うんや。いつもは、晩飯食うてからでも、腕相撲したりい、座り相撲したりい、将棋したりするんやけど、

「今夜はもう寝よぜえ」ってなもんや。今夜はその娘がおるもんやけえ。「寝よけ」って、「もうランプ消せやあ。消せやあ。」ってなもんや。

ほいから、みんなぐるうっと今度は、二間半ある飯場が、中が廊下で、こう土間で通り。こっちからとこっちからと頭合わして、ずうっと、こう寝て、寝るようになってる。いちばん親方は、いちばん、ええとこに寝るんやけんども。ほいたら、その女子《おなご》は、「わたしは、いちばんこの隅でよろし」と、こう言うんや。「入り口の隅でよろし」っちゅうんや。ほいて、ここに女子《おなご》が寝たんや。場所取ったんや。親父は、いつものこのえいとこに寝よらん、「わしゃ　今日は今夜はここで寝るわ」っちゅうて、その娘と頭合わせしたんや。頭合わしてみて、(今夜はこりゃもう、絶対、寝んとこう)と思うて。(ひとよさも、もう寝んとこう)と思て。

(こんなもう深谷《しんだん》へ、そんなとこへ若い女子《おなご》が来そ

うなことがないんやはけえ。いっくら江州越そっとったってえ、そんな女子《おなご》が、こんな山道一人っきりに来るっちゅうのは、もう不思議やけえ。わしゃもう今夜はもう絶対に寝んとおこう）と思て。ほいたところが、若いもんは、「もう今夜は、早よ寝え、早よ寝え」っ言うて、みんな早う寝たんや。とおころが、今度ぁ、こっちから、

「あれ行けや、あれ行けや」と、せっつき（催促）にかかったんや。言うと、あんまりひっついて寝とるから、「いや、おまえ行けや。うら嫌でよ」ほおやけど、奥におるのがせっつくんやわの。「せぐり（次々と）行けま、せぐり行けま」

こっちゃ側に寝とるものも、「行け行け」言うんやな。ほじゃけど、ほんなにいっぺん騒いどる間に、何か知らんが、まるで睡眠剤でも飲んだような、まん不思議に今度は眠となってくるんやな。もう眠とて眠とてどんねもならんのや。騒いどったら、早やもうみな止んでもたんや。止んでもて、みなもう寝かかったんや。寝とるんや。

ほいたら、親父もなんせ、今夜こそは寝んとおこうと思ったのが、眠とう眠気がしてきたんやなあ。（こりゃ困ったもんやなあ。今夜はしかし、寝んとこ）と思て、自分がもう目えをつぶったら、やたらあちこち、つねったりして、寝んとこうと思たけど、自然にぐうっと眠りがくるんやわな。けど、（こりゃ寝たらあかん）と思て、我慢しておったところが、もう既に、もうどれもこれもみな寝てもうて。ぐうぐうと高いびきや。（もうだいぶ時間も経《た》ったがなあ）と、思たんやけど、（こりゃもう夜中やがなあ）と、その親父は思たんや。（今夜だけは寝んと、寝られんぞお）と思て、我慢しとったら。もう真夜中になったら、その女子《おなご》が、ぽいっと起きたんや。

（よおし、起きたぞ）って思たら、（何するんじゃ知らん）その親父は眠たい目えをこらえとったら、その女子《おなご》から起きたんや。その横に寝とる男を、今度ぁ、その女子《おなご》が、があぁっと上からまたいだんや。

もう、寝とるどこの騒ぎやない。目や覚めてきたけど、眠むった顔して、ずうっと見とったところが、今度ぁその女子《おなご》が、頭合わせにこう寝とる、その一番初

めの、口の元へいったんや。口元へぐうっと、口をキッスするように、「ふっ」と、こう言うんや。

（おもっしぇことしたな）と思て、「ふっ」ちゅうたら、ぱっと降りるんや。また、その次の人を同なしようにまたいで。

ほいては、一人ずつ口元に「ふっ」と、こう言うんや。もう二人、三人、四人、ずうっとこっち側はもう済ましたんや。

ほしたら、ぽいと、こっちゃ側に移るんや。また今度はこっちゃ側も同しようなことをして、もう十七、十八、十九人て、みんな同しように、ひとりずつ口元へぐうっとそのおなごが口寄せては、「ふっ」と、こういうんや。

今度ぁは、二、三人手前に、来たんやわな。（わしにもするのかなあ）って、親父は寝った顔して、ずうっと、おとなしくしてたら、その次へ来たんや。次のやつをまたいでは、「ふっ」と、口やったんや。

（今度はわしやな。わしにするかなあ）と思たら、今度、その親父を、ごよおおっとまたいだんや。またいだもんやけ、親父は、まさかり握っとるさけ、懐からまさかり出して、その女の眉間めがけて、どおぉんと、まさかりで一つやったんや。ほおいたところが、ぱっとその女子《おなご》は消えたんや。消えたけれども、そりゃ何ともかんとも、いけい谷の木を五、六本もいっぺんに返したような、ズゥウーーンッと鳴って、どっか行ってもたんや。

ほいから、「さあ、お前らみんな起きよお」って、起こしたところが、ひっとりも起きん。「起きんかあ」って呼ぼったら、なあに全部死んでもてる。死んでもてるんや。

（ほやから、わしは泊めるな。こんなもう、おなごがこんな所へ来そなことはないんやさけえ、泊めるのは嫌やったんじゃ）って。（泊めんて言うんやけど、みんなが、もう聞かんから、しゃあなかったんや）

ほいから、もうその親父は、もう寝るどころやない。夜の明けるのは待たんしかないやけえ。ほれから起きて、じゃあぁんと座って。どれもこれもみな死んどんやはけえ。

ほういたら、こっちの菩提谷から、赤谷っちゅうこの近くやから、「よんべはぁ、赤谷の飯場ぁ、てんぽないっけえ音したやないけえ。何じゃったんじゃい。ありゃあ、今日まあ、仕事に行くまでにいっぺんちょっと見てこうまいかい」っちゅうて。こっちの飯場の者はみな、見にきたんや。

ほんなら、どおっと手前から、「何じゃい、よんべは。ここ何じゃったんじゃぁい」っちゅうて、みんなやめて、来たんや。親父は、があぁっと入り口に座っとんにゃぁ。

「何じゃったんじゃあい」ってなこっちゃ。中へみんな入って来たんや。ほんで、「実は、ゆうべはこう言うわけや」と。「その女子《おなご》は、江州へ越そと思て来たけんども、もう日も暮れたし、道を迷うて行けんさけ、泊めてくれって。わしゃ、もう全然反対したけど。ほんな、若い衆ばっからよって、もう聞かんのや」って言うて。

「『あんなかわいそうに、今から去《い》なされるか。親父ゃ一人言うぐれいがたかが何じゃあ、みなして泊めたろう』ちゅうて、泊めて。ほうして、今夜みなしてやろう、てなこと言うとったんや。ほぉいてから夜中に、わしも眠ぶとて眠ぶとて、どんねもならなんだんやけれども、わしは、今夜こそは寝られん。寝たならんと思て、我慢しておったときに、夜中にこんなことしたんや」と。

「ほいから、わしはまさかりを、持って寝たはけえ。目え前めがけて、眉間ひとつやったんや」って言うた。「ほしたら、その時にぃ、ああなんとも言えん、ひでえ音がして、その飯場から出て、ずうっと、眉間ひとつやってあるさけえ、血いがこぼれて、逃げる時に。ほうして『さあ、みんな起きよ』ってったら、もう一人も起きんのや」って言うんや。

「みんな死んどるんや」って言うんや。ほいから、黒河の赤谷の飯場の人夫が、「今日は、いや、もう仕事どこやない」と。「みんな休んでひとつこの正体を見にゃあ」

ほいから、血い引いてあるさけえ、もう仕事に行かんと、やめて。みんなその血の跡を、後をつけたんや。ほうしたら、ずううっとその谷へ入って、赤谷の谷へ入ってあるんや。谷入って、今だあ、崖っぱちのおっぞい岩ん中に、血いが流れとるんにゃ。

ほぅいたら、岩のこんなほら穴に、みんなそこへ、岩のとこへ足場かけて、覗《ぬず》きに行ったところが、大きな男がひとり四つん這いになったような、いっかい蟇《ひきがえる》が、ばあぁあと眉間ひとつ割られて、

「ううん、ううん」って、うなっとるんや。「ああ、こいつや」ってなもんや。

ほいからみんなは、もう仕事に行かんとぉ。とうとう、眉間ひとつやられとっさけえ、蟇も、よう動かんさけえ。みんなしてそれを、たたっ殺してえ。ほしたら、こんな、蟇が、その谷の主やったもんや。主でだんだん山伐ってくるもんやけえ、安隠におれんもんやから。ほんで、女子《おなご》に化けてえ。飯場の人夫をみな殺してもたんやっちゅう、大昔の伝説やわな。


（翻字　ふくい昔ばなし大学再話研究会　グループおもっしぇ）

17　初午祭のいわれ

ここの村には初午祭《はつうまさい》と言うて、今年は三月の十七日やけどぉ。毎年旧の二月の初めの午が初午で初午祭言うて、そのいわれが伝わってるんや。

昔は、稲荷神社へ、一人の娘を、十《とお》までの娘を、人身御供にして毎年ひとりずつやらにゃあ、米やらも取れん、大不作やにゃ。毎年そんで、当番に当った人は、必ず娘をお宮さんに「あそこ行け」と、奉納したもんや。

ほんで、夜さり、猿の狒々《ひひ》かなんか出てきてぇ、娘を餌食にすんのを、旅の通りがかりの岩見重太郎が狒々を退治したとかちゅうのがぁ。今でも祭りの、真似だけすんのや。

ほんで、初午の日ぃは、賄《まかな》い役ちゅうのは二十人いて、そのうち八人は、ゴクカキ、オゴクカキちゅうてぇ。ほんで、八人が、今でも白足袋はいてぇ、ほいで、着物で角帯して。朝、五時過ぎには宮の前の大川で水浴びて、水垢離してからだをみな清めて。

ほうして、今度は、当番に当たった人がぁ、うちから腰元ちゅうてぇ、嫁さん一人と、ほれからオモカキ言うて、十までの子を振袖着せてぇ、綿帽子ごっそり被せて、金櫃《きんぴつ》ちゅうのあるんや、その裏へ、四人《よったり》が、金櫃かぶせて、二人が先で、後押しが二人で、その裏上がって、本社へ。上がって、神さんに供えるまで、今度ぁ、神主が来て式するもんやさけ、式するまでそ

こに置いて。ほんで、降りると、ゴクカキ言うのは、その大きなお櫃に握ったおにぎり二つ入れてあるんやはけえ、それを「はいどう」ちゅうて、降ろしては今でもやんにゃけど。金櫃の裏へぇ、十までの子を、入れてぇ。

ずうっと昔は、人身御供言うのは、ちょいちょいあったらしいんやけんど。人身御供ちゅうのは、そうしてやらんことには、神さんに毎年あげんことには、不作やら、大風が吹いたりぃ、その年はあかなんだ、やらんとするとぉ。当番になると、必ず、娘を一人ずつ、一任したわけや、昔から。

岩見重太郎が、狒々を征伐してくれるまで、みな捕られたんや。捕られたけんどぉ、今では、その真似だけ祭りでしてる。娘を一人ずつ奉納するちゅう、真似だけをするんや。初午祭には。

（翻字　ふくい昔ばなし大学再話研究会　坪川祥子）

三方郡美浜町編

◆大久保松堂（美浜町丹生　一九一五〜二〇〇五　）

18　さぶとね長者

むかし、丹生の浄土寺川のほとりに、広大なお屋敷を構えた長者が住んどったんやての。名前はさぶとね長者と言うんや。広い田畑を持っとって、村の漁師も長者のお許しがもらえんと漁も出来んかったらしいわの。

それが、餓死年《がっしんどし》が数年続いたとき、村のもんは食うに困って長者に頼るしかないさけ、銘々がお金を借りることになったんや。もともと、返す当てもないやもんで借金のかたに猫の額ほどの土地や家まで取り上げられる家もあったらしいわい。

さすがに長者だけあって、おっとり構えとったんやけんど、ちょっとしたことで人間の本心が出てまうもんや。

ある日のこと、アラハセの浜で村中のもんが網を引いているのを横目で眺めながら

「このアラハセの真砂や砂利が絶えても、わしの財産は絶えることは無いわい」

誰に言うこともなくつい口に出てもうたんや。褌一つになって「エンヤー　エンヤー」と汗みずくになって網を引いとるのに、さすがの漁師らも腹が立ってもたんや。地引網にくるんで海へ放り投げた。これで借金も帳消しになるわいとひそかに漁師らも喜んだんにゃが。

あくる年の五月に、大敷網をたてたがどうしたことやらさっぱり魚がとれんのや。潜ってみると、長者が海蛇のような姿で網の口を塞いで邪魔すんのや。

誰が言うことなく、これゃさぶとね長者の祟りに違いないと言うことになり、早速龍渓院の和尚さんに供養してもらったんや。施餓鬼をすると、たちまち南風が吹いてきて波が出てきたんやが、何時にない大漁になった。

アラハセの海岸にさぶとね長者の墓を建て、それからというもの、毎年定置網を仕掛ける前に、必ず豊漁祈願の施餓鬼をすることになったんや。さぶとね長者

の戒名は「月鑑大禅定門」といって、その一族の者は縄間越えをして常宮に逃れ、現在その子孫は舞鶴に住んでいると言うこっちゃ。

（翻字　金田久璋）

19　舌切り雀

◆井上久左衛門（美浜町菅浜　一九〇一～一九九九）

むかし、むかし。あるところに、爺さんと婆さんがおったんやてな。

ある日のこと、爺さんが藁でせんちん（雪隠、便所）の屋根を葺いとったところが、稲の穂が一本出てきたんや。

「こりゃもったいないこっちゃ。一本でも粗末にゃ出来んわい」ちゅうて、婆さんに渡すと、早速それを糊にして大事にしまっといたんや。「正月もすぐやし、障子紙も張替えならんな」ちゅうて、婆さんが支度しとったんや。ほしたら、ちょっとした隙に、縁側に置いてあった糊を、爺さんが日頃「チョンよ、チョンよ」と可愛がってた雀が糊を舐めてもたんやてな。婆さんは怒って、懲らしめに雀の舌を鋏でちょん切って、裏の竹藪へほかしてもたんや。

爺さんがいつもの通り柴刈りから帰ってくると、いつもなら飛んで迎えに来るはずのチョンがおらん。婆さんに「どしたんやい」と聞くと、糊を舐めたんで懲らしめに舌を切って逃がしてもたというこっちゃ。「なんちゅうことしてくれたんや。これから探しに行ってくるさけな」ちゅうて、なんせ子供がわりに可愛がってたもんやから、あわてて探しに出て行ったんや。

「舌切り雀のお宿はどこよ。チョンチョン」

ほんで、険しい山道をどんどん歩いていくと、竹切りさんがおったんやてな。

「竹切りさん、竹切りさん。このあたりに舌を切られた雀を見なんだやろか」

「この竹をバリバリ噛んだなら、教えてやるぞ」ちゅうもんで、爺さんは青竹をバリバリ噛んだんや。すると、竹切りさんは「この山の奥で、赤い着物を着て、うまいごっつお（ご馳走）食べて、立派な家におるさけ」と教えてくれたんや。

「舌切り雀のお宿はどこよ。チョンチョン」

竹切りさんの教えてくれた通りに山道を分けていくと、今度はバンギりさんに出おうたそうや。「バンギリさん、バンギリさん。このあたりで舌切り雀を見なんだやろか」ちゅうと、「その雀ならよう知っとるわい。教えてほしいんなら、このバンギ（薪）、ガリガリ齧って見せえ」

爺さんは言われた通り、バンギをガリガリ齧ったんで、バンギりさんはあっちゃこっちゃ山道を教えてくれたんやの。

「舌切り雀のお宿はどこよ。チョンチョン」

あっちゃ行きこっちゃ行きして、どんどん山道を進んでいくと、今度は肥持ちさんが段々畑に下肥を運んでおったんやてな。「肥持ちさん、肥持ちさん。ここらで舌切り雀を見掛けなんだか」「知らいでかいや。教えてほしけりゃ、この肥をガブガブ飲んで見い」ちゅうんやての。仕方ないさけ、爺さんは臭い下肥をガブガブ飲んだんや。すると、さすがに肥持ちさんも気に入ったんか、事細かに「この山の奥に、赤い着物を着てうまいごっつおをたんと食べて、立派な家におるから」ちゅうて教えてくれたんや。

「舌切り雀のお宿はどこよ。チョンチョン」

教えられた通りに、爺さんは勇んで奥山を登っていくと、やっとこさ谷間の竹藪の中に、雀のお宿があったんやてや。今まで見たこともないような立派なお屋敷で、「こんなに遠いところをよく訪ねてくださった。ゆっくり遊んでいってくださいな」ちゅうて、日が経つのも忘れるぐらい、大変なもてなしを受けたんやといの。けんど、さすがに長居しては婆さんのことも案じられる。お暇を乞うとお土産に大きい葛籠と小さい葛籠を見せて、「どっちでもお好きな方を持って帰ってください」ちゅうもんで、もともと爺さんは欲がないし、腰も曲がっとる。

小さい方の葛籠を背負って、また来た山道をあっちゃたどり、こっちゃたどりしてようよう家に帰ってきたんやての。葛籠を開けてみると、なかから大判小判、金銀宝玉、赤白珊瑚に綾錦。わんさかわんさかと出て來るわ、出て來るわ。婆さんはたまげて腰を抜か

すほど驚いたんやが、もう一つ大きいのがあると聞くと、爺さんが止めるのもきかんと、

「舌切り雀のお宿はどこよ。チョンチョン」

曲がった腰をさすりさすりして、あらかた爺さんから難儀な山道のことを聞いとったんで、竹切りさんがなんも言わんのに竹をバリバリ、バンギをガリガリ、肥持ちさんの下肥を引ったくってがぶがぶ飲んで、とうとう舌切り雀のお宿へたどり着いたんやそうや。

鼻がひん曲がるほど糞うて、いかな舌切り雀も、上がるなとも言えんし、上がれとも言えん。早々ともう一つの葛籠を持たして婆さんを帰したんやといの。婆さんは嬉して嬉して、家に帰るのももどかしいんか、さっそく山道で葛籠を開けてみたんやの。ほしたところが、中から出て來るわ出て來るわ。蛇やら蝮やらムカデ、ゲジゲジ、毒虫がゾロゾロゾロゾロ這い出してきて、婆さんの体じゅうに巻き付いたり、たかったりして、とうとう噛み殺されてしもたてな。ああ恐ろし、恐ろし。早よねんねしな。そうらいけっつ。

（翻字　金田久璋）

20　火事を知らせた地蔵――菅浜の大火

昔は村の中心の公民館の辺りに長納寺という廃寺があって、地蔵さんが祀られていて、隣に原井彦九郎と言う信心深い独り者の年寄りが、いつも懇ろに地蔵さんのお世話をしとったんやの。たまたまある夜の夢のなかに白装束のお地蔵さんが出てこられ、今にこの村は火の海になるさけに、早うわたしを村はずれに移してくれとのお告げやった。

さあ、えらいこっちゃ。彦九郎は夢のお告げを村の衆に触れ歩いたんやけんど、誰も相手にせんのや。それどころか気が狂ったんやろと噂までする始末。家人も心配して看護師の一人娘も駆けつけてきたんやが、いつもの通り正気なんやの。誰も信じてくれんので、彦九郎はある日一人で地蔵堂を背負い村はずれへ何とか移したんやが、七日目の昼間、地蔵さんのお告げ通り村中が焼け出される大火になったんやての。丁度田植え時のために留守中で、当時はほとんどがかやぶき

の家やったもんで、わずか二時間ほどで次々と延焼し、１２５戸中１０２戸が焼けてもた。ほんでも、中には心配して土蔵の隙間に味噌を塗りこんで残った土蔵が何軒か残っとる。それ以来、「厄除け地蔵」として手厚く祀り、毎年「焼け年忌」は欠かさず、村中「火の

用心」で毎夜拍子木を叩いて回ることになっているんや。

（付記　「朝日新聞」によると、火事は大正14年（１９２５）５月31日午後２時に子供の火遊びが原因で発生。12人の児童が焼死した。）

（翻字　金田久璋）

◆藤田ハル（美浜町菅浜　一九〇三～一九九七）

21　牛と猫と雀の芝居見物

むかし、猫とぉ、雀と牛と芝居見に行っいったってなあ。夜んなっと、聞いとるんや。

ほいたら、牛は、

「もう出そうなもんやなあ」っちゅうたら、

猫は、

「なんにゃろう、なんにゃろ」ちゅうて、まあ、

「なんじゃろう、なんじゃろう」ちゅうんやな。

ほいたら、雀は、

「忠臣蔵やあ、忠臣蔵やあ」って言うたって。

（翻字　ふくい昔ばなし大学再話研究会　小林史枝）

22　ねぎと大根と仏さんの芝居見物

ねぎと大根と仏さんとなあ、芝居見にいったらあ。

ねぎは、

「寝《ね》ぶたい、寝ぶたい」って言うたら、大根は、

「だいたろかあ、だいてやろかあ」ったら、仏さんが、

「ほっとけ、ほっとけ」っちゅうやってえ。

（翻字　ふくい昔ばなし大学再話研究会　小林史枝）

23　大根おろし

むかし昔、隣りのお父さんがあ、大根とにんじんとを持って、町へ売んに行ったたってなあ。

ほいたらぁ、大根はすぐに売れたんやけんど、にんじんは売れんさけ、悲しがっとったんや。

ほいたら、八百屋さんの主人が出てきてぇ、

「むかしからぁ、大根おろしてたぁあるけど、にんじんおろしはねえ」っちゅうた。

（翻字　ふくい昔ばなし大学再話研究会　小林史枝）

24　傘屋と雪駄屋

昔むかし、あるところにぃ、傘《かさ》屋さんと雪駄《せきだ》屋さんとあったてなぁ。

一軒のうちからぁ、娘をひとりずつ、傘《かさ》屋さんと雪《せき》駄《だ》屋さんとに、嫁にやったんやてな。

ほしたら、親、雨降ると、

「雪《せき》駄《だ》、売れまいか」と思てはな、心配したんやし。

お天気になっと、

「傘《かさ》、売れまいか」と思て、心配した。

そんなことも聞いたことあっさけぇ。

（翻字　ふくい昔ばなし大学再話研究会　坪川祥子）

25　はなしぃの話（おぎんとこぎん）

むかし、おぎんとこぎんと、山へ椎《しい》拾いに行ったんやてな。

ほいたらぁ、風ぁ吹いてきたら、おぎんな、空を見たら、鼻んなかへ椎がぽとんと入った。

そんで、「はなしぃ」やて。


（翻字　ふくい昔ばなし大学再話研究会　坪川祥子）

26　とんびとからす

とんびとからすと、浜辺へ遊びに行ったら。とんびは、魚食う。

からすは、見とってぇ、とんびにぃ、

「買うたか、もろたか、買うたか、もろたか」ったら、とんびは、

「ひぃろた、ひろた」ちゅうたて。


（翻字　ふくい昔ばなし大学再話研究会　坪川祥子）

27　梅と竹

むかし、梅と竹とがな、風呂へ行ったたって。ほったら、梅は、熱いんで、

「うめ、うめ」て、言うんやて。竹は、ぬるいんで、

「焚《た》け、焚け」言うたって。

ほしたら、風呂屋の三助や、どっちの言うことも聞かんといたって言うような話。


（翻字　ふくい昔ばなし大学再話研究会　坪川祥子）

28　松原のお辰狐―敵討ち　1

お婆さんが、晩めに起きて。昔はみな外便所やろ。今こそ内に便所あっけどなぁ。ほんで、開けたなりに便所入ってたんやって。

そしたら、その間に、狐が入って、お婆さんの寝と

る寝間に寝とったんやってな。

　お婆さん、それ知らんさかいに、便所から入って去《い》んだら、寝とるやろ。狐やなんかわからん、寝とるやろ。ほんで、

「ちゃん、ちゃん（夫のこと）、起きまぁ。狐が化けて、うらに化けてぇ、寝とんじゃぁ」て言うて、聟さんを起こしたんやて。

　したらぁ、その狐にゃ、

「なに、そりゃ言う。夜から、婆ちゃん、ここで寝とんじゃわぁ。そんなこと言うてぇ、夜中に今時分、外から入ってくるものは、狐やさけ叩いて殺せぇ」って言うたんやて。

　へたら、そのおんさん（聟）なぁ、ほんまに、その狐にだまされて、自分の嬶《かか》を叩いて殺してもうたんやと。

　ほんで、おまえら、晩、便所行ったら、障子閉めて行けよって、夜さりに、よう言うたわ。

　織田《おった》（佐田の別称）の野寺と言う松原があって、今、けやき台と言う関電の団地もできとるけど、あそこに、お辰ぎつねちゅうて、古狐がおったんやてな。

　ほいだら、かたきとらんなんて。油揚げをぉ、罠にかけて、かけてあったんやってや。ほじゃけど、そのお辰狐も、なかなかのもんやわな、いっこうかからんのや。

　三年目にまた、だましに行ったんやってや。

「つかまえよ、つかまるよう、罠かけたぁ罠にぃ、狐がかかっとるわぁ」言うてぇ。

「行って見てこんかや」て言うて、様子見に行ったんやてや。

　ほいたら、おおぜい、まんまとだまされてもてぇ。

「あんなものは三年前にかけた揚げどこじゃわぁ、三年も経った揚げどこにぃ、狐がかかって死ぬけぇ、わいみたいなもんにぃ、もう今度はだまされんわいやぁ」言うたんやて。

　ほいたら、それにだまされて。去《い》んで、来たんやて、その狐が。

　ほうしたら、いけえ古狐がかかっとったんやて。


（翻字　ふくい昔ばなし大学再話研究会　坪川祥子）

29　松原のお辰狐―敵討ち　2

産婦人科の医者の、滝沢さんでさえ、狐にだまされてなぁ。

晩に、お産なぁ、難産で来てくれ言うてぇ、迎えが来たんやてな。

人力に乗って行ったらぁ、りっぱな家にぃ、奥の間たらなぁ、錦紗のふとん着せて、娘がひとり、お産で苦しんどって。

ほんで、何とか産まして。

ほしてしたら、ようけなあ、お礼くれたんやっと。

おおぜいのもんが心配して、車にみんな控えとるんやって、もうどうにもならん。

そこ行ったら、ようけお金くれて。

もどってみたらなぁ、みな、柴の葉やったったぁ。

それから、もうはや、滝沢さんの先生はぁ、晩、なんぼ迎えが来ても、よう行かんようになったそうや。


（翻字　ふくい昔ばなし大学再話研究会　坪川祥子）

30　狐のこなご釣り

さかな売りがみな、西田の方からな、篭かたげて来ると、後ろから引張るんやて。狐が篭を。魚欲して。

「こりゃ、こりゃ何するんや。もう売れ残りよりない

んやで」ちゅうて、言うて。ほして、
「なんで、そんなことするんや」
「魚欲しんや」言うからぁ。
「魚欲しかったら、月夜の晩に、たんぼの溝に、お前
のりっぱな尾をつけて、待っとんな」て、教えたんや。
ほしたら、狐が魚売りにだまされて、尾つけて、夜

の明けるまで待っとたんや。したら、ええ月夜やし、凍って、尾はぬけへんのや。（さあ、とってたべよ）と思うにゃけんど、尾はぬけんのや。ほんで、きつねが、
少々のこなごは、落ちよでスココンコンちゅうて、泣いとったんや。ちょっとくらいのこなご（イカナゴ）は、落ちても、ちっとついとれば、食べられるから。ほんで、
少々のこなごは　落ちよでスココンコンちゅて、泣いとったら、猟師に見つかって、ポーンと撃たれた。狐が、尾が凍って動けんよになるちゅうことを、知らなんだんや。

（翻字　ふくい昔ばなし大学再話研究会　杤谷洋子）

31　盆の亡者

むかし菅浜の、権六爺さんとおぬい婆さんて、住んどったんやって。くる日もくる日も、漁に出とったんやて、そのお爺さんが。ほんで、魚ようけ釣ってきて。その時分は売れもせんし。ほんでも売るのは売ったり、

近所にやったりしては、食べとったんやて。で、盆の十六日になって、仏さんも祀ったし。海出て景色ながめたら、えぇお天気やし、凪もいいし。

「婆ぁよ。婆さんよ、海行ってこかな」たら、

「あかんあかん。盆の十六日やで、絶対行ったらあかんのや。あかんあかん」て言うのを、爺さんがふりきって、早やごはん食べて、出たんやて。

ほしたら、一匹ぃいも、その日は釣れんのやって、魚が。夕方になってきたら、一匹釣れだし、二匹釣れだし、釣れ出してきたんにゃて。（おうおう。こりゃよう釣れるわい）と思て。爺さんな日の暮れるのも忘れて、釣っとったんや。

ほしたら、びっしゃり日が暮れてしもて。言うとる間に、沖のほう見たら、ぽかっ、ぽかっ、ぽかっと火の玉あがって。ひらひら、ひらひら、ひらひら、それがそのお爺さんに寄ってきたんやって。（ほぉー、こりゃ、やっぱり盆の十六日に出たらあかんのやぁー。火の玉ついたわい）と思て。亡者やわな、言うたら。もう汗びっしょりになって櫓こぐんやけど、その火の玉が、「魚返せえ、魚返せえ」ちゅうて、つきまとうんにゃと、そのお爺さんにぃ。ほやけど、そのお爺さんな、返すどこか、櫓をいっしょけんめいに、こいで、こいで。いっくらこいでも、岸つかんのやって。やっとこの思いで岸ついたら、その火の玉が、ぱっ、ぱっ、と、消えとるところや。みんな飛んでいって、影も形も見えんようなって。

（さぁ、釣った魚をもって帰えろ）と思て、船べりめくったら、一匹もその魚がおらんかった。釣ったはずの魚がおらんかった。で、「婆さんよ、こんなやったわい」ったら、「ほんでに、盆の十六日に漁に出ると、そんなして亡者につかれるんじゃ」って。


（翻字　ふくい昔ばなし大学再話研究会　杤谷洋子）

32　帯に追いかけられた話

ここは、こっちは「南庄」、「中庄」、「北庄」、「松の下」って四つに垣内《かいと》が分かれとるわな。

あるとき、南庄のお爺さんが、屋号も知っとるけど、言うたあかんから言わんけんど、南の方のお爺さんが、

秋この辺、よう、栗がなっとんな。ほれを、一番松の下のお婆さんが、ようぉけ拾ろたんやて。「今日は、栗たくさけ、食いにこんかやあ」ちゅうて、南のお爺さんに言うたらあ、「おぅ、よばれにいくわい」ちゅてぇ、食べに行ったんやて。ほんなら、「一升栗たくさけ、一升栗食うてみるかぁ」ちゅうてぇ。一升栗を、むしゃむしゃむしゃむしゃ、むしゃむしゃむしゃむしゃ食べてぇ。

食べおわった時分は、時計はないし、夜中の二時か三時になったんかな、夜明けの。（おおぅ、こりゃ、婆さんが待っとるわい。早よ帰らなあかん）とお思て。そのお爺さんな、松の下から帰ってきたら、金比羅さんあるやろ、その山の下あたりまできたら、ぞろぞろぞろぞろぞろ、そわそわそわそわそわ、ざわざわざわざわざわ、って、自分のなんか後ろについたんやって。（こりゃ、しまいや。うら（私）に、なんかついたわい）と思て。走りゃ走るほど、その音が大きなるんにゃって。ほで、

（いっぺん止ってみよ）思て、止るとまると、きゅっと、振向くとその音も止るんじゃて。もう、爺さん、後ろ振向くどこやない。いっしょけんめいに戻って来て、南庄の自分の家へついて「婆さん、うらになんかついたわい」ちゅうて。がらがらっぴしゃーんと閉めたら、戸を開けてしめたら、くぅえぇぇ、と引っぱられたんや。

したら、婆さんが、「なにがついたんよぉ」って、出てきてぇ。倒れた爺さんに、水ぶっかけて。電気もなにもないし、ろうそくとぼしてみたら、自分のしとった角帯がほどけて、ぞろぞろぞろひきずっとった。笑い話や。言うたらな。

（翻字　ふくい昔ばなし大学再話研究会　枋谷洋子）

33　お正月の回文

お正月にぃ、
ながきよの
とうのめぐりの
みなめざめ
なみのりふねの

おとのよきかなて、言うことを、お正月になると聞かせてもろて。「それを枕の下に敷いて寝ると、ええ夢見て、あくる日は、金は入るんにゃぞ」と言うことを、聞かしてもろて。

それは、上から読んでも、下から読んでも、ことばがいっしょになって、ゲンのいい話やって。

（翻字　ふくい昔ばなし大学再話研究会　枋谷洋子）

34　河童の詫び証文

◆森　猛（美浜町佐田　一九一七〜二〇〇二）

むかしむかし。織田《おった》（佐田の通称）の吉岡又右衛門さんのお爺やんな、夕方植え代で泥だらけになった牛を、金瀬川の河口に連れて行って洗とったんや。いつもはこびりついた泥を洗てやると喜んで磯に入るんにゃが、いくら尻を押しても引っ張ってもその日に限ってつかろうとせんのや。仕方なく浅瀬でゴシゴシこすっていると、牛は「モウモウ」鳴きながらしきりに後ろ足を跳ねて何かを蹴っとるんにゃ。

「こりゃ、解《げ》せんなことするわい」

お爺やんな日頃口癖のように唱えとる般若心経をぶつくさし始めると、牛の後ろに年の頃五，六歳ばかりの目のくりくりしたおさげ髪の子供が牛の後足をつかんで海の中へ引きずりこもうとしとるんや。お経を止めると途端に見えんようになってまうんで、しきりに唱えると、ガワタロ（河太郎。河童の方言）がそこにおるやないけえ。

「おのれそのそのー」（罵倒の言葉）

お爺やんな思いっきり怒鳴りつけ、首根っこを押さえて、牛の手綱でギリギリに縛り上げたんや。いろいろ問い詰めると、「明日は待ちに待った祇園さんの祭りやもんで、人の尻子玉（肛門のこと）を抜いて供えんならんのに、まだ一つも抜けんのや。そこでせめて牛のでもと海の中へ引っぱっとったんや」ちゅうんやての。

お爺やんなこんなもん生かしておくとろくでもない。子供らも水浴びも出けんし、思い切って棒きれで叩き殺そうとしたんや。ガワタロは頭を砂地にこすりつけて、命乞いをするんやの。「決して今後は悪さをせんさけ」ちゅうて哀願するんやさかい。

「今回は大目に見るさけ、証文書くか」

ちゅうても、ここにゃ筆も硯も紙もないもんで、明日必ず届けるちゅうんや。ほんでガワタロを離すことにした。

　さあて、あくる日の朝、門口に一枚の証文と、サバやイワシが届けてあったんやといの。それから というもの、何日も何日もどっさり魚が吊るしてあったんやけんど、木のカギでは折れそうやし、鹿の角にしたり、もっと

丈夫な鉄製のカギに替えたんやが、その日から何でかお礼の魚が届かんようになったんにゃといい。
　証文は水に写すと文字がうっすら見えるそうや。藁苞に包んで大切に家宝としとったが、誰も見たもんはおらん。昔の葛家《くずや》（藁家）の屋根葺きの職人が屋根裏を探しとったから、きっと河童は火除《よ》けの水神として祀っとんやないやろか。

（翻字　金田久璋）

35　河童相撲

同じく、吉岡又右衛門のお爺やんが、ある日金瀬川の河口でこびりついた茶釜の煤を洗っとると、ガワタロが出て来て相撲を挑んできたんにゃてな。ガワタロは相撲が大好きやもんで、油断しとると誰彼となく掴みかかってくるらしいわ。負けると尻子玉を抜かれるんや。

　そこでお爺やんな頓智がいいもんで、咄嗟に茶釜の蓋を尻にあてて、ガワタロを思い切り投げ飛ばしたん

やての。尻子玉と言うんは「けっつの穴（肛門）」のこっちゃ。土左衛門（水死人）は溺死しとるさけ、尻の穴が開いとる。男は溺死すると必ず腹を下にして浮かんどるそうや。女子は逆に腹を上にして浮いとると聞いとる。漁師は土左衛門を引き上げて懇ろに埋めてやると、ようけ漁をすると言うこっちゃ。

（翻字　金田久璋）

◆**田辺アサヲ**（美浜町佐田　一九一四〜二〇〇八）

36　十二支のはじまり

昔むかし、「十二支」を決めることになったんやて、ほしたら、鼠がぁ、さっき前の日にいってぇ。ほいでもう、決めた日には、決まってしもてたんや。

「鼠さん、競争の日はいつやいの。マラソンの日はいつや」て、たずねたら、「あしたやで」ちゅうて、猫に教えたんや、今日の日を。


先に自分らが走って、猫を仲間入れんね。鼠がうそを言って、牛の耳にちょんとつかまっとって。ほいて、決勝点につく前にぃ、ぽいっと飛でしもたんや。ほんで、「子《ね》」が一番になった。だから、猫がおこって、猫が十二のうち、入いっとらんでしょ。猫が行った時分には、決まっていたと。鼠が、先き行って。

ほんで、鼠をくい殺したっちゅうことや、猫と鼠は、昔から仲悪いなり。そうらんけっつ。


（翻字　ふくい昔ばなし大学再話研究会　杤谷洋子・坪川祥子）

37　そばと麦

そばと麦とがぁ。弘法さんが川を渡るのにね。はじめ麦に、

「この川は、深いからおんぶして渡してくれ」ちゅうて、弘法さんが言われたんやね。ところが、

「冷たいさけ、いや」ちゅうたんや、麦は。

ほしたら、そこに、そばがいて、足を真っ赤にして、弘法さんをおんぶして、渡してあげた、こう、むこう

岸へ。

それをまぁ、罰《ばつ》ちゅうのか、なんか知らんけど、そばは、一年中の一番いい時候に、九月にまいて十一月に実になる。一番いい時候やにゃ。

そうすると麦は、罰があたって、十月にまいて、あけの年の六月しかとれんのや。雪の下になって。暑う暑うなって。はしかい時分なわね。そう言ういわれやわね。

（翻字　ふくい昔ばなし大学再話研究会　杤谷洋子・坪川祥子）

38　常宮の善坊

敦賀市の常宮《じょうぐう》という村にやね。そこに、善坊ちゅう坊さんがいたんや。その人阿呆みてな、賢こみてな、わけのわからん。まあ言うと、賢いみたいな、阿呆みたいなひとやった。

ほすと、冬んなったから、おっさん、方丈さんやわな、方丈さんが、

「冬んなったから、綿入れを買いに敦賀行ってこい」て。

そうすると、あの、

「かっけや」、ちゅうてな、藁を打つ、掛矢ちゅう、それを買うて来たんや。

「そんなものを、買うてきて、どうするんや」ちゅうたら、

「藁、打ったほうがあったかい。ほんで綿入れはいらん」

ちゅうて。

（翻字　ふくい昔ばなし大学再話研究会　杤谷洋子・坪川祥子）

39　小僧のかいもちなべ

和尚とこのうちのお婆ちゃんはぁ、いつもぉ、そば粉こねてはぁ、食べさしてなあ。ほして、小僧さんには、何にも食べささなんだ。ほいたら、和尚さん、

「ちょっと、仏さんの供養があるんで、行ってくるさけ、留守番しとれ」言うて。

（和尚さん、なに出してんて、いっつもおいしそうに食べとんにゃろ）と思て、見たら、そば粉やった。ほんで自分も、（和尚さんの、せいで帰らん前に、いっぺん食べてみよ）と思て。鍋でそば粉こねて、（食べよ）と思たとこへ、和尚さんが帰ってきた。

ほしたら、雪は降るし。鍋なり持ってって、こぼぉんと伏せて。

「はぁ、よう降るな、和尚《おっ》さん」

雪は降る
峠の松も見えなければ
ふるさとはどこにあるやら

って。帰って、和尚さんは聞いたさけぇ、

かいもちなべは　雪は降り
しるしの糞も　見えなかれ

て、返しをしたんやなあ。

「『峠の松も　見えなかれ　わがふるさとは　どこにあるやら』て、小僧さんや、あんた、じょうずに今、詠んだやらの、もっぺん、詠んで聞かしてくれ」言うたら、

雪は降り　わがふるさとは

て。そんな、「かいもちなべ」にて、言わんで。

しるしの糞も　見えなかれ
わがふるさとは　どこにあるやら

ったら、

「かしこいのお。珍重《ちんちょう》珍重」ちゅうて、ほめたって。

（翻字　ふくい昔ばなし大学再話研究会　朽谷洋子・坪川祥子）

40　鳥呑み爺さん

殿さんの前で、となりの正直じいさんが、「ちちんぷいぷいこがねざらざら、」ちゅう屁ぇひるんやねぇか。

殿さんからほうびをもらったもんで、近所の、悪人がうらやましくなって、その真似してな。お尻をめくって、殿さんのほうへ向けて屁こいた。ところが「ちちんぷいぷい」て、言わんのやぁ。ものすごい音がでてぇ臭くて、中のもんも出てきたんや。ほで、殿さん、殺したんじゃそうや。そういう話はあるなあ。

（翻字　ふくい昔ばなし大学再話研究会　枌谷洋子・坪川祥子）

41　でたらめ経

うちの親類の。おんさん死んだんやなあ、せんど。ほんでぇ、方丈さん、長いお経さん読んでおくれてえ。ありがたいけんど、もう嫌になってきたんけぇ、

　さもこぉ、さもこぉ、さもこぉ

ちゅうてぇ、方丈さん言いなったって。

　さもこぉ、さもこぉ

ちゅうのは、

「もうおこか（止める）ぁ、おこかぁ、ちゅうことか」

言うたら、

「そうや」言うんやなぁ。

「そんなもんなんや」ちゅうて。ほいたら、すんだ、ちゅうて。

　すんでもぉ、なんにも、その、おっさんも知らなんでぇ、ひょいっと見たらぁ、天に雁《がん》がぁ飛んどったんでぇ、

　てんがんじゅうろっぱあ（天雁十六羽）

ちゅうてぇ。

　あれをうてば、いっかんろっぴゃくぅ（一貫六百）、ええいぃちゅうてぇ。ほしたら、そのおとなりの、また、順番が回ってきてぇ、

　そうりゃあ、わあしゃあ、むうりい（無理）やあ。はんぶんわぁけ（半分分け）しょうまいかあ、ゴオォーンて、鳴らした。

　むかしねぇ、「一点語《いってんごう》」、ちゅうてね、方丈さんが、

　一点語《いってんごう》をぉ許すう

て、言うんやな。自分が先にたって、言うんにゃ。

　てんがんじゅうろっぱあ（天雁十六羽）、

　あれを撃てば、いっかんろっぴゃくぅ（一貫六百）、ええいぃちゅうたんやて。ほったら、次の和尚さんが、

　そうりゃあ、わあしゃあ、むうり（無理）いやあ

　はんぶんわけ（半分分け）しょうまいかあ

言うて、ゴオォーンて鳴らした言うて。

（翻字　ふくい昔ばなし大学再話研究会　枌谷洋子・坪川祥子）

42　天からふんどし

昔話にあいてきたもんやで、天から、ふんどし、落ってきた。

天から、長い、長い、長い、長い、長い、長い、て、長いこと言うとんにゃ。

そう言う話は、聞いたことある。

（翻字　ふくい昔ばなし大学再話研究会　杤谷洋子・坪川祥子）

43　織田《おった》大根のいわれ

昔お大師さんが、ここの村を通りなったんやね。ところが、隣りの村の山上《やまがみ》の人がぁ、大根を洗《あろ》とったんや。お大師さんが通って、

「それを一本くれ」言うたんやね。ところが、

「この大根はにがいからあかん」ちゅうたんや。

したら、その下で、今《こん》だ、佐田の人が洗とつたんや。

「わたしんとこの大根、食べてください」ちゅうて、

その人が、今《こん》だ、お大師さんにそれあげたんや。ほれで、佐田の大根はおいしいんやし、山上の大根はほろ

にがいちゅうことや。

昔からね。大根売りにいっても、山上の人もぉ、「織田《おった》の大根やえ」ちゅうて、売りに歩いたんや。そやないと、敦賀の人は、買わなかったの。不思議なことにね、この種を取ってまいたら、いくら宮重《みやしげ》（大根の品種）でも、タキイ（種屋さんの名称）から、いい大根ひいて蒔いてもね、三年蒔いたらね、種とって。もとの織田《おった》の大根に変わるんにゃ。それが、不思議な。地所（地質）の関係か知らんけど、不思議なんやて。

（翻字　ふくい昔ばなし大学再話研究会　杤谷洋子・坪川祥子）

44　せんたく岩

野寺の関電住宅（けやき台）の崖下にぃ、こんな大きなたたみ一畳ほどの石が浜にあるんや。そこへ、いつも、機織姫《はたおりひめ》が下りて、洗濯してたんや。ほっと、なんちゅう名や知らんけど、男の人が、機織姫見てぇって、棚機《たなばた》さんに、言うんやがな。わたしらな、いつも見に行ったんや。入れんし、知らんしぃ。（どんな石やろ）と思て、お爺ちゃんに聞いたけん、見にいった。ほたら、ほんまに、こんなおおきな石があるんにゃ。いつもそこで洗濯しとった、ちゅうてな。

機織姫の相手の男の人なんて言うんやかな、牽牛《けんぎゅう》かいなあ、その人がなあ、お天気になるようにって、せんたく毎日しとったって。

あそこの浜は、ちょっと遠浅やでなあ。磯釣りすりゃあ、よく釣れるんやて。ほすっと、石にこしかけては、そんな昔の話し聞いたなあ。棚機みたいなもんやなあ。

（翻字　ふくい昔ばなし大学再話研究会　杤谷洋子・坪川祥子）

45　鬼門の神さん

和尚さんな、鬼門の方に、便所を建てる、建てて欲しかったんやね。けんど、大工さんが「ここは鬼門やからあかん」ちゅうたんや。そやけど、和尚さんは、そこにして欲しいんやがな。ほんでまあ、（そんなことは、嘘や）ちゅうので、そこへ便所を立てた。

夜になると、ザァー、ザァー音がすんにゃ。不思議でかなわんのや。毎晩毎晩、もう夜じゅう音がするんやて。ほいで、和尚さん、考えたんやね。

見とったんかどうか、見とったって言うのやけども、どんなしたんじゃ知らんけど。鬼門の神さんがねぇ、汚いやねぇの便所、汚いのやさかいに。鬼門の神さんは、逆にきれいなのが好きや。ほんで、水をザァーっと、かぶるんにゃて。その音で、和尚さん、寝られんのや。ほんで、やっぱり鬼門のところに便所を建てたのはあかんのや、ちゅうので、変えたっていう話もあるわな。


（翻字　ふくい昔ばなし大学再話研究会　杤谷洋子・坪川祥子）

46　はらみ女の胴着（でんち）

むかしぃ、越前の松平さんかな、殿さんがぁ、はらみ女ちゅうてぇ、おなかのちょっとおおきい女《ひと》、みんな殺したんや。ほで、うちらにもはやってきたもんやけど、「でんち」（胴着）ね、でんちは、おなかの大きいのを隠すからぁ、ちゅうて、ここらも、でんちは、ようはやって。冬いくと、みんなでんち着なるの。

ほして、それを、はらみ女ちゅうて、ちょっと妊娠したて言うと、殺したんやと。

ほた、そこへ便所を建てたんや。なんや知らんが。

夜さり、便所で、赤ちゃん抱いて泣いとるんやて。

ほで、だぁれも、夜さり便所いかんと、外でしたん。

私の兄は、

「そんなもん、世の中にあるはずないさけ。わしゃ、みんなやかまして、勉強できんさけ、便所で勉強する」ちゅうて、便所行ったんや。ほしたら、やっぱし、「気持ち悪い」て。

「ザーザー、ザーザー、ザーザー、ザーザー、なんか言うんで、気色《きしょく》が悪い」言うて、帰ってきて言うたわ。

やっぱし、何んかざわつくんじゃろか、そこの空気。

自分の心身がなるんかな。わからんけんど。


（翻字　ふくい昔ばなし大学再話研究会　杤谷洋子・坪川祥子）

◆田辺トク（三方郡美浜町山上　一九〇九～二〇〇五）

47　永平寺のすりこぎ

むかし、意地悪い姑が嫁さんに炒った豆もたしてぇ、「この豆ぇ、畦に植えてこい」ちゅうて。そのいくらなんでも、炒った豆が、生えそうなことないんや。ほやけど、ただ一本だけ生えたんやそうや。そんだけの豆の、炒った豆のうちにぃ、ひとつだけ、生えたんやって。

ほんでもう、嫁さんはぁ、もう、（どうかしてぇ、これを一反《いったん》ぶりの豆、ならしたい）ちゅうてぇ。もう世話して世話して、今みたいに肥やして、ありゃせずぅ。世話して世話してしてしたら、あの、永平寺に大きいすりこぎあるでしょ、あの木ぃになって、一反ぶりになって、豆なった言う。

「それが、すりこぎになったんじゃ」ちゅうて。永平寺さんへいくとある。今はもう、虫ゃくうてな、やりなおしたみたいやわ。

（翻字　ふくい昔ばなし大学再話研究会　杤谷洋子・坪川祥子）

48　舌切り雀

むかしむかしある所に、なさけの深い婆さんとぉ、なさけの知らぬ婆さんと、二人で住もっとったんやけど。

その、なさけの深い婆さんは、背戸に鳴いてた一羽の雀を、わが子のように育てとったんやって。

ほいたところが、そのいじわる婆さんが、糊《のり》つけしょうと思て、せっかく糊炊《て》えたら、知らんまに、その雀が、みな、食べてしもたんやが。ほで、舌切って逃がしてしもたんや。

ほいたら、舌切り雀が、世話になったお婆さんを、どこやらへ連れてって。ええまかないして、
「つづらを、大きいのと小さいのと、どっちでもつづらあげるさけ。持って帰えってくれ」ちゅうて、つづらを見せた。したら、なさけのある婆さんは、

「わたしは、年やし、小さいのもろてく」ちゅうて、持ってかえってきたら、いろいろ、お金やとか、いろいろ、ザクザク出たんやて。

それを、いじわる婆さんが、聞いて。雀を連れて、その、どこさ、行ったところが、「さあ、ここに大きいのと小さいのとあっさけ、あんたも、どっちでも持ってけ」ちゅうたら、やっぱ欲張りやさけ、大きい方もろてきたんやて。

ほいたら、大きいの持ってきたら、へぶ（蛇）やらなんやら、おぞい（恐しい）もんが、ぞろぞろぞろぞろ出てきて、いのちからがら逃げました。ちゅう話。

そんでそろけん。

舌切り雀の歌

♪むかしあるとこにぃ
なさけのふかい婆さんとぉ
なさけを知らぬ婆さんと
ふたりですまぁっておりました
なさけの深かい婆さんはぁ
なさけの知らぬ婆さんはぁ
舌をきって逃がしてしもたんや。

（翻字　ふくい昔ばなし大学再話研究会　枡谷洋子・坪川祥子）

49　嫁殺し田

むかしぃ、嫁が姑から「今日一日に、あの田んぼのぉ、ぜんぶ草とってこい」ちゅうて、言われてえ。もうちょっとのとこがぁ、日が落ちてぇ、出来んさかいに、お日さんを招いたんやて。

「もうちょっと、とまっといてくれ」ちゅうて。ほったら、その場で、亡くなったっちゅう、その嫁さんが。その嫁いじめの話なら、昔から聞いとる。わたしだけしか覚えとらんか知らんけんど。ここらに伝わっとる話。そんな話もしたかし。

（翻字　ふくい昔ばなし大学再話研究会　杤谷洋子・坪川祥子）

50　枯れた苗

むかしなんやら、意地の悪い姑が、なんか枯れた苗を持ってきて、嫁さんに植えさしてぇ。

「これから、これで、米とれ」ちゅうて、したらぁ。そんなもんとれそうなことねえけども、一株だけ、ええのがあってぇ。（どうかもう、とってくれ、とってくれ。ええ米なってくれ）ちゅうて、株のぐるりを、毎日毎日、こう、まぜかえしてやったら、こんな株になって、ようけ米がなった、ちゅうこともあるんやわ。

（翻字　ふくい昔ばなし大学再話研究会　杤谷洋子・坪川祥子）

◆田辺房枝（美浜町坂尻　一九四三〜）

51　屁放り爺

いいお爺さんが、屁をぷってふったりすると、「しじゅうから、ひょいひょいひょい。」言うたって。

悪いお爺さんが、同じようにしたら、そこら中に肥がかかって、肥だらけになって叱られたって。

（翻字　ふくい昔ばなし大学再話研究会　坪川祥子）

52　人身御供

あるとき、お侍さんがぁ、坂尻の村へ入ってきたらぁ、ほいたら、田倉さんちゅう家が今でもあるんですぅ。そこの家のとこまで来たら、何人か集まって、

そこの家の人がしくしく泣いとんにゃって。ほんで、お侍さんが、

「どしたんや。何があるんや」って、聞いたらぁ。

「この村には、毎年、十一月の何日やにぃ、そのお宮さんへぇ、ひとり女の子をお供えせんならん。その子は、食べられて。神様やから、お供えせんならんのや。神さんにお供えせんならんことになっとるんや」ちゅうて、家の人が、泣いとるんやって。

その子は、きれいに飾って、箱の中に入れられてぇ。

「今に、もう夕方六時ごろになってくると、青年団の人が連れて行くんや。それをかついで、お宮さんへ持って行くんや」言うて、そこの人が話をしたんやて。

「それをせんとぉ、村に悪いことが起こる。神さんやからぁ、火事にならしたりとか、台風をしたりとか、そういう悪いことが起こるから、せにゃあならんのにゃ。ほんで、毎年しとるんです。今日は、うちの番になったんや」言うて、そこのうちの人は、泣いとったっちゅう。

したら、そのお侍さん、「そんな馬鹿なことはない」って。「神様が人を食うなんてぇ、そんな馬鹿なことはない。よし、今晩は、その娘さんに代わって、自分が箱の中に入ってぇ、居る」と言うことになって。

そのお侍さんを、お宮さんに運んで行って。夜中になるまで、じぃーっと、箱ん中に入っとって。静かぁに、そのお侍さんがぁ、待っとったんやって。

お宮さんがしぃーんとなっとるとこへ、落ち葉がカサカサカサカサカサカサカサカサカサァって。また、風が吹くと、カサカサカサカサカサカサァって。

ほして、ほん夜中になったら、遠くから、ズシッ、ズシッて、足音が聞こえてくる。

「はあ、来たなあ」と思て。そのお侍さんな、腰の刀に手をやって。「今かあ、今か」と思て、待っとったんやって。

したら、いざってきてぇ。見て、お侍さんの入っとる箱の上に手をドオーンと、ガシャっと置いたんやって。これから食べるのにぃ、グァアーッと、上の箱のふたを持ったら、今に開けると見て、ぐいーっと、お侍さんはぁ、いやあぁぁっと斬りかかったら、顔に、があっとかかってえ、ギャンギャンギャンギャンて、たまがって（たまげて）逃げてったんや。ほんで、そ

の跡に血がぽたぽたぽたぽたぁって。

朝になったら、青年団の人ら、「夕べのあのお侍さんも、きっと、魔物に食べられたやろなあ」と思て、見たら。お侍さんが、ちょおんと立っとんやって。ほしたら、みんな、びっくりして、

「はっ、あそこに、人がおる、おる」ちゅうて。「何やろ」て聞いたら、こんなこんなやったんや言うてもんやで、

みんなで、ずうっと行ったら、山奥の方、奥の奥の方まで入って行ったら、大きな切り株の、うろの中にぃ、ウウーッウウーッって、狸がうなっとったって。やっぱり、食べとったのはぁ、神様じゃなくてぇ、大きいこれも古狸やったって。狸が、神さんに化けてぇ、村まで出てきて、食べとったんやって、という話。

（翻字　ふくい昔ばなし大学再話研究会　坪川祥子）

53 猿聟——水乞い、壺、簪

あるところに、雨がちっとも降らないからぁ、山の上の田んぼに、お爺さんは稲の苗を植えたんやけどぉ、ちっとも雨が降らんさけえ、もう枯れるかと思て、心配して、毎日、田んぼのふち行って、腕組んでは、

「困ったもんやなあ、雨が降らんし、せっかく植えたのに、困ったもんやなあ」言うて、眺めておったら、一匹の猿がぁ、お爺さんとこに、たかってきてぇ、

「お爺さん、お爺さん、なにを思案なんかしとんねぇ」って。

「こうやって、苗植えたんやけんど、雨降らんさけえ、もう、困ったなあ、こりゃもう、枯れるわ、と思て心配しとんのじゃ」言うたら、

「あーあ、そんなもん、簡単なことや。わしゃ、もう、一晩のうちに、どんぶり、と、水ここへ張っといてやる」て、お爺さんに言うんやて、その猿が。

「そうか、そんなこと出来るんかあ」

「うん、わしが水張っといてやる。心配せんと、家帰って、ゆっくり寝やっしゃい」て、お爺さんに言うたんやて。そしたら、「その代わり、約束がある。爺さんとこにぃ、三人、娘がおるやろ。そのなかの一人、わしの嫁さんにくれ。その約束を守ってくれたら、わしが張っといてやる」そない、猿が言うて。「そうか、ほんな帰って、いっぺん娘に言うわ」ちゅうて、爺さん帰って。その日はもう、寝たんやて。

寝たんやけど、朝、夜が明けても、起きてこんし。一番上の娘が、

「爺さん、爺さん、起きて、ご飯たべないや」言うたら、

「わしの言うこと聞いてくれな、起きんわい」そう爺さん言うんやて。

「なんじゃいな、お爺さんの言うこと」ったら、

「猿の嫁に、行ってくれや」

「いやあ、嫌ぁ」ちゅうて、一番上の娘は、もう逃げてくんや。

また、その二番めの娘も、

「爺さん、爺さん、起きてもう、ご飯たべないや」言うたら、

「わしの言うこと聞いてくれな、起きんわい」

「なんじゃいな」たら、

「猿の嫁に、行ってくれや」

「嫌やわぁ」って、その娘も、逃げてった。お爺さん、(もうこりゃ弱ったなあ)と思て、ふとんかぶっとったら、一番下の娘が、

「爺さん、爺さん、起きて、ご飯たべねえや」言うたら、

「わしの言うこと聞いてくれな、起きんわい」

「何じゃいな、言うことて」たら、

「猿の嫁に、行ってくれ」て。

「ふうん。わかったぁ。わたし、ほな、行ってやるわ」て、娘が言うで。ほんで、お爺さん、

「ほうかい。行ってくれるかい。ああ、うれしやなあ」っ

て、お爺さんは、やっと起きてぇ。

山の田んぼを見に、お爺さんが行って。したら、田んぼに、びゃあっと、もう、水が、張ってあんにゃと。(はあ、こりゃ張ってくれたんやな。じゃが、こりゃ、困ったことになったもんや。こりゃ、えらい約束したもんやなぁ。行ってやるて、

言うたけども、どうすりゃこうすりゃええんや)
お猿は、夕べは、ひと目も寝んとお。田んぼやから、土手あってなあ。ずるずるずるずるうっと、下がっていってぇ。谷川に、水流れとるやろ、そこへ、口をずううっと、つけてえ、お腹いっぱい、ぽんぽんに水飲んでえ。ほんで土手を、バタバタバタバタバタバタアっと上がっていってぇ、田んぼの口から、小便を、じょんじょろじょんじょん、じょんじょんじょんじょんじょおんと、したんや。そうやって、一晩じゅう、田んぼの土手を下がっていっては、水をお腹にいっぱいずつ、また土手をバタバタバタアと上がって行っては、土手から、小便を、じょんじょろじょんじょん、じょんじょんじょんじょんじょおんと、田んぼに。いっぱいになるまで、一晩じゅう、お猿はそうやってして、水を張ったんや。ほんでも、お猿さんは疲れて、弱ったから、眠たいさけ、うち帰って寝てたんかなあ。
ほして、その日の夕方になったらぁ、お猿さん、約束通り、紋付に袴はいて、爺さんとこに、嫁さんもらいに来たんや。

「爺さん、爺さん、約束通り、嫁さんもらいに来たでぇ」言うと、

「おう、用意はできとっさけえなあ、さあ、どうぞどうぞ」言うて。

下の娘は、着物着せてもろうて、髪の毛飾りつけて、きれいにしてもろてぇ、お猿さんについてぇ、山へ行くんやと、夕方。ほったら出しなに、お爺さん、

「お猿さん、お猿さん、このつぼ、水つぼやねえ、このつぼはいいぞう、ひとつ、このつぼ持ってくと、何にでも役に立つさけえ、このつぼを背中に負うて行け」

ほしたら、「ありがとう」ちゅうて、お猿さん、紋付の上から、ひもでつぼを負わしてもろて。ほんで、娘にはぁ、「ずっと、この山上がってくとなぁ、川がある。その川に、橋があるから、その橋の真ん中に行ったら、石かなんかひろて、ぽいっと川へ投げぇ。ほしてお猿さんに、『お猿さんお猿さん、わたしの大事なかんざしが流れていく、川に落ちたぁ』て、そうやって言え。ほうすっと、お猿は、ぽおんと、飛び込むさけなあ」ちゅうて、言うた。

ほんまに川があったから、ここやなぁと思て、娘は石をぽおんと投げて、「ああ、かんざしが落ちたぁ」ちゅうたら、猿は、「どこやあ」ちゅうて、ぼおんと、そのつぼを負うたまま、その川へ飛び込んで、流れていった。ほして、ぼこぼこぼこぼこと水が入ってきてえ、ぼこぼこと川下へ流されていったって。

娘は、真っ暗になって、そこらは見ても、全然なんにも見えんしぃ、もう帰ることもできんしぃ、(困ったなあ)と思とったら、向こうの方に、ぺかぁっと明りが見えるんやて。(よし、あそこまで行って、見てみよう)て思て。だんだんだんだん行ったら、もう、りっぱな屋敷があってぇ。そこはもう、明るうしてあって、そこに、竹やぶがあってえ。大きな竹に、雀がいっぱい、ちゅんちゅんちゅんちゅんちゅんちゅんちゅん止まっとんのやって。

ほいておったら、そこで、みんな、なんか言うては、その竹をてんてんて、足で蹴っとんのやて。

(何をしとるんかなあ)て、思たら。いちもく長者て、昔は言うたんけねえ、お金持ちの人のこと。みんな、「いちもく長者の嫁になろう」ちゅうて、てーんてーんと、その竹を蹴るって。ほうすっと、雀が残ったら、逃げ

んと残っとったら、そこの嫁さんにしてもらえるちゅうことなんやて。

ほんで、みんな、きばってぇ、「いちもく長者の嫁になろう」ちゅうて、順番に、みんな蹴るけど、みんな蹴っても、雀がぱあーっと逃げるんやて。ほんで、なんべんでも、「いちもく長者の嫁になろう」ちゅうて蹴っても、雀が逃げるんやて。

最後に残った、その子が（わたしも、してみよ）と思て、「いちもく長者の嫁になろう」ちゅうて、てーんてーんと竹を蹴ったらぁ、雀は、チュンチュクチュン、チュンチュクチュン、チュンチュクチュンて、逃げんのやて。止まっとんにゃて。

ほんで、その子はぁ、そこのいちもく長者の家の嫁になって、幸せに暮してぇ。お爺さんやら姉のおるとこへぇ、行ったんやてぇ。みんなどうかな、と思て、訪ねていったらぁ、「いやぁ、猿の嫁さんなんか嫌ぁ」て逃げた娘らはぁ、煤鼻《すすばな》（煤や灰で黒くなった鼻の穴）んなってぇ、台所のすみで、ちょいちょいちょいちょいと、縄ないをしとったって。

ほんで、下の娘は、ええ着物着て、幸せになっとったねぇ。ねえさんらは、ぜんぶ、煤鼻んなってぇ、そんなお話なんですてぇ。


（翻字　ふくい昔ばなし大学再話研究会　坪川祥子）

54　くったくったくわんくわん

お寺で、檀家の人がぁ、牡丹餅をあげるやんか、食べて下さいて言うて。ほっと、和尚《おっ》さんも、自分も好きやからぁ、小僧さんにやりとないんやんか。ほんで、いつでも、隠しといてはぁ持ってくる。隠しといてはぁ持ってくる。小僧さんのおらん時に、和尚さん、出しては食べるんやて。それを小僧さん、見とるんやはかい。見とって、「欲しいのう」ちゅうても、ちっとも、「やる」て言わんし。

ほしたら、ある時、和尚さんがおらん時にぃ、檀家から、餅あがったんやて。小僧さんら、みぃんなで食べたんやけんどぉ。和尚さんおらん間にぃ、「みんなして食べよ」言うて、食べたんやけんどぉ。重箱の底に残ったあんこを、地蔵さんの口に、くるくるくるって、あんこ塗っといたんやって。

ほって、和尚さんが帰って来てぇ、

「今日は、どこやらあたりからぁ、餅、あがらなんだか」

ちゅうて、言うたんで、

「あがったんや。あがったんやけんど、地蔵さんとこ、そなえといたら、お地蔵さんがみな食べてしもて」

ほったら、二人して、ちょっと見てきょうて、見に行ったら、そこにあんこがいっぱいついとって。「ほんまに食べたんかぁ」て、鍬《くわ》で叩《たた》いたんや。

ほしたら、クワァーン、クワァーンて言うて。

「ほら、食わん食わんて、言うとるやろ。お前らが食べたやろ」言うたら、

「和尚さん、ほんな、いっぺん、大きな釜に湯沸かして、そこへ地蔵さんをつけてみたら。地蔵さんが食べたんなら、地蔵さんがそう言うやろうし」って、小僧さんが言うたんや。

「よし、ほんならもう、釜に湯ぅ沸かせ」て言うてぇ。ほんで、釜にお湯沸かして、つけたんや。つけたら、今度は、クタククタクタクタって、音がして、クタククタて。

「ほら、やっぱし、方丈さん、言うとるやん。食ぅた食ぅたて言うとるやん。食ぅたんやわ」て言うて。そんな話。

（翻字　ふくい昔ばなし大学再話研究会　坪川祥子）

55 狐の福の玉

狐の一番大事にしとるもんやろ。宝っちゅうか。それを狐はいつも持っとらなあかんちゅうか。生きるためには、それを持っとらなあかん。「福の玉」ちゅうて、私は小さいとき、そう聞いとったんや。

狐の、その大事なもん、盗られたみたいな形になったんや、落としたんやその狐が。うちのもとの実家がぁ、高いとこのお寺の下なんや。もう今はちょっとその、家はないんやけんど。あそこは、ちょうど、お宮さんの裏になるんやんか。お宮さんの、森やわね。森のちょっと横になって、人家がその辺にはあんまないんや。ほんで、ずうっとそこを越えて行くと、畑があんにゃ。

昔、みんな、畑しとって。そう、海側の高いとこに。

横から見ると、海が見える。そこへ昔、肥え持ちちゅうて、肥やし（人糞）をこうやって持ってぇ、そこへまいてしたんやわね。したら、狐の玉が、落ちとったんやって、その道に。狐の玉て、知らんけども。ふわふわとした、丸いもん、落ちとったんやって。ほんで、「何やろなあ、これ。何やろか、ふわふわしとる」て。誰も、見たこともないんやもん。そのふわふわしたもんを、持って帰ってぇ、家に入って、お父さんに話したら。

「こんなもんが、畑の近くにおっとったで。何やろなあ。ふわふわしとんなあ。」

「こら、昔から聞いてきとる、狐のその大事にしとる、狐の福の玉ちゅうもんや」と、言うて。

「これはぜったい、狐が取りにくる」言うて。

「取りにくるさけにぃ、それを、座敷の仏さんのとこに置いとけ」ちゅうて、そこに置いといて。その晩は寝たんやて。

ほたら、やっぱり来たんやて。狐が、姿は見えんのやけど、トントントントンって言うて叩くんやて、戸を。

「誰じゃあ」て言うと、トントントントンてしてからあ。トントントンとして、

「まんさん」ちゅうて、呼ぶんやて。

「誰じゃあ」て言うと、

「おらじゃあ」て。また、トントントンて叩いて、

「誰じゃあ」て。また、とんとんと叩いて、

「まんさん、まんさん」て、呼ぶんやて。ほんで、その、おんさんのこと呼んどんでなあ。

「誰じゃあ」て言うと、

「おらじゃあ」て。そんなこと、何回もくりかえしとったら。

ほして、そのお爺さん、（こりゃ、狐やな。同しことをなんべんも言う。狐や）ちゅうて。ああやっぱり狐は、昼間に、その狐の玉が欲しいちゅうて、取りに行ったけど、そこ行ったけど無かったし、誰かにそれを拾われた、ここに拾われたって知っとったんやな。婆ちゃんが、ここに帰ったちゅうのを、狐はどっかで見とったんやな。ほんで、婆ちゃんは、（これ、狐が欲しいんや）て、わかって。

婆ちゃんが、拾ってきたんや。ほんで、それを、元のとこに戻しといたんや。ほして、元んとこへ、ちょ

おんと、また、戻しといたんやて。

ほしたら、晩に、あったとこへ、ちょんと、そのまんま置いといたら、時間はそら知らんけど、夜、もう、来んようになった。

ありゃ狐やったんや、狐の玉欲しいんや。落としたと思て、探して、取りに来たんやわ。返して欲しいと言うことは言わんけども、わかるんかなあ。狐がそれを大事にしてるということは、お爺さんら、わかっとったんやねえ、昔から、これは狐の大事なもんやって言うことを。ほしたら、取りに来たって。


（翻字　ふくい昔ばなし大学再話研究会　杤谷洋子・坪川祥子）

56　風呂は野壷

山上に法事に行ったら、帰りに山上坂のとこ、苞《つと》に揚げを入れてぷらんぷらんぷらんぷらん下がってきたら、ため池（野壷）が風呂になっとんにゃて。そこに「ええ湯やなあ」ちゅうと、

「入っていきない」って言うんや。荷物、置くやんか。


そのときに、盗ってえ。ほんで、狐が食べたとか。よう聞いたわ。

（翻字　ふくい昔ばなし大学再話研究会　坪川祥子）

57　狸退治

むかし、あるところの、お宮さん（一言主神社）にぃ、大きな、姉さんかぶりをした婆さんがぁ、夜になるとぉ、お宮さんで、縫いもんしとんにゃって。

ほんで、村の若い衆、今の青年団の人が、みんなして、

「ちょっと見に行こ」

「ちょっと見に行こ」って、行って。

「あそこに、座っとんにゃ」

「ほんまやなぁ」って、よう見っと、お婆さんが姉さんかぶりして、大きな体や。いっしょうけんめい縫いもんしとんにゃ。眼鏡を鼻んとこまで落として、縫い物しては、ちらっと、こう、にこうっと笑ろて。また。縫いもんしとる婆さんおるさけえ。

「何じゃろな、ありゃあ。人間じゃないなぁ。何か、

化物じゃなあ」て、そないな話からぁ。「一回、そりゃ、鉄砲で撃ってみよう」ちゅうことでぇ。

ほんで、みな、家から鉄砲持ってきて、順番に撃つんやけど、死なんにゃ。当たらんにゃてな。

もうしまいに、みんな一生懸命、そのお婆さんめがけてぇ、撃つんにゃて。ズドオーンと撃ったんやて。ほんでも、まだ、いっしょうけんめい、こうやって、縫いもんしとって。

「玉なけにゃ、玉やろか」て、そうやって言うんやて。その狸が、にたぁっと笑ろて。

「玉なけにゃ、玉やろか」て言うんやて。

ほしたら、またちがう人が、

「よし、今度は、自分が代わって、今度は自分がやってみるわ」って、ズドオーンて頭を、ズドオーンと撃つんやけど、また、にこぅっと笑ろて、

「玉なけりゃ、玉やろか」て、言うんやて。

「こりゃ、あかんなあ」て、みんな順番にぐるぐるまわってするけども、やっぱり、もう、同じことで、もう、当たらん。死なん。手ぇやっても、ちがうとこやっても、心臓のとこやっても、死なん。

「こら、おかしいなあ」と言うことでぇ。

次の日も見に行って、次の日も次の日も、いるんやて。ほんで、その時分にぃ、隣りの村の山上のぉ、荒

山吉兵衛さんのおんさんがぁ、あの人、名人やったんやてねえ、鉄砲撃ちの。名人やってんて。私も知っとったからあ、どんなおんさんか。田んぼの、鴨を、撃ちにきとったから、冬なんか。

荒山の吉兵衛のおんさんに頼んでぇ、いっぺん撃ってもらおうっちゅうことになってぇ。ほんで、吉兵衛のおんさんに、来てくれて頼んだら、「そんなもの、ほんまに、おるんかい」ちゅうて。

ほんで、夕方に来てみたら、日が暮れるとぉ、やっぱり、大きな婆さんが、拝殿みたいなとこ座っててぇ、こうやって縫いもんしとる。

「ほんまやのぉ」言うて、おんさんはぁ、

「ほな、誰か撃ってみぃ」て。

まず、青年団がズドオーンと撃つけどぉ、あかん。「あかんなあ、当たらんなあ」ちゅうてしたら、荒山のおんさん、「ほな、わしも、一つ、撃つわ」て、頭めがけて、ズドオーンと撃ったんやて。ほんでも、にこぅっと笑ろて、「玉なけりゃ、玉やろか」て言うたんやて。

ほんで、おんさん、考えたんゃ。

「こりゃ、狸にしても、こりゃ違うな。ほかのものやな」て、考えてぇ。横に、行燈《あんどん》あったってんて。行燈の横でぇ、縫いもんしとったからぁ、そのおんさん、行燈の灯りをめがけてぇ、そこをドオーンと撃ったんやて。ほったら、ぱたぁっと、その狸も、消えたんや。

「消えたなあ」て、「おんさん、どこ撃ったんや」て、聞いたら、「明るいほうを撃ったんや」ちゅうた。

そこを見にいったらぁ、そこにぃ、切り株がぁ、お婆さんに見立てとったんがぁ、古い大きい切り株やったんやて。横にある行燈がその狸やったんやて。狸を撃った言うことでぇ。それからは出ん。そんなふうな話なんですてえ。

（翻字　ふくい昔ばなし大学再話研究会　坪川祥子）

58　タクシー客の幽霊

あのな女の人が、死んだその人が幽霊になってぇ、出たって、騒いだわ。トンネルのとこの。タクシーの運転手さんが、乗せたんやんか。村はずれのお墓んとこの、バス停んとこにぃ、ネッカチーフかぶった女の人が、そこ通ると、「乗せてくれ」って手ぇあげて。ほて、乗せたっちゅうんやはかえ、二回ほどぉ。

そやけど、ルームミラーでは、こうやって見ると見えるんや、映るんや。ほって、座席を見ると、おらんのや。ちょうど、家の前で、「降ろしてくれ」って言うたさけえ、降ろすと、「ありがと」ちゅうて、降りて。とことこっと行くんやけど。お金持っとらへんのや。「お金持っとらんし、とって来ます。ちょっと待っててください」っちゅうて、行くんじゃけんど、帰ってこんのや。

(おかしいなあ。帰ってこんなあ) 思て。帰ったわなあ。ほんで、あくる日、そこ行って、聞いたら、その家のもんは、みんな死んで、もう誰もおらん。この嫁さんは、病院で死んだんやんか。ここの旦那は、生きぃとってぇ。浮気しとった言うんやんか。嫁さんは、病気やったやんか。ちょっとも帰ってこれんかったんで、その間ぁにぃ、そっちで浮気しとったんやなあ。そんなことで。ほんまか知らんけど。


(翻字　ふくい昔ばなし大学再話研究会　坪川祥子)

59　土左衛門の頭を剃った話

昔ぃ、おんさんが、海で釣りしとったらぁ、海で死んだ人が、船の舳先《へさき》んとこ、がばあぁっと上がって来たんやて。見たら、死んだ人やから髪の毛ががあぁっとなっとるんで、「わしは、髪がこんなやから、行きとうても、行けん。おんさん、あした来っときに、ちょっと、剃刀《かみそり》持ってきて、一つ、ここ剃ってくれ」ちゅうて。そういう人、だましたらあかんのやってね。だましたら、もう、ぜったい、悪いこと起きるんやて。

ほんで、おんさん、艪《ろ》をこいで帰って。あくる日ぃ、行くときに、剃刀ひとつ持って。(魚釣っとったら、今に出てくるぞう) て思たら、また、来たんやて。また、がばがばあぁっと上がってきて。ほんで、「爺さん、約束通りのぉ、剃刀持ってきてくれたやろな」ちゅうたで、「おう、持ってきたぞ」て。ほんで、剃刀、袋から出して、「どこ剃るんや」っちゅうたら、「ここんとこ」て。ちょっと、なでただけやけど、「もう、ええ。

もう、ええ、ええ。もう、こっで上等や」て言うんですて。「もう、来んでいい」て。ほんで、そね言うてぇ、「おおきんなあ、ありがとう。こんで、みんなのとこ行ける」ってぇ、また、がばがばがばあっと、沈んで行ったたって。

ほって、その前に、その人がこう言うたんやて。「爺さん、早よ帰れよ。沖はもう暗いさけえ。もう今日は荒れてくっさけえな。もう十分もすっと、海が荒れてくる。急いで、家ぇ帰ってもええわ」て、そのおんさん、その通りに帰ったら、荒れてきたって、海が。そんなこと聞いたわ。

（翻字　ふくい昔ばなし大学再話研究会　坪川祥子）

60「ガリアイ」（狐狩り）のいわれ

うちの爺さんが、よう、言うとったのはぁ。昔ぃ、坂尻の村に、狐がようけ出てぇ、そこらのもんを荒らすんやて。畑のもんを荒らしたりぃ、軒下に吊ったもん盗ったりぃ、鶏小屋に入って鶏食べたりして、荒らすからぁ、なんとかして、その、狐を退治しなあかんなあ、言うことでぇ。

ほんなら、どねしたらいいかなあ、と言うことでぇ、地頭殿て言う神様がぁ、「こうこう、こう言うふうに言え」と言うことを、教えてくれてんて。「狐の寿司はぁ七桶ながらあ」て、七つの桶にいっぱいにしたけども、「八桶に足らいでえ」、八つの桶に足らいで、「狐狩りをするといのお」て言うてぇ、そうやって歩けっちゅうて。

ほうすっと、狐はびっくりしてえ、捕まえられるって言うて、山奥へ逃げて行くって言う、そう言う話を言うとったわぁ。

（翻字　ふくい昔ばなし大学再話研究会　坪川祥子）

◆**白井清三**（美浜町麻生　一九〇〇〜一九八八）

61　多賀の鳥居

お多賀《たが》さんの鳥居は、大変いかい（大きい）鳥居をこしらることになって。氏子は（さあ、建てよう）ちゅうところに、氏子なんぼ相談寄っても、あんまり大きいので、たてる相談はつかなんだ。氏子総代やら、何にゃら役員が、寄って寄ってしても、どうしても、あんまり大きすぎて、建てる方法が、どうしても名案浮かばんのやと。

「どうしょう。どうしょう」って相談した結果、「いっそのこといっぺん全国行脚して回ろうか」ちゅう相談になって。ほれから代表者は手分けして全国ぐるぐるぐるぐる、回って。（何かいい材料はないか）と思て。したところが、子守り子は、

多賀の鳥居は建つといの
築山ついたら建つといの
ねんねこよう　ねんねこよ

ちゅうて、小さい子守りのおなごの子は歌うんやて、こどもを背中に負うて。ほいて、子供を寝かすのに、

多賀の鳥居は建つといの
築山ついたら建つといの
ねんねこよう　ねんねこよ

ちゅうのを聞いて。

（ああ、これこれ）と思て喜んで。ほれからすぐ戻って、築山ついて、多賀の鳥居は建《た》っ建《た》っちゅうことをむかし聞かしてもろた。

いかな子供とはいえ、やっぱり世間はせんならんもんや。子供の子守唄でも、そんな大きい、皆な寄って建てんならん、名案つかんならん。でも、「築山ついて建て」て言うとった唄を聞いて、これで参考にして、それで建ったと。今なら、機械あるさけ、するんやけんど、むかしは方法はつかんで、築山ついて建てなったんやっちゅうことを聞いとるんや。

（翻字　ふくい昔ばなし大学再話研究会　小林史枝）

62 長良川の人柱

東海道の、川が荒れると、橋の上をやっと歩けるかで、橋がみんな落ちると渡れませんわのぉ。ほんで、長良川の橋かけるときに、いろいろ相談したけんども、「こりゃあ人柱たてにゃああかん」ちゅう相談になってぇ。

「ほんなら、誰か人柱、人柱おらんか」、人間がもう、柱になってぇ、柱にぃ埋まるん、いくらさがしても、おらんのさけ、誰あれも、「人柱たてにゃあ出来ん」て言うとって、誰も、

「そんなら、うら人柱になろう」っちゅうもんは無かったらしいんや。

ほいたら、言いだした男がひとり。「こん中でいちばん真っ黒のぉ、汚ないふんどししとるもんを人柱にたてよっか」っちゅう相談になったんやって。

「ほんなら、そうしよ」っちゅうて、みんな調べたらぁ。言いだした男が、いちばん汚ないまわしをしとったんやって。「おめぇ言うたんや。おめぇや」。もう、しゃあない。その人は人柱になってぇ。長良川の橋はかかったと。

ほんでぇ、人間は、述べたことばが、口は災いのもとやあって。そんな阿呆なこと、言いさえしにゃあよかったんやけんど、その人は、自分のまわしは、そない汚たないと思うとらなかったらしいんやの。ほやけんどさ、自分のが一番汚ないんや。人柱になってぇ、長良の、あの橋はかかったんにゃ、娘はそこ通るごとに、父はそんな人柱になってぇ橋をかけたばっかりにぃ、ほんで自分は口はそう言うたもんでぇ、「父は口ゆえ　長良の人柱かな」って、通るごとにぃ娘は言うたんやてな。


（翻字　ふくい昔ばなし大学再話研究会　小林史枝）

63 狐のお産

敦賀のええお医者さんは、狐に子を産ましたっちゅう話は聞いとるんですわ。みな伝え聞きなったやろ。最近の話でっさけのお。

お医者さんはええお医者さんじゃけえ、狐が人に化けて言って何でかや来てくれっちゅ

うて。我がうち案内してぇ、そのお医者さんは狐に子ぉ産まして、戻りには、てんぽなおどろくほどやっと金くれて、びっくりしたけんど、持って戻ってきたら、木《き》の葉ばかりじゃったあ。そんな話はちょっと聞いたことありますわ。

（翻字　ふくい昔ばなし大学再話研究会　小林史枝）

64 菖蒲湯のいわれ―蛇聟入り

むかしぃ、五月の節句の日ぃにぃ、私らの子供の時分には、屋根葺《ひ》くって言いまして。屋根の軒にむかしのいかい（大きい）灸《やいと》よもぎと、菖蒲とをさしてぇ。菖蒲とやいとぉは、ちょっと夜つゆ取るようにしてぇ、風呂に入れてぇ、あったんや。節句の日に、あれは五月の五日じゃのう。屋根葺《ふ》いたんやって。その晩のお風呂はぁ、よもぎと菖蒲とを丸けて、植えたったやつを入れてやって。それをみんなが、あつあつにするわの。

ほやって言うのは、蛇は人間の娘に性根《しょうね》入れてほれこんで、娘は菖蒲湯でぇ、腹をもんでもんでもんでもんでしたらぁ、その、風呂ん中へ蛇の子がうろうろうろうろうろうろぉ出てきて、蛇の子は生まれたって、そんな話も聞かしてもろたわの。

（翻字　ふくい昔ばなし大学再話研究会　小林史枝）

65 菖蒲の節句―食わず女房

むかしむかし、あったんにゃとい。

若くして嫁を亡くした男がおったんにゃてのう。ある日の夕方、戸を叩く音がするもんやで、そっと開けてみると、それはそれは器量のええ女子《おなご》がいて、「嫁にしてくれ」と言うんにゃ。長い間、男後家でもらい風呂ばかりしておったんにゃけんど、今夜からその女子が「風呂を焚きますさけ」と言うんにゃの。久しぶりにわが家の五右衛門風呂に浸かっていると、何ものか知らんが風呂桶の蓋をして、縄で雁字搦めに括って、山道を風呂桶を背負い登っていくんにゃわい。風呂桶の割れ目からのぞくとヤマンバや。子供に喰わせようとするらしんや。

ひと息つこうとヤマンバが腰を下ろしたすきに、何とか這い出して、菖蒲とヤイトヨゴミ（ヨモギ）の草むらに隠れたんにゃ。そんなこととは知らず、「一息ついたら何や急に軽うなったわい」と独り言を言いながら、山奥の住処へと帰って行ったんにゃといの。よっこらせと風呂桶を下して、中を開けると何ンもおらん。もぬけの殻や。

さては、「一服した時に逃げられたやんな」と怒って、すぐ男の家へ引き返して、今度は蜘蛛になって戸の隙間から忍び込んできたんにゃとい。ところが所詮蜘蛛は蜘蛛やもんで、男が蜘蛛を火箸でつかんで「一昨日来い」って火にくべると、ボーンと弾《はじ》けたんにゃ。

「やれやれ、わしが助かったのは、強い菖蒲とヨゴミのかざ（匂い）のせいでヤマンバには分らんかったんにゃわい」と安堵したんにゃといの。それから五月の節句には、魔除けのために必ず菖蒲とヤイトヨゴミを屋根の四隅に投げるようになったんやといの。そうらいげっつつ牛の糞。


（翻字　金田久璋）

66 碓氷峠《うすいとうげ》のもみじ

むかしぃ、歌衆《うたしゅ》あってぇ。全国を行脚して回っておったと。碓氷峠へさしかかったときに、てんぽなきれいな、もみじ葉咲いておったと。（はあ、ここでひとつ歌おう）と思て。歌衆は、

碓氷とは　たれは言うたや　こえもみじ

そんだけ出たんやけんど、あとどうしても、歌衆は、都合がつかんので。ずうっと、そこたれ（そこら辺り）に道歩く人に、一人ひとり言うてぇ、

碓氷とは　たれは言うたや　こえもみじ

言うんやけど、そのあとは、どうしてもつかんので、何人もの人に尋ねんやけんど、ほんなこと聞かれても答えてくれる人はさっぱり無いんで。「しもたなあ。ここまで出たんやけんどなあ」そぅ言うて、考えもって歩いとったら。

道端のあばら屋の、爺さんが下駄の歯入りしとったんやて。（こんな人に問うたてえ、わからんと思うけ

んど、まあ、問うてみよう）て。おいぼれ爺さんが下駄の歯入りしとったんで。その爺さんに話かけて、「自分はこんな歌して、行脚して回っとんねぇ。今、碓氷峠へ通りかかったところ、きれいなもみじ葉咲いとったんで、

碓氷とは　たれは言うたや　こえもみじ

そこまで出んのやけど、あとはどうしても出んのや。まあ、隠居さん、つけてくれんか」って。

（こんな人に問うてもあかん）と思たんやけんども、まあ、念のために問うたらしいんや。ほしたところが、爺さんは、

「ふん、うららにほんなこと問うてわかるかい。ほんなことやったら、昔の秋に問いなさい」って言うたらしいんや。ほしたら、ええ句んなって、

碓氷とは　たれは言うたや　こえもみじ　昔の秋に　問うがよかろう

と。その人は、なんべんも礼言うて、帰んなったと。

ほんで、人間ちゅうものは、こんな人と思てもあかんと、やっぱり自分の尋ねたい時には、（だれも問うてくれん、こんな人に問うたってどうなる）て思て、その人をほっとくと、そんなええ歌にならなんだんやけんど。その人に問うたところが、爺さんはそんな歌衆やないんで、そんな歌つけるもんやないんやけんども、「自分らみたいに問うたところで何わかろう。じゃけんど、そんなことなら、昔の秋に問いなさい」ちゅうことを言うたんやのお。ほしたら、ええ歌になったって喜んだって言うおはなしを聞かされましたんや。

これは、人に対してもやね、こんな人っちゅうな思いをせずに、した方が人生はええんじゃって言うふうにばあさんに聞かされたんですわ。

（翻字　ふくい昔ばなし大学再話研究会　小林史枝）

67　丁稚《でっち》の親孝行

むかしは、丁稚にみな行ったわけでえ。親孝行なんや。家は貧しいもんでぇ、丁稚に行ったと。

ほして、忠実に働いておったんやけんど、使いのあるたんびごとに二階上がっては、降りてこんのやと。主人は不思議でかなわんのや。不思議でかなわん。（あ

の丁稚じゃけんども、使いにやったら必ず自分の部屋へ入って、しばらくおるんや。どんなことしとるにゃ知らん）と思て。

丁稚を使いにやってぇ。丁稚のおらんときに、その部屋へ上がってぇ、主人は見なったところ、親心や。丁稚は使いに行ったときに自分の親に、そっくりの面あったんで。ほんで、その面を買うてきて、自分の部屋にかざって、使いに行くたびに飴玉買うてきて、その面の口に頬張らしとったんやと。飴玉がどっさりある。こうこう思たんやと。主人は、（ああ、これじゃったんか）と思て。

丁稚の戻らん先に、主人は飴玉みな取ってしもて。何言わん顔しておってあったら、丁稚はまた戻ってきて、飴玉買うてきて、二階上がって。その面に頬張らそうと思うたところ、飴玉がひとつもないんや。

丁稚はびっくりして、（これは何かあるに違いない）と思て。ご主人に、「ちょっと親元へやらしてくれ」って頼んだんや。

「日は暮れるのに、三日でどもならんし、峠を越えにゃあ行けけん。行けんのじゃさかいに。ほんな今、日は暮れかけとるんにゃけえ、必ず峠で日は暮れるのまちがいないんにゃけえ。一日延ばしゃあ明日《あす》暇やるさけえ。明日、そんだけぇ親元へ行きたいんならぁ、行って親に会うてきて、ほいてまた戻ってこい」と、ご主人は言われるんじゃけんども、孝行息子は早う親に会いとて会いとてかなわんのやけ。「どうか、もう、夜通しでもだんねえ（良い）、やらしてくれ」っちゅうて、頼んで。主人の了解を得て、家へ帰る。帰る道は、もうなんでもかあでも山の峠を通らならんの。

山の峠を通りかかったところが、昔の山賊は、ばくちの帳場開いて。火ぃ焚いて、どんどんどんどんばくち打っとったんやて。そこ通らにゃ行けんのや。小僧はもう、親になんか変なことあるに違いないと思て、親孝行一点張りで、早う親に会いたさに、こんなところ恐ろしこともなあにもない。通りかかったら、ばくち打ってたものが、

「こら、小僧。どこへ行くんや」って、こう言うんや。

「こうして、親元へ行きますにゃあ」

「ほんなとこへ行かんと、ここで火の番でもせぇ」ちゅうて、小僧に火の番さしてぇ、ほして、山賊はばくち

打っとったんやって。ほんで、正直なもんじゃけえ、「はい」ちゅうて、正直に火の番しとったんやけど、あんまりけむたいもんやさけぇ。ふところに持っとった親とちょっとも違わん面を、ほろっとかぶったらしいんじゃ。ほしたら、山賊はびっくりしてぇ。面かぶったもんやさけ、山賊はおとろしがって、その帳場の何もこっきり、放って出、山賊は逃げてしもたんやて。小僧はけむたいさけえ、面かぶったんやけんども、山賊はびっくりしてもて。

　ほして、逃げたもんやけえ、まき散らした中に、銭やら財産やらあった。こっきり、その小僧は取りまとめて。親のうちへ持ってもどってぇ。親に渡して。喜ばしたと。

　孝行ちゅうもんはこんなもんでえ。親に孝行せにゃああかんのやと。もう、てんぽな財産家になってぇ。ほいて、親子円満に暮らしたそうなっちゅう話しを聞かされたんですわ。

（翻字　ふくい昔ばなし大学再話研究会　小林史枝）

68 折れ秤《ばかり》

　今の大阪に、大きい大きい問屋《といや》あって。そこへ奉公しとった丁稚が。問屋じゃけえ、秤商売やけえ。問屋

のご主人は、秤ゃあ、折れたんやて。悲観して、悲観して、

「さあ、しもた」もう、ご主人は消沈してしもとったと。

ほったら、丁稚は、「ご主人、ご主人、なんぞせな。そんなやったら」てったら。

「こうして、台の秤から折れてしもたんや。もうどもならんわ。うちの商売はこんでもうおしまいや、不振が出たで」もう悲しがって、苦しんでおられたんやと。

「ああ、ご主人さま、心配ない。わたしが言うてあげましょう」ちゅうて。その折れたはかりを肩荷のうて、

「大阪で金持ちゃ、おればかり。大阪で金持ちゃ、おればかり」ちゅうて、その折れたはかりを持って、庭じゅう回ったんやて。

ほしたら、主人は喜んで喜んで、「ほおお、これはうまい」って言うて。小僧の言うた通りぃ、大阪でのいちばんの大金持ちになったんやて。

ほんで、やっぱり人間は、ええこと言うんや。ほんな、災いのようなこと言うたらあかんと。やっぱり、そのめでたい祝い文句でぇ、そんだけなったんやと。そんなはなし聞かされてますわ。

（翻字　ふくい昔ばなし大学再話研究会　小林史枝）

69　四位の少将

むかし、庄屋さんは、登城《とうじょう》されるときにぃ、（裃《かみしも》を着けよう）と思て。ほして、裃を出されたところが、裃に鼠が小便かけてるって。

「こんなもん着ていけん」て言うんで。ほれで、大変ご主人は弱っておられたと。

「もう、今日は登城せん」って。嫁さんを呼ばってぇ、

「ほんでも、登城せんと」

「いや、もう今日は行かん。こんな鼠のかけた、不吉な裃着けて行くことはでけん」ちゅうて、登城するの断念されたら。ほいたら、小僧はとんできて、「だんなさん、だんなさん。わたしがひとつ言い合いましょう」って言うて。

鼠めは　殿上人の　まねをして
かけるひたたれ　しいのしょうしょう

ちゅうて、言うたんじゃって。ご主人はよろこんで、「お

お、そうかあ。四位の少将」やてか。

機嫌とり直して、裃つけて、登城されたんやと。その小僧の言うたとおり、帰りには四位の少将の位をもろて、元気よう、帰っといたと。ほれ聞いとるんですわ。

「四位の少将」って、うららの子供時分にわけわからんかったんやけど、今言うと、平安時代の殿上人《てんじょうびと》の近衛の少将の特に四位に進んだ人で、少将の位をもろうた。ええ位で、驚いたっちゅうことやなあ。子供の時分には「四位の少将」って何じゃろうなあって。私ゃあわからんなんだんや。けんど、今になってわかる。ああ、なるほどって。


（翻字　ふくい昔ばなし大学再話研究会　小林史枝）

70　袴と女房

むかし、ご主人は登城《とうじょう》されるときに、女房に、

「明日登城じゃあけえ、わしのすることになんにも干渉せな」って言うんや。

「おめえが干渉すると、わしゃ行かん。女房が干渉すると、行っても不愉快でかなわん」て。

「わしの行くときには機嫌よう送り出して。わしのすることにいっさい干渉せな。干渉すると、登城せん」て、ご主人は言いなったんや。

ほったら、女房は、

「どうか、登城してぇ。あんたのおっしゃることなんにも干渉せんさけえ。どうか、登城してくれ」って、女房は懇願したらしいんや。

「そうか。おめえが、そないに言うなら、登城する。しかし、ほんまに干渉せんなあ」って。

「干渉しません」

「そうか。じゃ約束やぞ、ほんなあ、登

城する」って。

主人はわざとぉ、裃《かみしも》を着けて、袴《はかま》のすそをぐるっともじらして履きなったんやと。ほいて、出てきなったんやと。ほいたら、女房は、

「だんなさん、だんなさん」

「なんや」

「裃りがもじれとる」

「そうれ、そんで登城せんっちゅうんや」て言うて、ほなまた女房はあやまって、

「どうかしてくれ。もう何も言わんさけ」ちゅうて、袴を当たり前に着けて行けたけど。

女房、主人には、「はい、はい」言うとりゃいいんで、あんまり干渉せん方がええんやって聞かされとるんですわ。


（翻字　ふくい昔ばなし大学再話研究会　小林史枝）

71　しいら買い

丁稚に行っとったんやと。主人の命令で、遠脚《とうあし》に、出て歩かんならんで、用足しに行かんならんのや。

ほしたら主人は、その日ぃ、

「今日はおまえは『しい』っちゅうことを、ひと口も言うてならん」って。「『しい』ちゅうことば、言うたらあかんのや。今日は一日中おまえは『しい』ちゅうことばを言うな」

「はい、わかりました」ちゅうた。

ほいて主人は、「今日は魚屋行って、しいらを買うてこい」ちゅうて。命令ですんや。

「はい、かしこまりました」

「しいら買うてくんにゃぞぉ」

「はい、必ずしいら買うてきます。はい」ちゅうて。

「『しい』ってゆうてならんのやぞ」

「はい、わかりました。心得ております」

ほいて、丁稚はしいら買うてくる。魚屋では、「しいら」て言うたんでしょうのう。しいら買うてきてぇ、

「はい、買うてきました」ちゅうて、主人にしいら出したら、

「これは、しいらか」

「はい、ごいらでございます」

「ごいら?·そんな魚あるか」
「へえ」
「これは、しいらや」
「はい、ごいらでございます」てえ。やり通したけれども、主人の命令通りのしいらを買うてきたんやっちゅう話を聞かされたんですわ。

（翻字　ふくい昔ばなし大学再話研究会　小林史枝）

72　豆腐屋の禅問答

むかしぃ、あるお寺さんの方丈さんはぁ、ええ方丈さんじゃったんでぇ。むかしは禅問答ちゅうて、問答の掛け合いがあったんですとのぉ。ほいたら、名の通っとるええ方丈さんのとこへいついつ日《か》に禅問答に行くっちゅう通知あったんやと。

方丈さん弱ってしもてぇ。いつもその方丈さんとこへ出入りしとる豆腐屋が心配して、

「方丈さん、何じゃのぉ、あんた、いつもぉ元気なのにぃ、このごろ、いつ来ても方丈さんえらい沈んでござるが、何かあるんか」って出入りの豆腐屋が問うたら。

「いついっ日《か》にぃ禅問答に行くっちゅうんや」て。

「ほんでえ、何て答えていいやら、何言うやらわからんのでぇ、そればっかり心配んなって、最近もう夜中も眠れん。行くっちゅうんやで、来るなとも言えんし、どうすりゃと思て、それが気になって心配でもう、ならんのや」

「方丈さん、そんなこと気になってか。ほんな、わたしが代わってあげる」

「おまえで代われるか。おまえで代われるなら、心配ないが」

「いや、わたしが代わってあげる。その日ぃやったら、方丈さんの衣装をわたしが着る。わたしが代わって、問答してやる」って。その豆腐屋言うたんやと。

「ほうかあ。ほんならそうしょう。どうせぇ来るに違いないにゃでえ」

ほれから、問答に行くっちゅう日ぃが来たんじゃけえ、

「和尚さん、和尚さん、来ましたでぇ。わたしゃあ助けるさけ、方丈さんの衣装をこっきり貸して、つけて

ください」

方丈の衣装借ってぇ、豆腐屋が方丈の代わりしてぇ、もう来る時刻なんやけぇ、でええんと、方丈の椅子に座って待っとったんやって。ほしたら、問答するぅ坊さんがやって来てぇ、問答仕掛けたんやと。

「三千世界は」ったら、

「日天月天《にってんがってん》」って。お月さんのぉ天と、お日さんので、

「日天月天」って言うたんやと。

ほいて、豆腐持っとるんじゃけえ、

「そりゃあ何ぼや」って言うもんで。指ぎゅうっと五本出したんかな。ほしたら、相手は指四本出したんやって。

豆腐屋は、（五文の豆腐を「四文《しもん》にまけえ」て言うんか）と思て、面倒なんやけど、四文にまけるわけにいかんので、

「あかんべえ」って目ぇむいたんやとや。わたしらわからんけんど、てんぽなええ問答んなってぇ。来た坊さんは、「さすがぁ、やっぱり、ええお寺の方丈だけあってえ、もう、しゃあねえ、こっちが参った」っちゅうてぇ。去《い》んだんやって。

豆腐屋は方丈に代わって大手柄したんやけんど。問答の、三千世界は「日天月天」は何やけんど、豆腐なんぼやってったら、五文出したから、四文出したもんじゃけえ、ほんなことまけられんて、「あかんべえ」て目ぇむいたら、てんぽなええ問答になった。そういうことを聞いとりますけんど。私ら、問答の意味はわかりませんけんど。

（翻字　ふくい昔ばなし大学再話研究会　小林史枝）

73 神送りの運定め

むかしは、神送りっちゅうのがあってえ。全国の神さんを出雲へ送るんや。そんで神無月と言うわな、誰でも結婚するときに、出雲の神さんが、寄ってえ、あれとこれと、あれとこれとちゅう、結婚の相談されるんや。

でえ、乞食は、今日は神送りじゃけえ、みんなの結婚相談があるんやで、神さんの縁の下へ入って聞いとったらしいんや。神さんは、あれとこれとあれとこ

れとってえ、組みあわしておくれてぇ、全部終わると、「もうこんでねえなあ」って言うてぇ。神さんたちは詮議しとったらぁ、乞食は聞いとってえ、（神さん、おれの、縁談を決めておくれんのかいなあ）と思て、なも言わんと、乞食は神さんの縁の下におったらあ。

ひとりの神さんが、「おお、まだまだあったわ。この縁の下に乞食がひとりおるわい。あれにも決めてやらにゃあ、かわいそうじゃ」言うんでぇ、思案した結果、「おお、夜んべあすこに女の子生まれたぁ。あの子と組み合そう」って言うてえ、神さん決めなったんやって。ほしたところがぁ、乞食はがっかりしてもてぇ、（夜べ生まれた子ぉと結婚）て思ておったんやけれども。

やっぱり神さんの決めておくれたと通りで、神さんの決めなったその娘と、乞食と結婚したちゅうことを、ばあさんが言うておりました。

出雲の神さんはやっぱり寄ってぇ、皆な、もれなく、縁談決めておくれるんやって。そう言うふうに聞いたんですわ。


（翻字　ふくい昔ばなし大学再話研究会　小林史枝）

74 川太郎

◆**宇都宮　肇**（美浜町別所　一九三一〜二〇一九）

昔はよう化け者がおって、ここら通りの者も、ほじゃけんど、川太郎は、おそろしかったって。あの、ふじづるなんか、浸けとくと、あそこは、川太郎の巣じゃないかって。

ほしてなんやってね、あの今も、堤か貯水池がまだ残ってる。一番苦労したのは、この貯めるんじゃなく、出す時やね。「尺八」ちゅうてやね、こういうふうに土塁に沿うて、土管いれて詰めしたったんやね。「尺八」言うんや。それ抜く時やね。その抜く時、一番苦労した。ほうすっと、結局は、最後に知恵で、川太郎にたのむんや、抜くのを。

で、はじめはやね、川太郎はやっぱ酒好きやもんで。酒一本ほど、おいとくと、それでよかった。あとには、もう、とにかく、こんなもんは、（酒のいれもんに、水いれて、だましたろかい）ちゅうて、だまして。したら、それから、もう全然相手にならなんだ。と言うような、これも村の民話ですわ。

（翻字　ふくい昔ばなし大学再話研究会　杤谷洋子・坪川祥子）

75　久々子湖のくじら

昭和のはじめころの話やけんど、「そら出たあ」ちゅうと、ぐわぁあっと、久々湖の水が盛りあがってきてやね、ずうぅっと、くじらてなもんが、あがっとって、さがっとって。今で言う、怪獣やの。

見たわけじゃないけど聞いとる人の話やけどね。今は亡くなったけんど、公安官しとった人が。

「そりゃ出たあ」ちゅうと、何もかもほっといてやね、飛んで帰えった。住宅の上まで来てくると、泡、ぶおぉうと吹いて、ずうぅっと、行って。ほんで、「くじらやないかあ」ちゅうて。

再三、一回や二回でない。ほっで、夕暮れ時になっとそやって話したもんや。

（翻字　ふくい昔ばなし大学再話研究会　杤谷洋子・坪川祥子）

76　天狗の灯

別所と洪水山の荒井用水の文書にも出てますけど。三十間ほど、上へ切り上げたっちゅうね。ちょっと水があるので、よどむ。

そのとき、あそこらに、夜中まわりの暗闇のとき、闇のときにかぎって、何本も天狗の灯がともる、ちゅうて。いろいろ、うわさした。それちゅうのは、なんやってねぇ。ろうそく立てて測量しとったんやってな。それを測量する人を、その当時「杖つき」ちゅうたんやてな。「杖つき」、それやったんや。

それも語り手のおじさんやって、代々それ聞いとる。百目ろうそく立てて、それで、測量しとった。それを見誤ったんやね。

（翻字　ふくい昔ばなし大学再話研究会　杤谷洋子・坪川祥子）

三方上中郡若狭町編

◆高橋綾子（若狭町海士坂　一九一一～二〇〇二）

77　七化け八化け

むかし、むかしのこっじゃてな。

ある若い衆が、町の親類へ法事があって呼ばれて行って、ようけのごっそうを手にして帰って来るんやけど、日は暮れ始めるは、酒のせえで足元ももつれるはで、行けども行けども家にたどり着かん。遠くの村の空には夕日がかあっと射しとって、人の動く様子がするのに、西の山陰の村はもう夜さりになっとるのが、いかにも天気雨が降っとるような心地がするんにゃ。

「こりゃあかん。こんな時に狐に騙されるんやと、いつかお母んが言うとったわい」

ぼんやりした才槌頭を振り振り、でんぐり目を据えて、気持ちを引き締め、ぐるっと由里（迂回する麓道）を回り、何とか縄手（田圃道）を横切ってともかく村はずれまでようやくたどり着いたんじゃてな。

そこはサンマイ（土葬場）があって、昼日中でもあんまり気持ちのええとこやないけんど、村の灯が見えたもんやで、やれやれと一安心したんじゃと。ほんで、何気なしにひょいと後ろを見るともなしに見ると、今まで見たこともないような別嬪の娘がおって、

「もしもし、兄にゃさん。夜道がおぞうておぞうて（恐ろしい）、先ほどからずっとあんたさんの後ろをつけてきたんや。もう少しやし、連れ立っておくれな」って、なよなよした品を作って頼むんやと。

若い衆は平生からあんまり村の娘らとはしゃべったことがないもんで、一瞬どぎまぎしたんやが、落ち着いて見ると、よくまあ化けてはおるが、所詮は畜生のこっちゃ。赤い鼻緒を掴んどるのは四つ足やし、目も狐目や。吊り上がっとるわい。

「ははあ、こりゃ狐じゃな。わしに悪さを仕掛けるつもりやろ。そうはさせんわい」

見事に正体を見破ると、若い衆は娘の髪の毛をつかんで引っ張り回したんじゃてな。途端に術が解けても、娘は年老いた古狐に戻ってもたわけや。さんざん問い詰めると、このあたりに住む狐の大将格じゃと言

うんや。

「ならお前は、いく化け知っとるんじゃ」

「七化け知っとります」ちゅうて、田芋畑の葉っぱをちぎって頭にのせると、若い衆の前でほかほかの饅頭になったり、大勢の大名行列に変わったり、次々と目まぐるしいぐらい得意げに七化けを披露したんじゃと。「なるほど、なるほど、たいしたもんや。じゃが、わしは八化け知っとるぞ。一枚上じゃぞ」

若い衆はここぞとばかり、咄嗟に出鱈目を思いついて脅すと、「お見それいたしました。八化けさん、どうかあと一つ、教えておくれな」ちゅうて、せっついて頼むもんで、

「そうかい、そうかい。教えんでもないが、お前の心がけ次第じゃの。どや、わしの言うことなら、何でもかでも大人しい聞くかいや」

「へえ、へえ。八化けさんのおっしゃることなら何でも聞きますさけ、何なりと言いつけておくれな」ちゅうて、しおらしいこと言うんじゃてな。

「ほんなら、あそこの庄屋さんは大地主で、旦那さんは千両箱を枕にして寝とるほどの身上持ちやさかいに、あれを一つ盗んできたらあと一化けを教えてやってもええぞ」

「そんなことならお手のもんやけど、四つ足やけよう蔵の戸を開けんで開けておくれな。その代わり蔵の鍵なら、ほれこの通り」ちゅうて、銀色の尾っぽを振ると蔵の鍵に化けたもんやで、若い衆はこっそり蔵の中へ狐を入れて外で待っとんじゃて。

すると間もなく、狐が千両箱を咥えて出てきたもんで、「まだまだあるやろがい、もう一つ取ってこいや」ちゅうと、二つ目もやすやすと盗んで来たもんで、もっと取ってこいまって急《せ》かして、まんまと戸を閉めて鍵をしたんじゃと。

さあ、狐は出ようにも出れん。蔵の中で慌てて暴れまくっとると、やっと庄屋の旦那さんな目が覚めて、丁稚に「何じゃら表の方が騒々しいにゃけんど、見て来いま」ちゅうて言いつけたんじゃと。丁稚が見に行くと狐が千両箱を咥えてるもんで、「旦那さん、旦那さん、大変なこつちゃ。大事な千両箱を狐が盗んどる」って、大騒ぎになって、男衆やら女子衆やら家じゅうのもんが飛んで起きて来て、とうとう狐を捕まえた

んじゃと。これでお終い。猿のけっちょは灰俵、俵に一杯、屁売ろう、屁売ろう。

（翻字　金田久璋）

78　狼の八ツ頭

◆**蛭子谷ちよ**（若狭町神子　一九一六～二〇〇六）

あのう、今みな便所家《うち》ん中やけんど、昔はみな外やはかい。夜う、お便所へ、お父さんな、お便所へ行っとったんやってな。ほたら、長いこと家に入らなんだんやろなあ。その時に、狼の八ツ頭が入って。ほして、奥さんを食べてしもてぇ。自分が奥さんになりかわって、おったんやってな。

ほうやった折り、夜さりのことはわからへんのやけんど、昼はそこの奥さんやはかい、そりゃぁきれいやわなぁ。昼は「小黒飯《おぐりゅ》（高浜町小黒飯）の刀根のかか、夜は狼の八ツ頭」ちゅうてな。

そこへお大師さんが、歩いてきたんやってな。夜やろな、お大師さんが回ってきた、おいでたんやってぇ。ほしたら、狼が出て来たんやって。お大師さんじゃはかい、どこでも登るわな。木のどてっぺんまで登って。狼が、そのぉお大師さんに届かなんだんやって。ほしたら、「行って、小黒飯《おぐりゅ》の刀根のかか呼んでこい」て。それが、狼の八ツ頭やったんや。なあ、そんじゃはかい、七つしかおらなんだんじゃろな、狼は。ほんで、「刀根のかか呼んでこいって」。

呼んできたけんど、それもやっぱりお大師さんやか、そんなものは、なかなか、何も届かへんわなぁ。お大師さんは、夜明けになってから、そこへ行って、「あんたとこのおかみさんは、狼の八ツ頭やったんや。お前は知らんけんど、狼の八ツ頭やはかい、どないかせにゃぁあかん」ちゅうたんやなあ。

ほしたら、米を三俵か四俵か、みな炊いて、みなおにぎりにして、その奥さんに成り代わっとる人に、持たせて、去《い》なしたんや、山へ。ほしたら、それでもう、終わったんや。

迎えに、米三俵か四俵か炊いたんやねぇ。そんだけのもん、持たさんことには。八ツ頭やったんやろな。

おおぜいおったんやな。そんだけの人養わなんさかい、おおぜいおっさかい、三俵か四俵か炊いてぇ。「持って去《い》んでくれ」ちゅうたら、それ持って、もう去んだんや。

（翻字　ふくい昔ばなし大学再話研究会　杤谷洋子・坪川祥子）

79　姨《うば》捨《す》て山

姨捨て山へ行ったんじゃけんどぉ、お婆あさんを負うては行ったんじゃけんどぉ、姥捨て山に、よう置いてこうでぇ。また、負うて戻ってきて、縁の下に隠してあったんにゃ。ほして、ご飯ちゃんとやって、食べさして。その人は、孝行な人でなあ。よう置いといたぁ。ほして、ある時殿さんが、灰で縄綯《ぬ》えちゅうたら、縄燃やして。そのまま、すぽんと持ってったんや。砕けんようにぃ、すぽんと持ってったら、縄綯《ぬ》うてあるのと、いっしょじゃけえ。お婆さんが、ちゃんと、その息子に教えたんや。

（翻字　ふくい昔ばなし大学再話研究会　坪川祥子）

80　古井の狸

塩坂越《しゃくし》から、遊子《ゆうし》にくる、古井ちゅうとこでぇ、狸が出てぇ。行く人は、みな、だまされたんや。

ほしたら、ある日、「めくら」の人がぁ、行く言うたんやてな。ほんなもんで、心配して「狸がおんにゃはけえ、だまされるんやさけえ、もう、夜さり行くな」ちゅうたんやてなあ。ほったら、

「わしゃぁ、狸おったって、なんも見えんのやはけえ、『めくら』やはけえ、だんねぇんや」言うて、行ってんてな。

狸いうもんは、夜さり、待ってて、目えむいて化かすんやてな。目えむいて。

ほったら、なんやってな、狸が、その「めくら」さんに、目えむいて、道を化かしたんじゃけんど、なに言うたって、相手は「めくら」やはかいなぁ、何にもわからんのやもんで。

ほしたら、「めくら」さんなあ、「もっと、むけえ」っ

てってな。ほすと、もひとつ、ばあっと目をむいてぇ、照らすんやてな。ほすと、「めくら」さん、わからんさけえ、「もっと、むけえ」「もっと、むけえ」って。

　ほしたら、あくる日の朝ま、違う人が通ったらあ、その狸ぁ、目むいて、むいてして、死んどったってなあ。

（翻字　ふくい昔ばなし大学再話研究会　坪川祥子）

81　行商の想い出

金田　昔は、そうするとほら、魚は背負って、この山超えて行ったことあるんでしょ？
蛭子谷　ああ山超えて行った。
金田　早瀬の方へ出るんでしょ。
蛭子谷　早瀬。一里からある、山道。
金田　どれくらい、時間かかる？
蛭子谷　三里ほどある。小浜まで一里や。
金田　時間、どれくらいかかりました？
蛭子谷　そうやねえ。二時間からかかったねえ。
金田　細い道があるんですか。
蛭子谷　そうです。山の背ちゅう。ずうっと背なに道ありますねん。日向ちゅうとこに降りましたんや。ほしてその、そこから早瀬の市場へ行きましたんや。
金田　ほうすっと、何人か、組んで行ったん？
蛭子谷　いやいや、一人でも、みな、お魚背負うて行きました、わたしら。
金田　ほうですか。冬のあいだでも。
蛭子谷　そうです。海が荒れっとねぇ、運搬船が来んでね、荷を運搬する船がある。
金田　そんなときに、なんか、けものに出会ったりちゅうようなこと無かった？
蛭子谷　無かったですねえ。よう行ったもんやと思いますわ、二三時間からねえ。背負《しょい》しぃひとり、みなねえ。

シューズがないさけえ、地下足袋《じかたび》でいかなしゃあない。

金田　恐ろしい目て、無かった?恐ろしい目ぇに。

蛭子谷　会わなんだねえ。

金田　暗い時間ではなかったの?朝早く?

蛭子谷　早い。三時間くらいかかっさけえ、帰りの時間も。日向ちゅうとこに、そこから早瀬に行ったんですわ。

（翻字　ふくい昔ばなし大学再話研究会　坪川祥子）

◆**吉村　操**（若狭町能登野　一九三四〜二〇一九）

82　馬の尻のぞき

むかし旅人が、峠を越えようとしてた時に、狐が、ひょろひょろっと出てきて、「なんやお前、わしをだますつもりで来たんやろ。お前らには、だまされへん」ちゅうて、狐が、旅人にだまされた。

馬糞を、拾てきて、葉っぱにしたんや。馬引いとったんやから、馬子と、旅人は。ほんで、狐、こないして持ってきたから。「お前はわしをだますつもりやろ。ほやけんど、わしはだまされんぞ」て。ほんで、「ここで。これを持って行って、あそこの家のとこへ。持ってって、するから、お前、ここで見とれ」ちゅうて。

ほして、狐が、持ってくから、「おんさん、ほんなもんな馬糞やぞ。ほんなもんな馬糞やぞ。」ちゅうて。

「食べたらあかんぞぉ」ちゅうて。

ほんで、馬の尻を、おんさんが、のぞいとったんや。「ほんなもん、食べたらあかんぞ。そりゃぁ、狐が持ってく馬糞やぞ」ちゅうて、ほんで、馬が怒って、ばあんとやったんで、気がついたんや。「お前らには、だまらんぞ、だまされへんぞ」て、言うとったもんが、だまされた。

昔は猫の出入りするとこ、べろべろっと、切ったとこあったやろ、障子に。あんたら若いさけ知らんかも。うちは、全部ガラス戸ばっかりやから、全然そんなの、無かったけど。父親《ておや》の実家行くと、ぱらぱらぱらぁっと切って、猫が出入りするように、障子に開けてんね。ひとこまだけ。そこからのぞいとったつもりで、馬の尾、こう分けて、「おんさん、それはあかんぞぉ、馬糞やぞぉ、今行くのは狐やぞぉ」ちゅうて、こうしてやっととったら、馬はことこと怒って、ばあんと。

ほんで、びっくりして気ぃついたら、馬のこないしとったし、狐も何んにもおらへん。で、結局、「お前らにだまらんぞ」ちゅうて、啖呵《たんか》切っとったおじさんがだまされたんやってや。

（翻字　ふくい昔ばなし大学再話研究会　杤谷洋子）

83　力持ちのみょうごだい

八幡神社の前の川、八幡川いうんですけど、そこ大水が出てくると。「みょうごだい」っちゅうて、ものすごい力持ちがおったんやて。そこの、ごおごお流れる水をこう、戸ぉを一枚はずしてぇ、どおぅと、押上げたっちゅう話を父親から聞いた。ほんなこた、架空の人物やで、「みょうごだい」なぞおった話やあらへん。住んどった家もないいんやさけに。

（翻字　ふくい昔ばなし大学再話研究会　杤谷洋子）

84　大蛇とみょうごだい

八幡さんの裏の山で、父親《ててお や》が、柴《しば》をくくっとったんやて。柴伐《き》り言うんやけど、うちの方で、柴刈りを、柴伐り、柴伐り言うんやけど。

子供が、弁当もって行ったんやて。ほしたら、大蛇が出てきて、その子供をのんでしもたんやて。

ほんで、父親《ててお や》が、怒こって。みょうごだいやけど、父親《ててお や》言うの。大蛇の鼻に、藤つるをとおして、木に引っ掛けたんや。

大蛇が死ぬまでぺんぺんぺんぺんたたいとったのが、あの村の八幡さんの裏のたんぼや、ちゅうて聞いとんのや。

（翻字　ふくい昔ばなし大学再話研究会　枌谷洋子）

85　みょうごだいの番持ち石

鋳掛《いか》けやさんの前に、こんな、いかい（大きい）石おいてあったんや、

横田にあるどのへんやな、長井さんのあたりかな。ほれが、「みょうごだい」がこうやった、つけもん石やって。柴を負うた上に、ちょんと乗せとった。力くらべの番持ち石ちゅうんや。横田あたりにおいてあるのが、「みょうごだい」が、柴の上に、ちょーんと乗せて、山からこう帰ってきた、ほの石やてやって。見たもんおらへんのやけどな。

（翻字　ふくい昔ばなし大学再話研究会　枌谷洋子）

86　食わず女房

むかし、ものすごぅ、欲なお爺いさんおって、「ごはんを食べん、口のない嫁さんが欲しい」って、言うたんにゃて。ほしたら、ここに口があって髪結うとるから、わからんかったんや。ほんで、口のない嫁さんを、もろてよろこんどったんや。ほやけど、米が、よう減るんやって。ほんで、どっか影から、見とったら、やまんばがこんな大きいかまに、いっぱいごはんたいてぇ、ぐるぐるうっと髪ほどいて、ここの口をぱぁっとあけて、おにぎりしてはぽーいとほりこむ、おにぎりしてはぽーいとほりこむして、いっぱいごはん食べて、髪結うて知らん顔してた。

ほんな欲したんや、ちゅうて。ほれも、父親《てておや》からきいたかもしれん。ほんな、頓智の面白い話は、父親からきいた。

（なんでうちのこめびつの米がそんなにごそごそっとなくなるんやろ。おかしいな、と思て。仕事行ってくるで言うて、出てって、つしにのぼって様子をみてたら（中略）こんなばけものは、いっしょにくらすわけにいかんちゅうので暇をやるちゅうて。）

蜘蛛になって出てきた、て。夜ぅ、大きい大きいか

まに湯わかして待っとったんやて。お婆あさんがかやのとこ見とったら、山の小屋の、ほらあなに子供がいっぱいおったんやってね。ほの子供に、ごはんを入れたの、みな食べさせて、養なおうとった。（ほんなもんと暮すわけにいかん）ちゅうんで。「また今晩な、蜘蛛になっていってぇ、してくるぞ」ちゅうて、子供に言うとったのを、おじいさんが、尻からついてって、聞いとったからぁ。おおきいなべに湯わかして待っとったんやて。蜘蛛がひょろひょろっときたんやて、夜。

　ほんで、今でもここらでは夜、「夜蜘蛛《よぐも》は殺せ」って言うんや。なんにも意味なしで言うとるんやないんや、ことわざは。「夜蜘蛛は殺せ、朝蜘蛛みたら半紙につつんでふところ入れえ、夜蜘蛛は殺せ、」ちゅうんや。

（翻字　ふくい昔ばなし大学再話研究会　杤谷洋子）

87　奈胡ばなの狐——お産

うそかほんまか知らんけど。

製糸てあったんやな。かいこの繭から糸ひくとこ。そこからぁ、帰ってくるときに、昔はぁ、大きい髪結うてたでしょ。油いっぱいつけてな。娘さんの、髪を、みなほどいて、ほて、それを狐がねぶった。ほして、死んどんなった。奈胡ばなで。しょんとこしかけたまま。

それは、父親《てておや》から聞いたわ。この恐ろしいことは。

（翻字　ふくい昔ばなし大学再話研究会　杤谷洋子）

小浜市編

◆**浜本三蔵**（小浜市犬熊　一九〇二〜一九九〇）

88　送り狼

あの頃ですから、そんなことしまい（仕事）に行ってるとね、夜、出たら遅くなりますわ、だいたい小浜まで十キロありますから。帰り、遅く帰ってきたら、（お父さんいっぱい飲んではったんかな。）なんか大きな口あけてえ、狼が来たから、「ひゃあ」と思たけどぉ、なんかか噛みそうにないし。ほんで見たら、のどの奥に、骨がささってた言うてね。昔の人はそう言うとこがあったんでしょうね。

「お前、何んや、のどに骨たてとんのかあ」言うて、「とったるから噛むなよ」て、手にこうてぬぐいをまいて、骨を取ってやったんやてね。やっぱりそう言うことを知ってはったんかね。牙《きば》にふれるといけません。噛むつもりがなくてもやっぱり傷がつくでしょうからね。だから、昔の人はそう言うことよくご存じだったんでしょうね。てぬぐいを手にまいて、取ってやったてね。そしたらそれからもう、かならず夜遅うなると坂の下まで来て、坂が終わると帰って行ったんやてね。動物で、肉食ですから。なにかの骨がささってたんやね。のどに。口あけてたらそれ見えたでしょ。だから、骨やから燐が燃えてたんでしょうね。あとどうこう言うことないんですけどね。そういう送り狼の話を聞きましたね。

（中略）

（翻字　ふくい昔ばなし大学再話研究会　枌谷洋子・坪川祥子）

89　扇屋の娘

　昔は今のように学校はあらせんなり。お寺か、師匠んところへ行って、読み書きを習ろたもんや。だけんど、若狭にも、門弟って、師匠と弟子とがあるっとその弟子を、門弟って言って学問を、習ろたんや。

　そうしたところが、先生は、

「随分、勉強もできたしぃ。弟子ら一同、お伊勢参りをしてきたらどうや」ちゅうて。

「そりゃあまあ、結構なこっちゃあ。ほんなら、お伊勢参りしてこう」っちゅうことになったんや。

　弟子は五人おったか七人おったか知らんけんども、皆んなぁ、お伊勢参りしたんやって。ほいたところが、お伊勢さんへ参って。帰りに、「師匠の土産に何んぞええもんないか」ちゅうて。

　伊勢の宿《しゅく》で、ずうっとそこらを、眺めとったんやと。ほうしたら、扇屋があったもんやさけえ。そこ行ってえ、あれやこれやって言うて、みな一本ずつ、師匠に土産に扇を買うて。

　ほしたら、若い娘さんが一人おったんや。人がみんなには、お金もろうてしたけんどぉ。一番、悪い人っちゅうんか、しゃもない人っちゅうんか知らんけんども、その人には、扇をきゅっと広げて字ぃをすらすらっと書いてえ。「これはあんたにほやのやぜ」ちゅうて、金を出したら、

「金はいらんさけぇにぃ」金取らんとぉ。他のもんには金をもろうたんやけれども。その人には金をもらわんとぉ、

「これはあんたにほやのやぜ」っていう字いに書いて。その扇の一本をおくれたんやと。

　こっちの方の宿へ帰って、

「あのお、おめえは、お金もなんにも持っとらんような顔してるさけ、ほやけえ、あの娘さんがぁ、そないしてくれたんじゃあ」言うて。

「いや、あれはきっとぉ、わしに、なんとか、恋をしちょるに違いない」ちゅうて、その人は言うてねんやんか。

「ほんな、なん、なん、お前みたいなんにだれが恋するもんか。それはきっとお、お前は金もっとらんし、

何んやしい、貧乏のような貧しい顔しとっさけ、ほじゃけ、ただてくれたんや」言うて、まあ、言うたんや。

腹立ったもんやけぇ、その人が怒って、「刀で、殺したる」て言うて。刀持ってえ。また、その扇屋へ行って。その娘ももう何にも、殺したか殺さんかは知らんのやけんども、とにかくえらい目にあわせて。

ほして、帰ってきてぇ。若狭の師匠のところへ、戻ってぇ。みな扇を、土産やって、いっかどの、ええ土産を買うたのを出したんやて。ほしたら、師匠は、扇を、広げて、

「これは立派なもんやぁ」言うて、喜んで。ほして、また、二本目も広げ、三本目も広げ。ほうしたら、一番しまいに出した人に、字に書いてぇ、何ちゅうって。師匠が声かたくしてえ、

「このぉ扇のやなぁ、ことについて何か仔細がなかったか」っちゅうて、師匠が聞くんじゃて。

「いやあ、ありましたんや」って。

「どう言うことがあったんや」

「みんなが、ほの、一本ずつ買うて、師匠の土産に一本ずつ買うて、何んしたのに。わしだけが、何んじゃあ、字ぃをこうやって書いてくれて。そして、お金取ってくれっちゅうたのに、お金も取らずに」言うて。

「なんや、そうか、それどないしたんや」

「今だは、そないして、えらい目にあわせて。あとからもう、あんまりみんなにぃ、言いしなに言われるもんやさけえ、腹立って。えらい目にあわして。ほして帰って来ましたんや」言うたんやって。師匠は、

「今までに、これだけお前らにぃ、字ぃもお、解釈も訳も、みな教えてぇしたのに、これがお前ら読めなんだかぁ」ちゅうて、言いましたんや。

「何と書いてある」と言うと、

「『うやうやしく慕う』て、文《ふみ》をくれたんや」って。

「きっと、この娘さんは、何んとかあんたに、恋をしとったか何んかで、言うたに違いない。そんなことして来てぇ、その罪のつぐないっちゅうものは出来んさかい」ちゅうてぇ。無理やけに、師匠は、「浪人をやっさかいにぃ、お前これから行って、その親たちに謝って来い」ちゅうて。

ほれから行って。「実はこんなこんなでぇ、字が読めんためにぃ、こんなこんなで。娘さんをえらいめにあ

わせまして」っちゅうて、親に手ぇついて謝ってたら、
「ああ、よう来てくれた。うちの娘は、あんたに恋を
しとるので、字を書いてあげたんや。娘はまだ息災で、
しっかりしておっさかいに。どうかぁ、あんたが字を

なんして勉強してぇ、とっくり習うたら、家へ、帰っ
て来てくれえ。この娘と添わすさけえ」って。
ほいて、むかし、添うたっちゅう、それだけの話や。

（翻字　ふくい昔ばなし大学再話研究会　小林史枝）

90　扇の恋文

昔は、弟子やとか師匠やとか言うて、色々となにし
たもんや。
その師匠が、門弟を八人もなんして。「伊勢参りに
行ってこい」言うて。伊勢参りにやったんや。
ほしたら、今のように、せんなり。その当時は、伊
勢の松坂通るやろ。松坂の扇屋にちくっと寄ったもん
やはかいに、「師匠にお土産の何にも買うてこんさか
い、みんな、扇のひとつも買うていこまいか」ちゅう
なもんやで、みな扇ひとつ買うた。
ほしたら、そこに娘さんがおって。その娘さんはひ
とり娘やったんやね。ほいたら、「これ、あんたには、
あれやであげる」ちゅうて、すらすらぁと字を書いて。

ほして、くれたんや。

　その店から出てきたら、みんなのもんが、

「あれなんじゃ、おめえだけにこんなんくれて。わしら、なんも書いてくれなんだ。おめぇなにか、銭《ぜん》が、お金が無いとか、何んとか言うんで、娘になぶられとんのや」ちゅうて。

　ほいたら、短気な男やもんやでね、じっとして考えとった方がよかったんやけんど。

「そんなことなら、わしゃあ行って、一つ、たたき切ってやったる」ちゅうて。あとへ返って、たたき切ってきて。親が、何んしてぇ、「頼むさかいに、婿になってくれ」言うて。そうすれば、娘は助かるんにゃけんど。

　ほやけども、戻ってぇ、何にもええ土産ってないもんやはかいに、先生には、

「松坂で、末の世に広がりちゅう、末広を一つ買うてきた」って。

「おぅ、こりゃ立派な扇や」

「これも、立派な扇や」ちゅうて。ほしたところが、ひとつの扇に、「うやうやしく慕う」と、書いてあったってんやね。

「この扇については、何か、ほの、訳けがあるんやろ」ちゅうて、言うたんやて。ほしたら、

「知らん知らん」言うてたんやけんど。その人はもうしゃないもんやさけぇ、

「それは、こんなこんなで、娘さんが書いてくれましたんじゃ」言うてしたら。

「そんなもんじゃはかいに、みんなが、『おみゃあお金がないとか言うて、なぶられとんにゃはかいに』て、言うたもんじゃはかいに、腹がたってぇ。あとへ返って、その娘をたたっ切ってしもうとったで。そのまんま帰って来たんやけんども。何んせえ、親がぁ両手をついてやの、ふた親が謝るもんやで、とうとう切らんと、帰って来たんや」言うて、話したんやて。

「それはお前、ええことしてくれた。そんなもん切ったらやな、それこそ、大騒動《おお》やし」

「お前らに、今までに、字やなんかでもずいぶん教えたけんど、字も訳《わけ》もみな教えたんや。これは、お前ら、なんと思う、字や」ちゅうて、聞いたら、わからんもんやけ、ちょっともそれをよう説明せなんだんやて。

ほしたら、師匠が、

「これは、うやうやしく慕うと書いて、どこがどこまででも、ついてこい、ちゅうて。ついてくさかい、言うて言うこっちゃ」て、そな言うて教えてくれたんや。ほいたところが、「そうか。そんなことか」言うて、「お前が、もし、それを切ったぐらいならやな、あとから、ついてくるちゅうことはないけれども、いつかは探してくるやろ。その娘さん、、探してくるやろ」言うて。

したところが、三年も五年も経ったんかなんか知らんけんど。男のほうでも、来てぇ。また話をしとった。ほやけんどのぉ、その男がやなぁ、またそれに、考えやせんでも、何でも書いて、また、向こうへ渡したんやて。向こうへ渡したのは、

恋いしくば訪ね来てくれ十八の国
腐らん橋の三軒目
夏吹く風は涼しかるらん

ちゅうて。渡して。もう一通出して、師匠に何や言うて。「そうか、それはお前、ええことしてくれた」言うて。

とうとうその子が、訪ねて来たんやけんど、その子もそんなことが訳わからんもんやけ、「何んちゅうことや」言うて。行って、問うたんやて。ほしたら、これは、「腐らん橋の三軒目、ちゅうにゃで、腐らん橋ちゅうたら、石の橋やわい。恋しくば訪ね来てみよ、十八の国や。十八の国ちゅうたら、日本全国どこさがしても若いちゅう字のつく国があるにちがいないんやて。そこ向かって探してこい」ちゅうて、その娘さんに言うたんやて。

ほたら、「腐らん橋の三軒目ちゅうて、腐らん橋は石の橋やないか」

「その三軒行った所に、その家があるさかいに。それで、夏の風は涼しかるらん」ちゅうて。あったんやて。

行ってしたら。やっぱり、そのとこに、その家があってぇ。こっちの書いた字ぃと、その子書いた字ぃと、どっちも、むつまじゅう、仲ようなって、立派に暮らして。

その師匠のあとをついで、なになに師匠ちゅう風にして、字教えたっちゅう。そんだけの話や。

（翻字　ふくい昔ばなし大学再話研究会　杤谷洋子・坪川祥子）

91　数問答

　昔ぃ、まあ、いつの時代か知らんけんど、わしらの話聞いとるのは、天明の飢饉っちゅうてぇ。飢饉年《がっしんどし》に何んにも取れなんだぁ。五穀っちゅうことは何んにも、取れなんだ時があったんですんのやって。

　ほしたところが、百姓が、昔は上納ちゅうて言う、おかみ米とか、何んとか言うて納めたもんですねや。ほやけどそんな、納めることは出来んもんやさけぇに、何んにも米も何んにもとれんもんやでえ。豆も取れにゃあ米も取れんのやさけ、出来もんやさかいにぃ。

　それで百姓は、ちょっと、みなぁ、あっちもこっちも、庄屋さんとこ寄ってえ。そして、「殿さんにぃ、まあ、お願いしようまいかあ」ちゅうなことでぇ。

　そして、話が決まったもんやさかいに。庄屋頭って言うんか、何て言うんか知らんけんど、その人がぁ、持ってえ行ったんやって、殿さんところへ。

　それがどうか言うとぉ、「一、二、三、四、五、六、七、八、九、十」と、そないなことを書いて、殿さんところへ持って行ったんや。殿さんが、大変、怒ってぇ、「馬鹿な」て。「あの庄屋頭を呼べ」って言うて。庄屋を呼んでぇ。「これはどう言うわけでぇ、こんなことを、書いてきたんや」て。

　ほいたら、その庄屋頭って言う人がぁ、これは、こないに、言うんですんにゃ。

　一はぁ、いちいち申し上げ候。
二は、苦にがしきに、ことには候えども、
三年このかた、
始終、
五穀も、
ろくに実らずぅ、
質をおくやら、
恥をかくやら、
食わずに暮らす、
　十ヶ村

っちゅう句で。ほいたら殿さんが、「百姓は横着もん、馬鹿なもんじゃ」言うて。

　今だは、殿さんの方からぁ、その逆さまに、「十、九、

八、七、六、五、四、三、二、一」と書いてぇ、その庄屋連中にぃ、殿さんから書いて来たんやと。

庄屋連中は、寄ったけど、ほの、誰も、こうやって言うものは、訳けはわからんのや。仕方ないもんじゃけん、殿さんのお使いっちゅうんか、何んて言うんか知らんけんど、そこへ聞きに言ったんや。そうしたら、その人が、これはいわば、「お叱りの言葉や」っちゅうんや。

　十分な作をとりながら、
食わずに暮らすとは不心得な奴じゃあ、
恥を恥とも思わず、
始終遅れられたら、
ろくな奴でねえ、
御公儀の重き掟にてぇ、
死罪を申しつけるはずじゃが、
三代将軍家光公のお情けによって、
二度とは許さん、
一度は許してつかわす

って。そういうこっちゃ。

（翻字　ふくい昔ばなし大学再話研究会　小林史枝）

92　蛙の嫁さん

◆**西本トミ子**（小浜市須縄　一九一〇～二〇〇八）

むかし昔、ある所にぃ、お嫁さんが欲しかってぇ、お姑さんとぉお兄さんとおってぇ。お嫁さんをもろたんですんにゃね。きれいなお嫁さんをもろたもんでぇ、喜んでぇしてたけんど、お姑さんのしつけがあんまりに厳しいもんでぇ、お嫁さんがつらくてぇ、（いっぺん里へやってもらいたいなあ）思て。

祭りがきたんで、「里のお祭りへやってもらいます」言うてぇ、お嫁さんが出て行ったんですんにゃわ。

ほしたら、お姑さんが、（どうもなんか不審なとこがあるなあ）思たもんでぇ、目がくれに後を追うて行きましたんですんにゃってぇ。

ほしたら、広い田んぼのまん中へ行ったら、とことこおっと入っていきましたもんでぇ、（あれまあ）と思て、お姑さんが、腹立ちまぎれにぃ石を拾てぇ、「ぽちゃあっ」と放ったんですんにゃってえ。

知らん顔して帰ってきて、しとったら、お嫁さんもしばらくして帰ってきて。三日たったか四日たったか、それは知りませんけども、帰ってきて。機嫌ようおりますもんでぇ、お姑さんが、

「どうやったぁ。お祭りはにぎやかやったか。よかったかぁ。ごちそうあったかぁ」ってたずねたら、お嫁さんの言うことには、

「はい。皆さんよかった。機嫌よかったし、にぎやかやったけんども、お祭りの最中にぃ、大きな岩がおってきてえ、もうびっくりしましたぁ」

「そうやったかなぁ。そうやったかなぁ。あの石が、私のほうった石が、あんたにとっては岩やったかなあ」て言うて、したらあ、お嫁さんは、

「あれえ、そうですかあ。お母さんの石が岩やったぁ。あれえ、恥ずかしや。くるるん、くるるん」言うてぇ、土の中へまた帰って行ったんにゃてえ。

そんだけですんのや。

（翻字　ふくい昔ばなし大学再話研究会　小林史枝）

◆**男性・名前不詳**（小浜市奥田縄）

93　千石畑(1)

あるところに先妻の子ぉと、後妻の子ぉとおったんやって。

後妻は、自分の子ぉには、ええ豆やってぇ、植えさせたんや。それから、先妻《せんさい》の子ぉには、炒《い》った豆やったんや。ほっと、まあ芽が出てけえへん。

そうすっと、「千石畑」っちゅうとこ行ったんや。そこで、播いたんやそうな。播いとったら、その、炒った豆もろた前のかかの子ぉの、まま子の方は、実ぃがようけなって、木になって。生えて、ごっつい木になってぇ。草一本でも千石あったんや。そんで「千石畑」ちゅうて、まま子が穫った後に、木ぃを切ってぇ。中をくり抜いて太鼓にしたんや。その太鼓が永平寺にあるっちゅうんやけどなあ。

一本で千石あったんやて。そんで「千石畑」って言うんや。現在もあるんやねえ。

（翻字　ふくい昔ばなし大学再話研究会　小林史枝）

◆**女性・名前不詳**（小浜市奥田縄）

94　千石畑(2)

むかしぃ、姑さんが、嫁さんに炒った豆を持たしてぇ。「これを、あそこの「千石畑」へ持って行って、播てこい」言うて。（よもや、生えやせんやろう）思とったらぁ、その嫁がそれ持ってってたら、生えたんです。

それが大きい大きいなってぇ、大きな大きな木になって。それを持って出て。中くり抜いて太鼓にし、その太鼓がまだ今でもある言うて。わたしら、三方のほうの話では、それ聞いとった。

（翻字　ふくい昔ばなし大学再話研究会　小林史枝）

大飯郡おおい町編

◆**垣内トミ**（おおい町名田庄村西谷　一九〇二〜一九九八）

95　狐の玉

あるお寺で、ついもう盆じゃから、和尚《おしょう》さん（方丈さん）が小僧にぃ、

「今日は、盆の花をとりにぃ、山へ、その青い花（枝葉）をね。へんだら（ヒサカキ）とかしきびやとか、取りに行っておいで」言うて言うたら、「はい」言うて、この小僧が出かけたんやてね。

ほって、行けども行けどもなかなかのうて。ほいからもう、「これはもう困ったもんじゃ。取っていな和尚さんにしかられるし」思て。まあドンドコドンドコ、もうしかたなしに、山の奥までは行ったんやて。ほしたら、ようようにそのしきびの、大きなしきびの見つかって。「あーうれしや、まぁここまで来たらこそ。これでまぁ、和尚さんには申し訳がでけもうす」、そこで、しきびをようけ取ってぇ。

ほいで、そのしきびの根をこう見たら、ほいたら、その玉が落っとったんやってね。ほやからそれを、「あら、へんなもんが落っとる。これはなにかの玉にちがいない」と思て。それを大切にしてぇ、持ってかえって。和尚さんに、「和尚さん、今、帰りました」言うて。

ほって、また明けの日も、用事があって出んなん。「このわしの行李《こうり》の中にぃ、わしの大事なもんが入れてあるんで、ほんで、これはだれがどんな人がきてもぉ、この行李をあけてはなりません」言うてぇ、方丈《ほうじょう》さんに頼んで。「そうか、そんな大事なもんが入いっとるんか」言うて。「まぁ、開けてもろたならん。これはもう自分よか、開けてならんことになっとるんで」言うて、出たんやそうやね。

ほいてだいぶしばらくしたら、まあきれいなおばあさんがおいでるんやてね。「こんにちは。小僧がもう、いつもかもお世話になりましてぇ。ありがとうございます。何んにも、よう知らん。せんなりでぇ。せんたくもんを、ようけぇたまっとるんでぇ。そのせんたくもんを今日はしてくれ。お寺にあるさけ、取ってきて、してくれ、言うたんでぇ。ほんで、せんたくもんを取

りにきました」言うて。

「そうか、せんたくもんを。お母さんですか」言うたら、

「そうでございます」言うてえ、言うもんで。

「せんたくもん、どこにあるんやの」言うたら、

「行李にしまってある、言うてえ、言うたんでえ、ほんで、行李出しておくれんか」言うて。

母親や言うもんじゃさかい、大事な行李をあけてならんとは聞いとったけんど、母親やさかい、母親ならそんなこと、気はつかわせんなり。

「これですか」言うてぇ、行李出いて。「あぁこれです」言うて。ほって、その行李の中から、玉を出してね。

ほいてまぁ、方丈さん、何を取ったかわかりゃせんなり。帰ったんやそうな。そのお婆さん帰ったもんじゃ。

ほいてしたら、小僧が帰ってきて「方丈さん今日はだれも来やしなんだか」言うたら、

「うん。だれも来なんだけどなぁ。おまえのお母さんが来てぇ、せんたくもんがたまっとるさけ、それをちょっとせんたくしてくれ言うた言うて、行李の中からなぁ、せんたくもん出して持って行きなったわ」言うて。「ほれはまぁ大変なことしてくれた。あれは、だれが来てもぉ、開けてくれんな、言うのにもう、これは困ったもんじゃ」言うて、開けてみたら、あんのじょう、玉がないんやてね。

「方丈さん、弱ったことをした。あれはわしのもう大

事なもんが入れてあったのに。もう取返しがつかんことしてくれた」言うたら。

「そりゃすまなんだな。それは、わしがそんなことと知らんとぉ、すまなんだ」言うて、方丈さんがあやまって。けんど、
　方丈さん、「こりゃもう、わしも、これを取返してこんとぉ、もう、おさまらん」言うて。

「そんなものが、何んで取返してこらりょ」言うたら、小僧が「いや取返してきます」言うてぇ。

　ほして、山伏のふうをして、お稲荷さんの装束を買って、それを着て。玉が落っとったとこのしきびの木の根に、狐の穴があるんやそうなね、そこまで行って。

「おい、君たちおるか」言うてぇ。

「はいぃ」

「わしは伏見の稲荷やがぁ、お前ら、こないだ、寺の小僧たるものにぃ、玉を取られるたそうな。ほんまかいや」言うてぇ。

「いやぁ、もう、そんな大事なものを、取られやしません」

「いあや、取られたそうな。大切なもんを取られると言うことは、もう自分の仲間はずれにすっさけぇにぃ」言うて。

「いや、取られやしません」言うて、

「いや、取られたそうな」言うて、小僧がね。稲荷さんの風体《ふうてい》して。取られたそうな。稲荷さんが、その大将やもんで。

「そんなら、そんだけ、固いこと言うんなら、証拠にそれを見せぇ」言うて。

「へぇえ」言うて、大将に言われるこっちゃもんじゃさけぇ、きつねが、その玉を出してきて。

「これです。これじゃ。じっさい、これが玉です」言うたら、「おうそうや、これやこれや」言うてぇ。

　ほして、これ持って、すぐに帰ってきて、「和尚さん、取り返してきました」言うてぇ。

「お前はえらいもんじゃ。狐が人間をだますということは、ちょくちょく聞くのに、人間が狐をだますのは、はじめてや」言うてぇ。方丈さんにい、ほめられてぇ。その小僧さんは、そういう知恵があるんで、出世したとか言うてね。

　そろけん。

（翻字　ふくい昔ばなし大学再話研究会　グループおもっしぇ）

96　嫁と姑の知恵くらべ

昔あるところに、そのお母さんと息子とあってぇ、そのお母さんがとってもきついんやってねぇ。でえ、いくら嫁もろても育たんのやってえ。お母さんきついもんでぇ、みな、離縁してしもてぇ。

またあるときからぁ、あるとこの娘がぁ、どこの遠いとこの娘かどうか知らんけど、「わたしはぁ、あそこへ嫁さんにもろていくぅ」言うて。

「なんでおめええ、あんだけ何人嫁さんもろてもぉ育たん、しゅうとさんがひどて育たんのにぃ、おめえのようなもんが行って何で育つや。そんな行って恥かくようなこっちゃさけ、行かいども云々」て。

「いや、わたしは辛抱します。わたしは辛抱してみせます」言うて。「そうか。そんなら、おまえがそう言うんなら、ほんな行ってみぃ」言うて。ほったら行ったんやてねぇ。嫁さんに。

なるほどきついんや。なるほどきつい。どんな無理なことばっかり言うんやてねぇ。何を言われても、

「はい、そうでございますか」

「はあ、そうでございますか」

それは出来ませんちゅうことをひとっつも言わはらへんのやてね。その嫁さん。（この嫁はこりゃあなかなか、うらの手ぇに合わん。けんどぉこれ、こいつも負かしてやらなあ。）

そしたら、（これは何言うてもぉ、みな自分が恥かくさけ、こんだぁ、なあも出けんこと言うてやりましょ）と思て。

ほして、「今日はなあ、、紙にぃ、風を包んで持ってこい」言うたんやてね。ほしたら、

（そんなことは、ようおまえようせまい）て。

「はいっ」ちゅうて返事するんやって。ほしてしたところが、しばらくしとったら、うちわ、持ってって、「はいどうぞ」言うて。ほしたら、「これは何じゃあ」言うて、「これは紙にぃ風が包んでありますから出してください」こう言うた。なるほどぉねぇ、紙になあ風が包んであるんといっしょ。また一本やられたと。

今《こん》だあ、「ほんなんなぁ」言うた。

「今だあ紙にぃ火ぃ包んで来い」言うた。ほったら、「はい」言うて、また返事するんやて。（どうするしらん）と思とったら、こんだぁ提灯つけてきた。提灯つけてきて、

「はあどうぞ」

「これはなんじゃい」

「これは紙に、お母さんは火ぃを包んで来いと言いなさったんや。紙にぃ火ぃが包んでございましょう」言うたんやと。（これはまたやられたな）と思て。

ほの婆さんも、なかなか賢いんにゃね。（何を今《こん》だぁ言うてやろ）と思て、（今《こん》だのことこそ、ようせまい）と思てぇ、

「ほんなら、灰で縄のうてこい」言うてぇ。（ほれは、ようせまい）思てぇ、しとったら、

「はいっ」ちゅうて、またそれも返事するんやてねぇ。

しばらくしとったらぁ、大きな十能《じゅうのう》言うてねぇあったやろ、あれにこの灰の縄のせてぇ、

「どうぞごらんください」

「ようこんな灰で縄がぬえたなあ」言うて。

「はい、さようでございますぅ。縄をぬうて、縄を焼いてぇ、これちゃんと灰の縄」です。

お観折り婆さんは、「もうこれに、もうなんにも言うことは、ねぇさけぇにぃ」言うてぇ。

今《こん》だは、「ほんならぁ、うらは、歌を詠むさけにぃ、歌の下の句を詠むさけぇにぃ、おまえは、このうらの詠んだ上の句を詠め」言うて、言うたんやてね。

ほしたら、「そうですか」言うて、嫁さん、（どんなことを言われるしらん）と思とったら、

鬼や鬼やとひとは言うらん

言うてぇ、その、お婆あさんが書いたんやて。ほしたら嫁さんが、ほのあたりまえの嫁さんやったら、「ほんまにその通りですわぁ」言うて言うわねぇ。そやけど、その嫁さんはぁ、「仏にもまさる心を知らずして」言うて、

仏にも　まさる心を　知らずして　鬼や鬼やと
ひとは言うらん

それがひとつの歌になったんや。下の句より上の句がむずかしい。「上の句を書け。詠め。わしは下の句を詠む」。そしてそれを言うたんや。ほんで、（ああ、

これにはおどろいた。うらはほんまに）今まではぁ、自分も悪い思とるんやねぇ。ほんで、

　鬼や鬼やとひとは言うらん

（ひとは鬼や鬼やと言うとるやろう）と、自分でも思とったんやねぇ。それを言うたんや。ほしたら、

　仏さんよりまだまさる心を知らずしてぇ、ひとは
鬼や鬼やと言う

　その言葉が出たんや。「これこそ、うらが悪かった。これこそ、うちの嫁や」言うてぇ、それから円満になってぇ。一生ねぇ。どこにものこるぅ嫁になった言うてねぇ。はなし聞きましたんですわ。そんでそろけん。

（翻字　ふくい昔ばなし大学再話研究会　グループおもっしぇ）

97　継子とほんの子

ほんの子はかわいなり。継子《ままこ》は憎いんや。

ほんで、継子には、炒《い》った豆を持たして。ほして、自分の子には、炒らん豆をやったんやって。

ほして、畑がある。「こっからこっちは、お前が植えぇ。こっからこっちは、お前が植えぇ」言うて、畑にきりをつけて。大きな畑やったんですわね。ほして、それを持たして、植えにやったんやって。

　ほしてしたら、継子は、神さんを念じながらぁ、これは炒った豆や思いながらぁ、植えとったんやってね。ほんで、ほんまの子は、炒らん豆を植えたもんじゃさかい。しばらくしたらぁ、

「豆が生えたか見てこい」言うて、言うたんやてね。いや気になるもんで、自分が見に行ったんや。

　ほしたら、自分の子のまいた豆は、とぼりとぼり、まあ、炒らん豆やから生えとる。けど、継子の豆は、大きな畑にたった一本生えとるんやってね。一本。「大きな畑にたった一本、生えとら」言うてなぁ、怒っとったんやな。そやけんど、「行って、今日は豆のなあ、土を寄せてこい、豆の肥やしをしてこい」言うてぇ、やるんやってね。

　ほしてしたら、ほんの子と継子と、その一本の木に肥やしをやり、いろいろ世話をし、ほいて、空いたとこの草をむしってはその根にやりしてたら。ほしたら、大きな木になって。

ほったら、あれは、「いちこく」言うたかいね、なんやら生《な》ったんやってね。一本の木に、生ったなり。その妹の、ほんの子の豆、ひとつも生らなんだ。ほんで、その一本生えた豆に、何石言うて生って。それが永平寺の太鼓かいな、何んかになったんや言うて聞きました。

ほんで、まごころと言うもんはなあ、人間がすることをちゃんと、神ほとけが見てござる言うて。

そんでそろけん。

（翻字　ふくい昔ばなし大学再話研究会　松原和子）

98　節分の夢

むかし、丁稚やらぁ女中さんやらぁ、奉公人をおいとったんやと。ええ家《うち》でぇ。

ほしてしたら、節分の晩にぃ、旦那がこう、おおぜい、みんなを寄せて、「今夜はほんまの年越しやから、今夜はなあ、何んなり。お餅やらお酒やら、お前らの好きなものを食べてぇ。今夜は、よい年をとろう」言うて。

寝しまに、みんな寄ってねえ。いろいろ、みかんやとか柿やとか、むかしのこっちゃさかい、そんなもんをよばれもってぇ、話しとったんやてねえ。んで、「なあ、今夜ええ夢をみたらぁ、ほしたら、大変ええんや」と。んで、

「おめぇらがその夢を見たらぁ、あしたの朝間、その夢の値打ちしだいによって、わしが買うてやっさかいに。ほんで、あしたの朝はその夢の話をせい」言うてんやってねえ。ほしたら、「はい」言うて、みなのものが、（いい夢見て話そうなぁ）思て、寝たんやってねぇ。

ほして朝起きて。「おはよう」挨拶してえ。

「お前、さあ、お前からいえ。お前から言え」言うて、旦那が言うてんやってねえ。ほしたら、上のもんから上のもんから、まあ、言うて。

「はあ、わしはこういう夢を見ましたが」

「そうかあ、その夢はよい夢や。それは、なんぼなんぼに買うてやる」言うて、お金やるんやてね。ほいて、その次、

「お前はどんな夢見た」

「わしゃあ、こんな夢よか見ん」

「うん、そりゃもう三文もやれん」て言うてぇ、ええ夢見たものはええ、だいぶもらうなり。悪い夢みたものは三文ももらえんのや。しかられるぐらいのこっちゃ。

　ほしたら、いちばん後に残ったんやってねえ。ひとつも言わんと。

「お前、ほんな、どんな夢みたんや。ひとつも言わん」

「わしのみた夢は、わしが持ってます。人には売りません」って言うんやてねえ。

「こんなほんな、ええ夢ならぁ、銭を、お金をようけえやるのにぃ、言わんかい」

「いや、よい夢でも悪い夢でも自分が持ってます。人に夢売ったりしません」

「これは、てなわんやっちゃぁ。そんなあ、親方の言うことを聞かんようなものはぁ、もう去《い》んでしまえ。帰れぇ」て言うたんやてねえ。

「はあ、そうですかあ。それはもう仕方がございません。長いことお世話になりましてぇ」言うてぇ、さっさと去《い》ぬるんやてねえ。ほして、去んでえ。

「何や。おめえ、朝、疾《と》うからぁ戻って」言うて。

「あのなあ、よんべ夢をぉ、親方が『買うてやるぅ』て言うたけんども、わしは人に売ったりせん。自分は自分で持っとるんじゃはかい。ほんで、『売らんようなものは去ね』言うたで、帰ってきました」て。

「もったいないことをするなあ。そんな夢みたいなものを買うておくれる親方がどこにある。はや、もう去んでぇ話してぇ。ほして、置いてもらえ」言うて。

「いや、もう、わしは夢みたんや」

「こんな親方に暇をもらうようなものは、うちにもようおかんさけに、どこぞ行ってしまえ」言うてんやてね。

「そうか。うちにもようおいておくれんか」

「ああ、ようおかん」

「ほんならあ、餞別としてぇ、蓑と笠とぉ、どこぞへ旅にでるさかい、『蓑と笠と、ほして、酒を一升くれ』言うてんやってね。」

「そう、ほんならしゃあない」。蓑笠をやってぇ。

ほったら、その男は、その蓑と笠あたると、たあっと雨が降るのに出たんや、その節分の明けの日ぃ。ほして、まあ、（どこ行こかしらん）と思て。とっとことっとこ、まあ、山の奥行ったんやそうやねえ。とっとことことっとこ、もう、山頂《とうろく》の山の奥行ってぇ。ほったら、大きな岩があってぇ、広いぃ畳を敷いたような岩があって。その岩の上に、這《は》ってってってぇの。

酒一升かたげて。ほして、あの　岩の上にぃ、座って、「天狗さぁん、そこらおってやないか。わしは、親にも主人にも暇もらい、もう、なんにも根無しになってしもてぇ。酒を一本持ってきた。天狗さぁん、酒が好きやいな。一緒に飲みましょうかいの。おってんやったら、おいでぇ」言うてぇんやってぇ。ほしたら、天狗さんがおいでてぇ、ほって、

「はあぁ、こりゃあ、ごっつぉや」言うてぇ。ほって、まあ、その、二人かかって、ころんと酒一升飲んだんやてねえ。ほって、

「ああうまかったぁ。こんなもんは久しぶりや、うまかったわい。よう呼んでくれた」言うて、天狗さんが喜んでぇ。

「お前は、ほんな。親方にも暇もらい、親にも暇もらいしてぇ、どうするつもりや」

「どうもこうもありませえん。まだどこぞへ、また、かぶりついてぇ、食べるぐらい食べ、食べななあ」言うてぇ、

「そうかあ。そんなかわいそうななあ」言うてぇ。

「食べる口すぎを教えてやる」言うてぇ。

「ほんでなあ、おっととっとと、とうろく行くとお、ほうすっと、岩の合いから、とぼとぼと、水が、岩の合いから水が落っとっさけにぃ、その水をなあ、酒の空のびんにぃ汲できてぇ。それをまたなあ、その水は、妙《みょう》に珍しい水でぇ、死にかけとる病人でも、治るんや。その水を飲ますと。ほんでそれで、病人助けをせい」言うて。

「はあ、それはもったいない」言うてえ。

「んな、その水を汲んでこよ」言うて、汲んできてぇ。

「ほんなら歩いてどこまで行く言うてもなあ、なかなかえらいこっちゃしい。このごっつぉうよばれた礼にぃ、わしのこの『隠し蓑』をやっさけ。これをなあ着てぇ、(あこ行きたい)思うと、これを着て、ぽおぅっとすっと、そこに行けるさけぇ。これ、お前に、酒をよんでくれた礼にやっさけぇ」

「ほりゃ、もったいないこっちゃ」言うてぇ。

「その隠し蓑を着てぇ、(はあ、これぇ立派なうちやなあ)思うとこへぇ、行け」言うてぇ。「行ってみぃ。ほって、病人をぉ、あったら、その病人にそれを飲ますと治るさけ」言うたってえ。

ほれから、そこらじゅう、それしとったんやけんど。思いがけのぉ、びょおぉっと行ったら、ええとこへ飛べてぇ。

ほったら、まあ、立派な家やったそうな、あってんやけんど。おおぜい人が寄ってぇ、わんわらわんわら泣いとるんやてねえ。

「なに泣いとる。なに泣いとってんじゃ」言うたらぁ、

「今、大事なひとり娘がぁ、病気にかかってぇ、もう、息も絶えだえになってぇ。今にも、今にも、息が切れそうでぇ。どうしたら、思てぇ」

「ああ、そんなら易いこっちゃ。わしが助けてあげましょう」言うてぇ。(もう、もう、悲してどうもならん。何でも頼りたいよう)言うことやもんやでぇ、ほんで、その汚げな男やけんど、水を、こう飲ましたんやてねえ。ほしたら、生きりかえってぇ。あの丈夫な、ええ娘になって。

「これは、まんが、ありがたいこっちゃあ。これはもう、ほんまにこれは、助けの神さんじゃあ」言うてぇ。

「もうしばらく家に居ってくれぇ」言うてぇ、置いとったんやけんどぉ。ひとり娘なり。「うちの助けの神さんやさけ、うちの養子になってくれ」言うんや。

「いや、わしは、そういう訳けにはいかんのやぁ。これからずうっと人助けをせんとぉ、自分の役目が済まんのや」言うてぇ、

「そうかあ。そりゃまあ仕方がないけんどなあ、もう、相当、そこら歩いた、あげくにぃ、ほんなら、家にもどっておくれ」ってぇ、言うたんや。ほって、そのび

んを、持っては、そうして、おおぜい人助けしたんやてねぇ。

ほしたらまあ、天狗さんの言うてやったように、みな、死にかけとるもの、ええとこの娘さんじゃら、息子さんじゃらが、まあまあ、治るんやて。ほったら、みんなが喜んで、礼をくれるやら。大事にごっつぉをよばれるやら。してもう、今までの、ことどこやない。もう立派なふうしてえ、紳士になってぇ、おったんやてねえ。

ほしてしたら、ええ、立派な、今だはまた、今まで行ったとこのないような、立派な家の、娘さんのとこへ行ってしたら、それも助かったんやと。「こんな人は、もう、いなせん(帰えらせん)。どうか家の、その、養子になってくれ」言うてぇ。

「そうかあ。向うにも『養子になってくれぇ』言うてぇ、約束がしてあるんでぇ。ここのうちだけの養子になることはでけん」言うてぇ、言うたんやてねえ。

「そうかあ。そんなら、けんどぉ、家も助けてもろた恩人やさかいに、どっこもよう行ってもらえんなり。向うさんもそうなら。そうかあ」

「そんなら、両方のぉ養子になろうか」言うてえ。

「ほんならここに半年とか、ひと月、一ヶ月とかぁ、言うようなふうにしてぇ。それを承知の上やったらぁ、そうなりましょう」言うてしたら、

「はあ、もうそれは死んだこと思えや、どんなことでもするんにゃさけにぃ。じゃ、それを承知でぇ、してもらいましょ」言うてえ。

しばらくしたら、立派な家やもんやさかいに、大きな、泉水があるんやてねえ。それに金の反り橋がぁ、架かっとんやてねえ。立派な、そこらに金の反り橋や。

「この橋を、渡り初めを、その両方の嫁さんを連れてぇ、この橋を渡り初めしてくれ」言うて、話しがあったんやてねぇ。「そうかあ」言うてぇ、その立派な、ええとこのぉ娘なり、ええとこの、旦那んなったもんでぇ。立派なふうして、その金の反り橋を、両手に花、花のような嫁さん連れてぇ、渡った橋のまん中でぇ、

「ああ、十年前のぉ、あの夢が今おおた」言うたってねえ。そんでそろけんや。

(翻字 ふくい昔ばなし大学再話研究会 小林史枝)

99　大歳の客

貧乏な貧乏なうちがあってぇ。米を買うたり、なんじゃするのも不自由ななり。

大歳でぇ、大みそか言うて、正月の前の日、あの日ぃにぃ、「よそはなあ、ようけえ、米やら買うてぇ餅したりぃ、いろいろしてんやけんどぉ。家は貧乏で、お前ら、子どもらに、なにも餅食わすこともでけんし。するけんどぉ、こうやってぇ、まめでぇ、屋根もあるし。けっこうやさかえに、しんぼうしてなぁ、正月をすごそう。機嫌ようして、正月をすごしゃあ、そんでよいやないか」言うて、親が子どもに言うて聞かしたぁ。「そんでけっこうです」て、子どもも言うておったんやってね。

その主人が、ずっと、皆なは、あっちでぇ米買い、こっちでは餅つきしておるのに、かせぎに仕事に出とったんやそうやね。

夕方に、昼からもう帰ろう思てしとったら、道のふちに、もう今にも息の切れそうなような、あわれなお爺さんが、こけとんやてね。（ああかわいそうになあ。この寒いのに、あしたは正月や言うのに、こんなとこにぃ、今も誰にも介抱もようしてもらわんと、こうしておるや。自分らはまだ去ぬりゃ、家もあるし、寝るとこもあるのに、かわいそうに）思て。

庄屋さんに言ったそうな。「あそこになぁ、かわいそうにぃ、今にも息がたえそうな人がぁ、倒れとってやってでぇ、どうかしてあげてもらえんか」言うて。「そうか、そりゃ困まったもんじゃなあ。正月三が日はぁ、そう言うものはなあ、だれも預かるは嫌やしい、するんや。どうや、おめんとこに米を五升《しょう》やっさかい、それを三が日のあいだ、預かってくれんか」言うて言うた。（そうかほんなら、預かりましょ。米の五升《しょう》ももらやぁなあ、もったいないこっちゃ）思て。

それを連れてもって。今にぃ息が切れっと。むかしゃあ土間ずまいやったんじゃそうな。土間に藁《わら》をしいて、ほの上にまた、こもしいて、その上に寝やして。むしろ一枚かけて。

「なあ、気の毒なけんどなあ、ここで休んどんなあ」

言うて。痛いともかゆいともなんにも言わんと、すうすうすうすうと、息もきれぎれに息しとるんやてね。そこに寝やして。ほして、夜じゅう、その主人と嫁さんと、

「ああ、まだ息切らせとらんかいなあ、まだどうもないか、どうもないか」言うては、その夜じゅう、二人のもんがあっちがいき、こっちがいきして、見とったんやてぇ。

「ああ、まだ息しとってや。だんぶ、どうか正月三が日の間はぁ、葬式も出せんし、すっさかい、生きとってておくれりゃええが」言いもってぇ。水ぐらいは飲んだか知らんがねぇ、世話しとったんやって。

二人のもんが、夜明けになったら、うつうつぅっと、夫婦のもんが寝たんやってね。

「ありゃ。わしら知らんまに寝とった」

「あら、わたしも知らんまに寝とった。あの人はどうやろうなあ」言うてぇ。

主人がはじめて見に行ったんやて。ほしたら、ぺしゃあんとなっとったその病人さんが、むしろが盛りあがっとんやってね。

「ああ、知らんまに、うつうつっと寝た間ぁに、かわいそうに死んでしもてぇ、腫れとる。腫れてぇ、かさが高《たこ》うなっとる」言うてぇ。

「ああ気の毒なこっちゃったなあ。わたしも寝ぇったなり、あんたも寝ぇったなり」言うてぇ。二人のもんが、「かわいそうな」言うてぇ。ちっとま見とらんまに、水もよう飲まんと死んでしもた言うて。

ほって、むしろまくって、「なあ、かわいそいになぁ」言うて見たらぁ、千両箱《せんりょうばこ》が、山になっとんやってね。(こりゃあ変なこっちゃ、まあよんべ、死人が金もんになんで変わったんやろう)思てぇ。正直なもんじゃから、「庄屋《しょうや》さん、庄屋さん、大変なこってす。今朝なあ」言うて言うしなに、言葉も聞かんまに、その庄屋さん、

「ああ死んだか、死んだか。三日のあいだ、あずかっといてくれえ。また米一俵《ぴょう》やっさかい」言うて。

「いやもう、そうやないんじゃ。そうやないんじゃ。米どこやないんじゃ。もう死んだんじゃないんじゃあ。こんなこっちゃあ」言うのに、その庄屋さん、

「もう、そんなこと聞くどこやないんや」て、言やら

して。

「一日《ついたち》早々から、そんな死人のこと聞くどこやない。

何度かにも、米一俵やっさかい」言うて。

「いや、米どこやないんじゃ」言うて、もう、もらわんと去《い》んだんやてね。

ほして、したら、正月三日に、「ほんな三日たったさかいに、四日の日は葬式してくれ。米は一俵やっさ

かいに」言うて。

「いやいや、米もらうどこやございませんのやぁ。今、息が切れるか、今、息が切れるか思てぇ、夜どおし世話しとってぇ、うつうつっとしたまに、こんなすがたに変わっとってぇ。その証拠見たことを、庄屋さんに黙っとってもどもならんし、思てぇ、お知らせしに行ったところが、聞いておくれなんだ」言うて。

「これをどうぞお持ち帰りになってくれ」言うて、まだ、それ言うんやってねぇ。

「いやあ、そんなこっちゃやったんや。大晦日《みそか》や言うのに、よその人はこんな米を俵米《ひょうごめ》を買うていなんのに、うちはこんな死人をかかえて、今死にそうな病人をかかえて、思ておる。家内と話しながらぁ、介抱しとったのに、こんな、何のめぐりでこんなことが」言うて、泣きながらぁ。したら、

「これはぁ、お前らがあんまり親切なんで、神仏《かみほとけ》さまのお恵みや。その死人ちゅうものはぁ、神仏さまが、それの身代わりになって、試みをしなさった。なんぼ米買いに難儀しとっても、大歳になってから祝わんなんような家は、それぎりや。それにあんたら、人でも

かわいそうに思て、神仏のお恵みやさかいに。」

庄屋さんもよい人やで、

「皆な、これはぁ、あんたにあてがわれたものを、自分がもらうわけにはいかんさかいに。」

「これをあんたらが使うて、どうなっとてせえ」言うて。

「ああ、これはもったいない。神仏さん、人の親切はせんならん」言うてぇ。

それから、もうりっぱな家建ててぇ。一生、人の親切をして通した、ほんで、お金になったもんでぇ、まあ、いろいろ施しして、その旦那が、大歳の晩には、庭に藁しいてぇ、こもを着てぇ、寝初《ねぞ》めを、その家の続く限りぃ。大歳の晩から寝たんやと。そろけん。


（翻字　ふくい昔ばなし大学再話研究会　グループおもっしえ）

100　犬の嫁さん

むかし、犬の嫁さんになった娘の話やけんど。

小さいときに、母親が不精もんでぇ。その子供になぁ、便所へ連れて行くのが、邪魔臭かったやと。そんで、開けたとこで、便をさして。ほったら、犬がそれを食べにきたんやと。

「この子がなあ、ようけな娘になったら、嫁にやっさかい、毎日ここでうんこさっさかい、食べよ」言うて、犬に言うたんやてね。したら、犬が、毎日それを食べに来たんやと。そのお母さん不精もんで。

その娘が一人前になったら、約束通おりぃ、その娘に、「もらいにきた」言うて、犬が来たんやて。娘がびっくりして、

「何でや」言うたら、

「お前が小さいときにぃ、お母あちゃん不精もんじゃったもんでぇ、そこになぁ、うんこさしてぇ。犬にぃ、おまえが大きなったらあ、嫁にやっさかいにぃ、あんじょう掃除してくれよ」言うて言うたんでぇ。畜生でも、言うたことは忘れんのやなあ。

「気の毒なけんど、行ってくれるか」言うたんやてね。

「そんな約束ならぁ仕方ねぇ。行く」言うて。行ったんやてね。

毎日その犬がぁ、首に袋をかけてもろて、米もらいに行くんやてね。どこやさんから。米もろてきては、

その嫁さんを、養うたんやてね。

ある男が、あそこの娘さんはきれいなし、賢こいしい、犬の嫁さんになったりしてぇ、もったいないもんじゃあ。犬と仲良うしとるんやて、円満に暮らして。犬殺して、あの嫁をわしの嫁にしよう言うてぇ、ほて、その犬を殺したんやてね。

あの犬死んだし、わしの嫁に来てくれ言うたら、「あそうですか」言うて、その嫁がぁ、「あんた、髭がよう伸びるさかい、髭を剃ってあげましょう」言うて。髭を剃っとってぇ、「夫の仇や」言うて首切って、その男を殺したんやてね。

やっぱり畜生でもぉ、小さいからの約束を守った。犬でも夫は夫や。夫の仇を討ったんや言うてぇ。そろけん。


（翻字　ふくい昔ばなし大学再話研究会　源野京子）

101　蛇の嫁さん

むかし、あるお医者さんがあったんやてね。その医者のとこへ、夕方になるとは、「私は目ぇがぁ、悪いんでぇ、目ぇを診てもらいに来ました」言うて、来るんやてね。それが、まんきれいな娘やてねえ。

「あぁ、気の毒なあ。あんたあ、夜やないと出られんのか」ったら、

「あぁ、昼はいそがしてぇ、夜やないと出られませんのや」言うてぇ。毎日、夜になっと、来たんやてねぇ。

あんまりきれいな娘やもんじゃけえ、その医者が、とっくりもうその娘にほれてしもてぇ。

「お前、うちの嫁になってくれんか」言うたら、

「いやもったいないこってす」言うてえ、嫁さんになったんやてねえ。

まめに働いて働いて。そこらはきれいにするなり。体裁は、ええなり。人には愛想はええなりして。喜んで、おったんやて。

したら、子供が出来たんやてね。晩にでも往診に出なるときがあるもんでぇ、

『帰ったぞ』言うて、ことばをかけて、入ってくれ」言うて、言うたんやそうやね。

「あぁ、そうかあ」言うて。んで、

「帰ったぞ」言うと、

「あぁ、おかえんなさいませ」言うては、出迎えに出てぇ。


　子供が出来て、もう産み月んなって。「帰ったぞ」言うたんやけんど、返事せなんだんやてね。ほして、（どうやろなあ。いつも出迎えに出るのに、お産でもしたんかなあ）と思てぇ。寝間の方へまわってぇ、ちょっとのぞいてみたんやってね。大きな寝間に、これくらいな蛇体が、真ん中に、玉のような男の子を産んでぇ。子供を巻いてぇ、ほいて、その子ぉが目の玉をぺろぺろぺろぺろねぶっとったんやってねえ。

（はれぇ、いやらしい。これは人間ぁか思たら、蛇体やった。昼は出んもんでぇ、晩に来たんや）と思てぇ。それからもうおぞなったもんでぇ、それを何にも言わんとぉ、おったんやてねえ。


　だいぶせんとして、その子ぉだいぶ大きなってぇ、もうなんとなしに、気味が悪いんやってねえ。蛇体やからあ。お乳も、もういらんようんなったしぃ。

「わたしはぁ、人間やない、蛇体やってぇ。猟師に目を撃たれてぇ、片目になってぇおったんやけんど、あんたのおかげで、ようしてもろてぇ。子供まで、出来てするけんど、自分の正体を見られて、恥ずかしいやら、悲しいやらあするんで、ここにもうおいてもらうことはできん。蛇体の子ぉやと言われてはぁ、申し訳がないさけにぃ。お暇をもらいますでぇ、この子がわたしがおらんだらあ、ほんで、守《も》りがいる。その守

りの代わりにぃ、わたしがこの目ぇの玉をひとつ抜いてぇ置いとくさけえにぃ。この目の玉さえ、ねきに置いときゃすりゃあ、守りもなんにもいらんので。これを持たしておいておくれ」言うて、去《い》んだんやってね。

「もしも、困ったことがあったらぁ、なに谷いうその谷の、谷奥の堤《つつみ》にぃおるさけにぃ、おきみ言う名ぁで。そやから、『おきみ』言うておくれっと、相談にのります」言うて。またきれいな娘になって、帰ってしもたんやてね。

帰ってしもたもんで。しやねえ。そしたら、その目の玉を持たしておくと、まん、ころころころころ、何にも食べさせえでもええなり。何でも可でも何でもええなり。遊ぶんやてね。往診に行ったり、何やしたかて、何んにもせんと。

それを殿さんが聞かはってんやてね。

「あそこのうちには、蛇があ目の玉を子どもに持たせておるんやと。ほんな利口な目の玉ならぁ、行って取てこい」言うて、家来のもんに、言うたもんじゃけえ。殿さんの言いつけやもんで、取りに来たんやそうやねえ。「いやいや、これは、子どもの守りやからぁ、渡すことは出きん」とことわったんやけんど、殿さんの命令にしたがわんなんだら、もう首をとられてしまう言うもんでえ、仕方ねえ、渡したんやて。渡したら、子どもが泣いて泣いてえ、もうどうにもならんのやねえ。(んやけんどお、どうしたらええもんじゃろう)と思てえ。その子を連れてえ、沼まで行ってえ、「おきみ、おきみ」言うてしたらぁ、もろもろっとあがってきてえ、きれいなもとの姿んなってえ。「どうや」言うたら、

「こうこうや」言うたら、

「むちゃなことをしたもんやなあ。そうやけんどお、子供のかわいさにぃ、自分はもう『めくら』になるけんどお、もうひとつあるさかいに、これをぉ抜いてぇ渡すさかいに」言うて。また自分は『めくら』んなってえ。それをまたもろて帰って。

また、くるくるとよう遊んで、よろこんで遊ぶ。それを殿さんが聞いてえ、また、それ取りに来たんやってねえ。また泣いて泣いて仕方がないもんでえ、また、おきみのとこへ行ってしたら、

「むちゃな話もあるもんや。もうわたしはあ、やろにも、『めくら』んなって、こうなったんでぇ、どうするこ

とも出来んさけにぃ。わたしはそれを取り返しに行くさけに。取り返しに行くからには、もういついっ日《か》の晩にぃ、もう大変な大嵐をさしてえ、その目玉を流してしまうさけに。その時に、私がそれを何して、渡すさけにぃ」言うてぇ、「子供を連れてぇどこかへ隠れて、だいぶ先の方へ避難をしとってくれ」言うたんやてね。

「そうかあ」言うて、子供連れて、（今夜かいなあ、明日の晩かいなあ）と思て、言うた晩を日繰りながらしとったら、その晩がきて。子供を連れて、避難しとったんやてね。おきみの言うたように、ごっつい、そりゃあ嵐が吹いてきて、どこもかも流れてしもうてえ。お殿さんの屋敷も流れてしもてんや。

その明けの日ぃは、もう、きょろんとよいお天気になってえ、その晩にぃおきみが出てきてえ、「さあ、目玉を取り返してきました。お殿さんも何も流れてしもて、死んでしもたしぃ。わたしは、これを一つぅ持って帰るしぃ、これはこの子のかたみに置いて行く。あんたはこの土地の大将。お殿さんてぇなってえ暮らしてくれ」言うてえ。おきみのおかげで、そこらじゅうの大将んなってぇ、その子は蛇の子と言われずして、立派に育ってえ、あとをたてた言う話。そろけん。

（翻字　ふくい昔ばなし大学再話研究会　我喜屋啓子）

102 節句の話

むかし、あるところに、ええかげんに暮らしをして、おった家《うち》があってぇ。

ほして、したけど子供がなかってぇ。どうか子供が欲しなぁ言うとったら、女の子が生まれて。あぁこりゃもったいねぇ、神さまのお恵みで、子供が生まれて「蝶や花や」と育てて。娘の子ですでぇ、それがまぁ大きいなってぇ、一人前のええ娘になったもんで。この大事な娘を外へ出しといてゃ、またいろいろな人に目ぇ付けられると大変やさかぇ、もう外へ出さんとおこう言うてぇ、家《いえ》の中でしたいことさしてぇ、おいでやったんやってねぇ。

だけんど、その娘ももう娘頃になったら毎日、見とったら、どうもだんだんやせるなり。こりゃなんでやろなぁ、ご飯も食べんし、しぶっとな、精のないようにしとる思てぇ。

「おめぇ、この頃、やつれたようなし、どこか悪いのか」

言うたら、

「いや、どっこも悪いこたぁねぇ」言うてますんにゃ。

それでも、まぁ、やせてするもんでぇ、案じて、お医者さんに診てもろてぇ。したら、

「どっこも、病気《やまいけぇ》てぇありませんねぇ」言うて言われるもんでぇ。方々の医者に診てもろて。初めの先生の言われるように、

「病気《やまいけぇ》は、何んにもないけんど、これは娘頃になったもんで、ひょっとすると、恋わずらいかもしれん」言われて。（いつまでも子供や思うとっても、そう言うこともあるんかいな）と気が付いてぇ。それで娘に、

「お前は、まぁ好きな人でも出きたんか」言うてしたら、

「無いことはない」言うて、

「そうか、いつも会うとるんか。お前は、ひとつも家《いぇ》出てならんようにして、あるのに、どうして出とるんや」言うた。

「いや、わたしはちょっとも出んのやけんど、夜の夜中になると、立派な男子が、どこからか入ってくるんにゃ、音も何にもせんと、入ってきては。来ても、どこに不足のないええ男や」言うて、言うんやてね。

「そうか、ほんならなぁ、そんでお前はそれほどやせたんじゃ。やせるは、不思議なさけに、今晩、その男が来たら、その着物のすそに、縫い針を刺して、それに長ぁい、長ぁい糸をつけときなさい」言われたもんで、その娘は、親の言われるように、縫い針を着物のすそに刺して、男が帰ったんやてね、もう夜の明けんさきに。

そしたら、親がそれを目印にして、そのあとから見にいったところが、ずうっとその山の方へに入るんやてね、ほして、見とったらもう、なんか、しとしとの藁のようなところへ、こそこそっと、まぁ、入ってしもたんや。ほて、親はじいっとこうやって、音がするかもって聞いとったら、

「今、もどったんか」言うて、その母親が尋ねとるんにゃと。

「あぁ、今戻ってきた」

「どうやった」言うて。ほったら、

「お母ぁ、もうあれはしめたもんじゃ。あの娘は、も

う自分のもんになった」言うて、話しとるんやてね。「それはとても、自分らの、その力では、とてもお前のもんには、そりゃなれん。人間というものはなかなか、賢いさけ。いくらも、お前らのものになるような、ことはせん」「そうか、けんどお母ぁ、子供もようけ宿してきたし」言うたら、

「そんなものは必要がねぇんや」と。

「人間はなぁ、三月の三日の節句には、桃酒言うて、それを神さんや仏さんにお供えするし。また五月の五日には菖蒲酒言うて、五月の五日の節句やね、それもまたお供え。また九月の九日には、菊酒言うてそれをお供えしてぇ。そのお供えしたお下がりを、お神酒いうて、それを飲まして、そんなもん何にも関係がねぇんにゃ」と。

　自分らの一番、怖いもんは、鉄やてね。鉄のもんを、煮出してぇ、煮出した湯を、たらいに入れて、そこでまぁ昔は、腰湯言うてね、腰を温めると産が軽いとか何とか言いましたんですわ。腰湯さしたら、そんなもの元の、元の立派な娘や。「そうか、弱った。今夜はけんどちょっと手強かった」言うて、その息子が、言うとんやてね。

　あぁこりゃまぁ言いこと聞いた。早う去《い》んで、家《うち》で節句にお祭りして、下げたんが置いてあるで、まぁ飲まし、いただかして。その鉄を、煮出して、腰から下をね、その湯で温めて。しとったら、もう小さい、蛇の、小せぇ小せぇ、まぁ虫みていなもんが、いっぺぇ、そのたらいの中にあって。「こんでもう、ありがたい」言うてぇ。そんで元の娘になってぇ。

　「こう言うもんに迷たらあかんのやぞ」言われて、元の娘になって。「家《いえ》にばっかりにおいてはあかん」言うて、また外へも出し、いろいろしたら、良いお婿さんもろてぇ、今だ人間の、人のうらやむほどの、生活をしたと言うお話で。そんでそろけん。

（翻字　ふくい昔ばなし大学再話研究会　西村瑞枝）

103 おはる狐——髪油

ふつうの家でしたんやろけんど。大変な学者があって、昔は学校もないもんで。寺子屋とか何とかやなあ、

ええとこの息子やらなには、学問を習いにいったんや。あるうちには寺子屋言うて行ったりしたんやけんど、学者で、家で教えとるとこがあったんやってね。昼習いに来るもんやら、晩に来る夜学《よがく》言うて、晩に来るもんやらぁ、入れ替わり立ち替わり習いに来たんやってね。

あるときに、夜学がすんでぇ、先生が、もうそろそろ早う休もう思っとったら、「こんばんは」言うてぇ、きれいな女が入ってくるんやってね。

「先生、昼も夜も、生徒さんで大変なことでしたやろ。お疲れどきで、大変申し訳がないんですけれども、わたしも先生の学問をちょっとお習いしたいんで、申し訳ないけれども、しばらく教えてくれ」言うて、来たんやってね。

「もう寝よう思っとったけんど、そんならぁ、教えてあげましょ」言うて、教えてあげたんやってね。

よろこんでぇ。一晩や二晩ではなかなか習えん。こうやって見てると、きれいな愛らしい娘やもんで。「先生、またどうぞお願いします」言うては帰るんやて。みんなが帰った後から、毎晩と、通ってきたんやってね。

そうしとるうちに、先生もあんまりきれいななり、しっかり習うなり、するんじゃけ、好きんなって。

「おめえ、うちの嫁さんになってくれんか。」

「私のような身分の低いもんが、こんなとこに嫁さんにしてもらうようなもんじゃねえけんど、そうおっしゃっておくれるお言葉に甘えて、嫁さんにしてもらいます」言うて。嫁さんになってぇ。あたりまえの人間以上にあんじょう何もかもつとめるんやってね。

子供が出来て。その子供がまあ、いくつぐらいになったんやろうね。五つか六つくらいになったんやろうかね。

ほしてしとったら、そのお母さんは早う起きて、ほこら掃いたり拭いたり、掃除をしとるんや。

その坊が、どこぞの隙間から見たんか何か知らんが、「お母あは尻尾で四間《よま》掃いとらんか」言うたんやってね。狐やったん。尾で、ここらを掃除しとったん。

（はあ、弱わった。子どもに姿を見られた）と思て。夫に向かって、

「長いことお世話になって、今日は子供に自分の姿を

見られて、自分は申し訳ない。自分は、狐でやったんじゃけんど、学問が好きで来たもんで、先生に何したところが、今まで何にも言わずに、置いていただきましたが、今朝、子供にほんとの姿を見られた。こういう姿を見られたからには、ここにおるわけには、子供のためにならん。きょう限りお暇をいただきますで、子供のことはよろしくお願いします。長いことお世話になりました」言うて、出かけるんやってね。

婿さんになる人も、（ここまで辛抱したのに）思て、名残り惜しゅう、

「畜生ながらも人間にまさった知恵もあり、何にすなり、思っとったけれども」て、「仕方がない」言うて、暇を出すんやってね。出しなに、子どもを抱きかかえて、

「お母さんは事情があって、お前と一緒にここに住むことが出来んので、今日をかぎり帰る。よいお母さんをもろてもろて、そのお母さんの言いつけをようく聞いて、お父さんには学問を習《なろ》て。畜生の子やと人に言われんように、あんじょう（うまく、上手に）賢こうやっていけよ」「もしも、この私に会いたいときがあったならば、人にわからんようにして会いにきても、逢うてやるぞ」

「おきなのおはる狐や言うて訪ねてきたら、自分がおきなの山の奥におるさけぇに」言うて、帰って行ったんで、子どもは母の言いつけを守り、父親の学問を習い、大学者となったと言う話。そろけん。

（翻字　ふくい昔ばなし大学再話研究会　松原和子）

104　長柄《ながら》の人柱

大きな村があってぇ。ようけな(沢山)田んぼがあったんやってね。

その大きな田んぼのところに。大きな川があって、川の水を上げて、田んぼを養のぅとんやけんど、なんせ大きな川なり、するんで。どうしても、稲が枯れて抜けてしもては、水が稲に上がらんもんで。田んぼは日焼けしてもて米がとれんね。

ほれで、何回も、村が寄り合いしてぇ、「どうしたもんじゃろ、どうしたらこの稲が抜けんともつやろ」

言うてぇ、話しとったんや。ほうしたらぁ、ひとりの男がぁ、「人柱を入れてせんとしたら稲がもつ。そやから人柱を入れな。どうもならん」言うんやけんど。「ほんな、わしが人柱になりましょ」と言うもんは、誰もあらへん。誰もそりゃあ、入りたいことはないにゃさかいに。

　そしたら、ひとりの男が、昔しゃ、みんな、髪結《かみゆ》うたんや。嫁さんに結うてもうたんか、髪結いさんに結うてもうたんか、知らんのやけれども、人に結ってもうた、頭を、「元結《もっとえ》を、七巻《ななま》き半《はん》で結って、髪が結うてあったら、その者に人柱になってもらいましょう」言うた男があったんやってね。

「ああそうかい」

「それもそうやなあ」言うて。みな頭の、髷《まげ》を結ってあるんをほどいてみたんやてね。

　折り悪う、そう言うた男の頭が七巻き半で、髪が結えたと。「自分が言うたことや。仕方がねえ。自分が人柱になりましょ。村のためになりましょ」言うて、快く、その男が人柱になって。そしたら、もうちょっとも稲は抜けず、ええ米がね、とれたんやって。


　そうしたところが、その人にも、娘もあったもんでぇ、娘がたいへん悲しがって。（めったたに《言いたい放題》しゃべったら、こう言うことになるぅ。しゃべったらあかん）って子供ながらに、いっしょうけんめい、それを思とって。

　もう大きなってぇ、嫁さんにもらわれてぇ言ったんやて。どこ行った知らんがぁ。行って、したらやけんど、なんでもようすんなり、器量もええなり、したやけど、ちょっとも、もの言われんのや。返事ぐらいは、するやけんど。何にも、もの言わん。

「こりゃ、困ったもんじゃ。なかなか賢そうなし、よう、言うことするけんど、ものを言わんようなもんは、うちにおっても、しゃあないしぃ、もとへ去《い》なしてしまおう。」

　そして、それをかごに乗せて、何日《いっか》かかってか知らんけんど、親元へ連れて行くんやてね。ほいて、だいぶ遠かったか知らんが、川のふちの橋のふもとで、駕籠《かご》かきが、

「お前ら、もうえらいし、休んでいこうか」言うて。山を見ながら、こうやって休んどる。その嫁さんも、

駕籠から出てぇ、山のあたりを眺めて、いっしょに、休んどったんやってね。

ほったら、雉《きじ》が鳴いたんやってね。雉が鳴いたもんで、猟人《かりゅうど》がそこらにおったか知らんが、撃たれてぇ、落ちて獲れたんやて。ほったら、そこで、はじめてその嫁さんが、

　ものは言うまい、もの言うたために
　父は長柄《ながら》の稲床柱《いねとこばしら》
　雉も鳴かずば、撃たれもしょまいに

言うて　歌よみして。駕籠かきやら、ついとる人がぁ、「もの言わん思とったけど、もの言わんどこやない。この歌よみがぁ。やっぱり、あの父がぁ、そう言うことになったんで、ものは言うたらあかん、言うことで、こうしとったんじゃろ」言うて。雉も鳴きさえせな、撃たれはせなんだ、言うとこを言うたんで。「もの言わんどこやない」言うて、またぁ、これをかついで、もとへ、連れて帰った。

「そりゃあ、ものは言うたら、口から外へ出したらあかんけれども。言うべきことは言うたほうが、言うて通じさしたほうがええんやぞ」言うてぇ、言い聞かされて。「ああ、そうか」言うて。

それからまあ、人もうらやむような、よい生活がつくれたと言う話。そろけん。

（翻字　ふくい昔ばなし大学再話研究会　源野京子）

105　熊のかたき討ち

今のような大雪の中を、旅人が、どんどん坂を登って行ったんや。

昔は、山を登りましたやろ。向ぅの村へ越す。そのときに、ひとりの男が登って行ったんや。

だんだん、だんだん、見とる間に大雪になってぇ、もう歩くことができなんだ。（こりゃ、困ったもんじゃなあ。どこぞで、大きな大木の根でも行ってぇ、雪のちとおさまるまで、休んどらな。もう歩くことが出来ん。後へも先へも行けん）

したら、大きな大木がウロみたいになっとるもんで、そこへ行ったら。その前に大きな熊が、こうやっておるんやってね。「熊よ熊よ、わしゃ、向こうの村

へ行くんじゃけども、大雪で、どうしても行けん。ちっとまあ、おまえのこの住まいに休ましてくれんかい」言うたら、熊はもの言わんけんど、ほういと、この、奥の方へ押し込んだんやってねぇ。（ああ、もったいねぇ。自分を噛みも何もせんと、こうして休ましてくれる、もったいねぇ）思て。

夕方になってぇ、日が暮れてしまうと、熊が自分の手を、こうやってねぶっとったら。その泊っとる人の口の根際《ねき》のところへ、手をもってくんやってね。

「これ、ねぶらしてくれるんか」言うて。その手をねぶってみたら、甘え甘え、蜜がいっぱいあるんやってねぇ。

食いどきになると、手をこうやってぇ。五日も六日もそこで、熊の世話になってぇ。息つないで、食べものもないのに。

ほうしてたら、ようように、歩けるようになった。

「なんか、ちょっと歩けるようになったさかいに、長い長い間世話になって。したけんど、ちょっと歩けそうなさけぇ、出てみるわ」言うて、だいぶ先まで行ったんやってねぇ。

ほしたら、あっちの方からも道が歩けるようになったさかい、言うて、狩人がのぼってきたんやって。

「いや、この大雪の中にぃ、お前は今までどこにおったんじゃ」（どこそこにおったけんど、ちっとあがったようで出てきたんや）言うたらよかったのにぃ。うっかりと、

「今まで、大雪で生きられんもんやさけぇ、五日も六日も熊の穴へ入ってぇ、休ましてもらっとった」言うて。

「そうか、その熊はどこにおる」言うて。

「それを教えてくれ」言うたもんで、その男も恩知らずや。教えたんやってね。「ここにおる」言うて。

ほしたら、その熊が、（今まで養うてやったのに、その恩も知らんと、自分を殺しにくるもんを連れてきた）思てぇ。怒って、狩人にはかからんと、教えたもんにかみついて殺したんやて。その狩人が、「この熊の世話んなって、ここまで何しとったのに、自分が問うたばっかりに、敵討ちしたんにゃ、と。畜生と言いながらも、生きとったもんは死にとうない。それで、逃げるんやから。今まで、申し訳ないことをした。もうこれからは、絶対、生きものは殺さん決心をする。ああ、熊よ、すまなんだぁ。お前をものにしよう思うて、こうしてやって来たけんど、長生きしてくれよ。人にはとられんようにしてくれ。自分はもう、これで猟はやめるぞ」言うて。

それから改心して、狩人もやめて、真人間になって、働いて暮らしたと言う、熊がかたき討ちした話。そろけん。

（翻字　ふくい昔ばなし大学再話研究会　松原和子）

106　狼の恩返し

むかしはぁ、今のように店はあらせんなり、するもんでぇ。背中で負うたり、かついだりして、魚でもねぇ、坂を越したり、何かして売りに行ったんや。

ある魚屋さんがぁ、魚を背中にいっぱい負うては、夜出ては明けの日が暮れな帰って来られんて。だいぶと坂こえて売りに行くんやからぁ。

坂越えてもう夜暗いのに坂越えな、朝早う三時か二時か知らんが、起きて行くもんでぇ。魚を負うては行くと、毎晩狼が尻からついて来るんやてね。かみつきもせずぅ、どうもせずぅ。（こりゃ送ってくれるんや）思て、毎晩、毎夜《よ》、何かイワシでもニシンでもぉ、一つずつ、「ああ、よう送ってくれた」言うてぇ、やっておったんやってね。

何年もそうやってぇ通っとる。毎日、そうやってやったら、ある晩に、（また送ってくれるか）思たら、今度は自分を、自分のこの足の元の何をくわえて、引っぱるんやてね。(わしが今夜はこりゃかまれる)思てぇ、(まあ、これは仕方がない。こんなもんに勝てんのやさけ、これがするままにぃしとこ)思て。ずうっとあっちの方へ引っぱって行って、自分の、狼の住んどる穴があるんやてね。そこへこう押しこむと、(この穴へ入れて自分を食べるんかなぁ)と思てぇ。(もうしかたがない。長い間世話になったんじゃさけ)思てぇ。そしたら押しこんでぇ、その前に、自分は寝んと、ちょんとこうやって座っとるんやって。

(あらぁ、自分をかまんな)(どうするんやいなぁ)しばらく考えとったら、下の方から、

「人臭ぁい、人臭ぁい」言うて、何かが上って来るんやてね。狼の足のすき間からのぞいてみたら、昔は、丑《うし》の刻参《ときまい》り言うて、そこを通るんやてね。

「人臭さぁい、人臭さぁい」言うて。せやけんど、人がおらんのや。おそろしい狼がおるもんでぇ。ほんで、そおっとして通ったんや。(あれに見つかったら)、殺されるんやてね。その刻参りちゅうものは、人に見られたらもうあかんもんで、殺すんやそうやね、一生懸命になって。

「自分があれに出会《お》うることは決まっとるのにぃ、狼がぁ、自分を助けてやろう思てぇ、こうして隠してくれたんかなあ。もったいない。よう助けてくれた。あれぐらいのことですまなんだなあ」言うてぇ、ほして、ようけまた駄賃してぇ。「自分ももう年をとったしぃ、これでええ。もう来んさかいに、お前もじょうぶで暮らせよ」言うてぇ、その日ぃだけはそれを売ってってぇ。止めて、狼が恩《おん》返ししてくれた言う短いお話。そんでそろけん。

(翻字　ふくい昔ばなし大学再話研究会　グループおもっしぇ)

107　千のだんご

むかし、今あるとこにぃ、大蛇《だいじゃ》がおって。大蛇ちゅうものは、海に千年、陸に千年、山に千年言うて、三千年の行をせんとぉ、天に昇ってやね、「てんじゅく(天竺か)」、「てんじゅく」する言うんやね、「龍《たつ》がてんじゅく」する。それが出来んのやて、三千年の行をせんとぉ。

その三千年の行をする、駄賃として、人間を一人ぃえさにもらう。その大蛇が、二千年、二千年の行をした。千年の行をせな、「てんじゅく」が出来んのや。二千年の行をしたときに、人間をえさにもらうんが決まっとって。ほんで、それを納めんと村がもう大荒れがするとか何とか、そんなことでしたんやわね。

ほれで、みんなが寄りおうてぇ、

「どこぞに娘が、行ってくれるもんがないやか」言うて。

「ほんなら、わたしが行きますわ」言うものは一人もあらせん。ほんな、蛇体のえさになったりぃするのはかなわん。したら、（あそこなら、行ってくれるやろう）と思てぇ。五人も、娘があったんやって。

「あんたんとこはおおぜいの娘さんやさけぇ、一人やっておくれんか」言うてぇ。したらぁ、

「なんぼぉ五人あろが六人あろうが、子供にかわりはない。ようやりません」言うてな。

「そりゃそやなぁ、子供にかわりはない」言うたら、

（これは村のため人のためになることなら、仕方がない。仕方がないさかいに、どれか一人やらんならん。もうてもらわんならんが、さて、誰を、どの子をもうてもうたら、行ってくれるやら）と思て、親が姉から姉からぁ、

「おめえは行ってくれるかぁ」

「わたしはそんな蛇体の餌食なんかにゃ、もう、かなん」言うて言うにゃ。また次の子ぉ言うてもぉ、

「お姉さんの言えるようにぃ、わたしかてそんな、もうかなんわ」

三人四人まで、みな断る。五人目一番しまいの娘に、

「みんな嫌や、言うしい。おめえはぁ行ってくれるか」言うたら、

「お姉さんたちは、嫌なら。自分は行きます」と、

「行きますけども、行くについては、自分のぉ欲しいものを、こしらえ、作ってほしい」て言うて。

「そんならなんでも作ってやる。作ってやるさけに言え」言うたら。

「どんだけ村があったか知らんが、村じゅうのぉ、お婆さんたちを、みな、ここへよって来てもろてぇ、ほして、米を粉にしてぇ、だんごを作ってほしい」

みなこう、米を粉にするんにゃね。臼回して、きゅるる〳〵歌《うと》たんやね。この臼をひとつ、米をちょぼっと入れて回すたんびに、「なむあみだぶつ」言うては、臼を回した。「回してくれ」言うて。どんだけや知らんけど、千のだんごをまるめるときにも、「なむあみだぶつ」言うて。また、それをゆがくときにも、「なむあみだぶつ」言うてぇ。何回とも知れん、おおぜいの人が、「なむあみだぶつ、なむあみだぶつ」。いっぱいだんごが出来てぇ。いつ何日《いっか》には、山の奥の淵に、大蛇がすんどるんでぇ、それを持っていく。

村人がね送って行くんやて。送って持って行ったら、どっと、奥に、大きな沼があってぇ。そこにもうちゃんと大蛇がね、池の真ん中ほどから、男になってあらわれて。「ああよう来てくれた」言うとったんやけんど、もろもろっと、また、池の中へ入ってしまうんやってね。自分の餌食にするんやさかい、食べよう思もて、ちょっと出てきたけえまた入ってしもて。

娘が、(今あがってくる)思うと、池の水が、むああっとこう、むらがってくるんや。ほのときに、ひとつかみずつ、

「なむあみだぶつ」言《ゆ》うて、だんごを池の中へほうりこむ。食べてしまうと、こう上がってくる。ほっとそのたんびに、千のだんごを、すいっとそこへまいてしもたんやって。

(こんですんだが、自分を今度は食べる、食べられ

るかいな）と思て覚悟しておったところが、池のまん中の上へあがったら、人間のようなかっこうに見せてぇ。

「ありがたかった。自分は、陸に千年と、山に千年との行をすまして、今《こん》だは、千年、もう千年、海に千年、今《こん》だは行をしてこならんところを、今のありがたい、お経のこもったもんをいただかしてもろたんでぇ、その千年の行がせいでも、もう天竺《てんじく》へ、天竺《てんじく》が出来るようになったんでぇ。お前をもう餌食にせいでもぉ。里へ帰って、暮してくれ。自分は千年もの間の、つらい行をありがたいお経さんで助かった。」言うとるまぁに、むら雲がでて、天上へ昇ってしもたんや。大きな大蛇、龍がね。

（ありがたや。自分はこのお経のおかげで、助かった。けれども、村からはぁ、皆さんに、この一生のいとまごいをして、出てきたんにゃから、どうしたもんかなぁ）と思てぇ。谷を、すとすとと、だいぶおりてぇおったんやてぇ。

親は心配で心配、かわいそうでぇ、

（もうはやぁ、食べられてしもうとるやろ）思てぇ。

また見ぃに行くんやてねぇ。ほしたら、まだちょこんと、池をながめてぇ、娘がおるんや。

「あれまあ、もう早や食べられたか思もたら、まだかぁ。心配でかいわそうでぇ、もう早や、おめえの姿は見えんと思いながらぁ、ついついここまで足が来てしもた」したらぁ、「皆さんのお世話になったおかげでぇ、自分は食べられずにぃ、こうして、生きられました。けんど、いったん、親さんにも皆さまにぃ、いとまごいをうけて出た、出たからには、もう帰ることは出来ません。これから、あの巳《みい》さんに食べられた人間として、自分は、ありがたい、出家になります。今日から、尼になって、巳ぃさんを祀りぃ、観音さんをまつりぃして、ここで暮します」言うたもんで、「ああそうか、そんなそうしなよ」言うて。

村はずれの谷のねきに、庵《いぼり》を建ててもろてぇ、そこで、尼になって、一生暮らしたと言うお話。それでそろけん。

（翻字　ふくい昔ばなし大学再話研究会　グループおもっしぇ）

108　坊さんと蛇

ある山奥のお寺に、坊さんじゃさけぇひとり暮らしておられたんや。

毎日その毎晩、きれいな女子《おなご》が来ては、何に教えてくれとかやとか言うて、入ってくるんやてね。何にしてしとったら、若い坊さんなりしてぇ、その女子が好きになってぇ。

「おめぇ、わしの嫁になってくれんか」言うたら、「よろこんで嫁になります」言うて、嫁になったんやてねぇ。

ほしてしたところが、ちょっとその姿が見えたんやてねぇ。こりゃ恐ろしいこっちゃった、人間じゃ思てぇ、何年かしてからやろけんど、こりゃ人間じゃ思て何しとったら、やっぱり、あれはおぞいもんじゃった思て。もう恐ろしして恐ろしてぇ。

「今日は、どこそこまで、お前、使いに行ってくれ」使いに嫁さんをやっといてぇ、自分はその間《ま》に逃げましょと思て。どんどんどんどん逃げてぇ。だいぶ遠いとこまで逃げて。

舟に乗ってぇ、向かいまで行こ思て、だいぶ舟に乗らんと行けんと思て。ほやもんで、よもやこんな大きな川やか湖《うみ》やか知らんけんど、よう来まいさけぇに。そこへ行くがしょと思て。「どうにか舟に乗せて、早う

向こうへ連れてくれ。もしもここへ女が来て、ここを渡してくれ言うても、ここ渡してくれな」言うて、その船頭さんに頼んどいて。その向かいに渡してもろて。

　向かいの山の奥の寺へ行って。ほして、

「今、こうこうでぇ。もしか、また、尻から追いかけてくるかも知れんけんど、そんなものは知らん言うてくれ。わしをどっかへ隠してくれ。もしも来たときには、どもならんさかいに」

「そりゃぁ困ったもんじゃなぁ。しゃぁない、この釣り鐘の中へでも入ってぇ、隠れとれ」言うて。

　その釣り鐘を、ずうっと降ろして、隠れてぇたんやてねぇ。そしたら、やっぱり、その女がぁ舟の乗り場まで来て、

「今ここを坊さんが向こうへ渡ったやろ」

「いや、そんなもんは知りません」

「いや、渡ったはずや。私も、その向こうへ渡りたいさかい、乗せてくれ」言うて。

「いや、絶対、この波も荒いし乗せられん」言うて。

「そうか。乗せてくれんなら、自分は一人で行きます」言うて、そこで大蛇になって、見とる間《ま》に、湖《うみ》を渡って向こう行ったんやてねぇ。

　その寺へ行って、

「ここへ、その坊さんが来たやろ」

「そんなもの来ん」

「いやここへ、来たはずや」

「いや、来ん」言うてしたら、ちゃあんと知っとって。

「ここにおる」言うて、釣り鐘の胴をぐるぐる巻いたんやてねぇ。

　その釣り鐘は、鉄《かね》でしてあるんじゃさけえ、蛇には大変毒なんで。そしてそれは、融けなんで。融けなんだけれども、蛇ももう、だいぶ弱ったんや。弱ったんで、どっかへ行ってしもて居《お》らんなり。

　それから、そこの和尚さんが、釣り鐘を、「助かったなぁ」と思てぇ、開けてみたら、一寸法師ぐらいになって。そんなり、もう、何も息も何もありゃあせん。かわいそうに言うて、お祀りした言う話。

　蛇ちゅうものは、執念が深いで、どこまででも、そうやって自分が思い立ったことは達するんや言う。蛇は恐ろしい言うて、よう言いました。そろけん。


（翻字　ふくい昔ばなし大学再話研究会　坪川祥子）

109 千本の針

あるところに蛇が住まいしとって。一人、娘をくれんと、ここらをみな流してしもうてぇ、淵にしてしまう言うて。どれか娘を一人、くれさえすりゃぁ、それはせんとすむさかい、言うて。村のどこや知らんに、言うてんて。

そんな蛇のとこへ嫁に行ったりするのはかなわん、誰も行くもんおらん。けんど、どこの娘や知らんけんども、

「村のためになることなら。ここらが湖になってしまやぁ、みんな死んでしまうなり。住むことができんのやさかい。身代わりとなるんならぁ、自分一人ですむことなら、自分が行きましょう」言うて。

「行くうえは、自分は水の中に寝たりようせんしぃ。するんで、大きな大きな箱をひとつこしらえて、ほして、その箱の中にぃ、縫い針を千本入れて、それを持って、送ってくれ」

「ほうか、村を助けてくれるか」言うて、大きな大きな箱をこしらえて、ほして、皆なが、送って行ってねぇ。したら、大きな沼にやっぱりぃ、蛇体がおるんじゃぞうな。「お世話になって来ました」その娘が言うたら、「よう来てくれた」言うて、人間の姿になってぇ。「うらの家はここやでぇ」「ここに入って休も」言うて。「私はぁ水の中へ、今まで入って、寝たことがないんでぇ、せめて今晩ひと晩、この箱の中で寝ましょえな。あんたもここで寝ておくれ」言うんやて。

「ひと晩ぐらい、まあ、仕方がねえな。ほな、その箱の中で今晩は寝よう」言うて。

ほして、娘がちゃんとその針をね、ずっと敷いて、その上に何かわからん物を敷いてぇ。

「ほんな、今晩ここで休も」言うて。

「お前から先入って、あんじょう(上手に)床《とこ》してくれ」言うて、したら、

「いや、わたしはここらを始末してぇ入るさかい、あんたからぁ、先入ってくれ」言うたら、

「そうか、そんなら、わしが先入いる」言うて、その蛇が先入ったんやてね。入ったとたんに、ふたをし

てぇ、ちゃんと、めくれんように釘打って。それを山の高いとこから、ごろごろ、まくしたんやてね。そしたらぁ、その針がねえ、針はたいへん蛇には毒やで、針が体じゅうに刺されて、裏までまくってみたら、死んどった。

死んどったんでぇ。あれほど、よろこんでぇ、女房になってくれた言うてよろこんでぇ、おったなり。自分も承知していたけれども、どうかなん思て。こう言う姿に変わらしてえ、気の毒に。けんど自分もいったん暇乞いをして出たし、この人の女房になると言うて来たんじゃから、このままではすまん、ためにならん言うて。そこでまた、庵《いおり》を建てて。巳《みぃ》さん言うてぇ、巳神社言うて、ちゃんと殺した大蛇をお祀《まつ》りして、一生そこで弔いした、言うお話し。そろけん。

（翻字　ふくい昔ばなし大学再話研究会　坪川祥子）

110　やまんばの牡丹餅

むかしなぁ、まぁ言うたら麻糸《あさいと》をこうやって苧績《おうみ》言うてぇ、むかしは皆なしたんや。この囲炉裏のふちに火ぃたいてねぇ、したんやわね。

お婆あさんがぁ一人ぃ、苧《お》を績《う》んどったけんど、一人で淋しいもんで、「隣りのお婆あ、苧《お》を績《う》みにごらっしゃいのぉ」言うてぇ、そこらじゅうわめいて。「ほんならもぉ」言うて、みんな寄ってきてぇ、苧を績んだんじゃそうな。

あるとき、大雪が降ってぇ、したんやけんど、そうやって止めたんやて。「みんな、大雪が降るもんじゃさけぇ誰も来やせんな」ちゅうて。したら、ひとり来たんやてね、お婆あさんが。

「夜鍋しにきたぞぉ」言うて。

「よう来ておくれた」言うたらなぁ、

「きょうは、こんの苧を績んでやっさかいにぃ。お前らみたいな小さい桶《おけ》であかんさかいに、風呂桶《ふろおけ》みたいな、大きな桶を持てこい」言うてぇ。どんなお婆あさんじゃろな、あんなもんに苧を績むんじゃやけんど。

「苧をあるだけ出せ」言うて。一年ほどかかってとった苧を、みな出して。ほたら、それをみな、その桶に、糸に細うしてしもたんやてね。

ほしてしたら、

「お前が何年かかってでもせんなんような仕事を、一日ですましたんじゃさけぇ、その礼にぃ、牡丹餅をどっさりこしらえてぇ、食わせえ」言うて。

「ああそうかぁ」、そう言うても、もう、おぞなって（恐ろしい）きてぇ。しゃあないんで、言うように、牡丹餅ようけこしらえて。大きな、麹蓋《こうじぶた》言うて、餅並べる大きな箱があるやろ、それに何杯もぉこしらえて、積んで。

したら、お婆あさん、もうきょうてぃ（怖い）もんで。こっちのほう行って、おぞなってきて、見とったんやって。その餅をみなこう頭のなかに入れるんやって。すいっと入れてしもてぇ。ほしてしたもんでぇ、おぞなって、かなん（かなわない。困る）もんじゃはかいに。

むかしは、「辻子《つし》」言うたんじゃ。「辻子《つし》」上がってぇ。「辻子《つし》」の皮籠《かわご》言うてあったんや、その中へ入ってぇ、ふたしてぇ、隠れとったんやてね。

ほったら、その餅をみな食べてしもたもんやで、頭の中へ入れて食べたじゃか知らん。ほったら、見たら、（今度はお婆あさん食べてやろ）思とったら、おらん。（どこいったやろ、こんどはあの婆食べてやろ思とったのに）思てぇ。

そこらさがすじゃけんど、おらんのや。二階に、「辻子」に、はしごがかかっとる。（はぁ、ここへあがっとるんかいなあ）思てぇ。

ほしたら、そのはしごの裏に、櫛《くし》が落っとってんて。

「櫛、櫛、婆わい」言うたら、

「つし、あま、皮籠」櫛が言うたんやて。

そうか、辻子のあまの皮籠へ入っとるんか、言うてぇ、そのやまんばに化けとった狸は、とんとんとんと上がってぇ。したら、皮籠へ入っとってぇ、したもんじゃけぇ、（ここにおるん。婆ぁここにおるんか。こりゃまあ、どっさりぃぼたもち食《く》て腹ふくれたし、こりゃ去《い》んでから食うように、負うていきましょ）思て。もんごろもんごろ、負うてぇ、山去《い》ぬるんやてねえ。

大きな、これから登らんなん坂道の下にぃ、大きな椎《しい》の木があった。その椎の木の裏で、（まあ重たい一服してぇ、ここで一服してぇ上がらなぁえらい）思て、そこで一服して、立てたんやて。ほしたら、軽いんやてね。

一服しとる間に、お婆あがそおっと出て、その椎の木の上へのぼって、隠れとってんて。ほったら、やまんばが、こう立ってみたら、軽なったんやて。（こら、軽なったなぁ）と思て、「やれやれ。椎の木に休んだら、ちっくらもっくら軽なった」言うてぇ、休んでからだが楽になって軽なったんか思て、よろこんでぇ。帰ったんやってねぇ。

帰って、見たら、空っぽやってんて。（こりゃ軽なった思たらぁ、あの椎の木ぃの根ぇで、どっか逃げくさったもんじゃ）思てぇ。

また、その椎の木ぃのとこへ行って。（椎の木ぃを切ってやりましょう）と思て。（切って行ったら、椎の木ぃに登っとるやろ）と思て。ほって、走って行って。ほって、鉈持って、その椎の木を切ろ思て。したら、あんじょう、ようこう横にして切らんもんで、当たって、なかなか切れんのやって。その間に、お婆あさん、どこや高いとこやどこやに隠れてぇ。ほたら、（なかなかこりゃ切りにくいなぁ）思とるまぁにぃ、ほかの、男の人が出てきてえ、

「そんな今ごろ、そんなとこに、誰もおらへんさけぇ。おめえは、ここを痛めるばっかりやさけぇ、もう帰ったがええでぇ」言うたら、

「これは、残念なことをしたなぁ。また、いつかぁ、この恩返ししてもらわにゃな」言いもって、帰ったんやけどぉ。

その間ぁに、そのお婆あさん、いろいろとぉ、神さん念じたりぃ、何んかしてぇ、もう、かまれんとすんだとか言うて。そろけん。

（翻字　ふくい昔ばなし大学再話研究会　ええぐるーぷ）

111　お月さんとお日ぃさんと雷

むかしぃ、お月さんとお日ぃさんと、ほして、雷と三人が、

「長いことこうして毎日ぃ、この世を守っとるけぇども、いっぺん旅行しょうやないか」言うて、三人が相談してぇ。

「そりゃよかろう」

「旅行ほんならしょう」

「旅行しょう」言うてぇ、三人連《っ》らって旅行しなはったんやってね。

　ほしてしたら、まあ、毎日旅行してぇ、何にしとったら、雷は、もう、大きないびきかいてぇ、寝て寝て。もう朝かてぇ、もう起きやせんのやて。ほやから、「もうこんなもん、こんなものはいつもかも朝寝してぇ。もう、今日はもうほっといてぇ、自分らだけで」お月さんとお日さんと、

「もうほっといて行こかい」言うてぇ。「なんぼ起こしても起きやしんし」言うて、もう出なさったんやってね。

　ほしてしたら、雷が、のっそりと遅う起きてきてぇ、それから、旅館の主人に、「お月さんやらお日ぃさんは、まだ寝とるんか」言うたら、主人は、「いえいえ。もう早や、もう早や、もう何時間も前にお立ちになりました」言うて言うた。「そうかぁ。月日のたつのは早いもんじゃねぇ」言うて言うて。

　それもひとつの話。そんでそろけん。


（翻字　ふくい昔ばなし大学再話研究会　ええぐるーぷ）

112　鼠経

　むかしぃ、旅人が旅しとったんやってね。

　ほしてしたら、宿を取ろ取ろう思とる間《ま》に、日が暮れてしもて。道を間違うてしもて、山の山の山道入っ

てしもたんやってね。

　ほんで、山道入ってしもたもんで、（もう泊めてもらうとこないなり。こりゃ困ったもんじゃなあ。こりゃ、だんだん山の奥へ入いってきそうなし。どこか泊めてもらうとこないか）と、方々八方《ほうぼうはっぽう》眺めたところが、ぼっと向かいに、ちょぼっと灯ぃが見えてぇ。（あ、あそこに誰か人が住んどるに違いない。あそこ行って、ほんな泊めて貰おう）と思てぇ。その灯ぃをたよりにそこへ寄っていって。へてしたら、「こんばんは」言うて、行ったら、お婆あさんが、一人おって。

「ああ、いらっしゃいまし」言うて。

「どうか今夜、道に迷うてぇ、もうどこ行くこともできんなり。庭の隅でもかまわんから、よう泊めておくれんか」て言うたら、

「ああ、こんなあばら家ですけんど、泊まろう思たら、泊まっておくれ」言うて、こころよう泊めておくれたんやってね。

　ほして、「わしは、まあ、坊主や」言うて。「ぼんさんじゃ」言うて。ぼんさんじゃないんやけんど。

　ほしてしたら「ああ、それはまあ、もったいない。うちのお爺いさんが死んでぇ、まだ、間ぁもないし。うちは便利が悪いなり貧乏なり。するもんじゃはかい、『方丈さん頼みに行こう』言うたかて、容易ないこって。お布施もようせんし。するもんで、頼まれたら、あらうれしやな。ほんな、お爺いさんのこれは、まあ、供養に、お経さんをあげてもらおうと思て。うれしや」言うて、喜んで。泊めはったんやってね。

　（こりゃ坊主や言うたけんど、お経は知らんなり。よもやお経を、仏さん拝んでくれ言わしまへん）と思たんやけんど。そう言われたもんやで、（なるほど困ったもんじゃ）言うて、おなかが空いとるもんじゃけん、まずいもんでも、ようけよばれて。

「ああ、どうぞほんならぁ、仏さんにお参りしておくれんか」言うて、おばあさんが、まあ喜んで。御光《おひかり》あげて、後ろに、こうやって、喜んで拝んどるんやって。その旅のお人が、（これは何を言うたらええかしらん）と思てぇ。ほって、考えてぇ、まあ思案、手を合わせて、まあ思案しとったんやってねぇ。

　ほしたら、その、あばら家やもんで、仏壇の横に穴が開いとるんやってね。そっから鼠が、ちょろちょろ

うっと、出てきたんやと。
（あっこれを言おう）と思てぇ。ほして、
　おんちょろちょろ、おんちょろちょろ
言うてぇ、拝んどったんやってね。ほしたら、そのおばあさんも、
　おんちょろちょろ、おんちょろちょろ
言うて、その方丈さんの真似する。方丈さんじゃ思て。また、鼠がちょろちょろと出てきた。
　続いて、またちょろちょろ
言うてぇ。したら、そのお婆あさんも同なじように。
　ひと口言うと、なかなか出んもんで、次が。思案しとると、おばあさんがその尻から言う。
（これは困ったもんや。今《こん》だ、なに言うたら知らん）
言うて。ほしたら、二匹の鼠が、二人寄ってぇ。喜んでちゅうちゅうちゅうちゅう言うて、ほったら、
　二人がなにやら、相談をするぅ
言うてぇ、そのお婆あさんが、ぼんさんに化けたもんが言うたら。また、お婆あさんが、その通りに言うて。ほってしたら、ちゅうちゅうって相談を喜んでしとったが、別れてや、また、あっち行ったんやってね。

　ただいま去りにけりぃ。ほおぅ
言うて、ぼんさん言うたんやってね。
　おんちょろちょろ、また続いておんちょろちょろ
　何やら相談していたが、ただいま去りにけりぃ言うて。それを言うて、言うて、ほいたら、朝になったら、「おおきにお世話になりまして、ごっつぉさんになって」て、言うて旅人が帰るなり。「わあ、よう泊まってくれた。こんで、お爺いさんも極楽往生します」言うて、お婆あさんが喜んでぇ、見送ったんやてね。
　ほって、その晩から毎晩
　おんちょろちょろ、またちょろちょろ
言うて、それがお経や思て、毎晩拝んどったんやってね。
　ある時、泥棒が出てきてね。
（あそこのお婆あさんは一軒家のお婆あさんでぇ、始末なお婆あさんでぇ、あこの家は、だいぶ金《かね》がたまっとるらしいさけぇ、行って、今度ぁいっぺん行って、盗んでこうか）思てぇ。その泥棒が、行って、そこを覗いとったんやってね。したらお婆あさんがその仏壇行って、

　おんちょろちょろ。おんちょろちょろ

言うてまあ、だいぶん拝んどってして。すると、その泥棒のもう一人、また出てきたんやって。

　続いて、また、おんちょろちょろ

言うてぇ、言うんやって、そのお婆あさんが。そしたら、「おめえも来たんか。わしが来たら、知っとって、あのお婆さんがぁ、おんちょろちょろ言うて。おめえが来たら、またぁ、続いておんちょろちょろ言うしぃ」言うて。

　ほいて、ほったら、二人で、それが話ししとったら、

　　なにやら相談をごちゃごちゃしとる

言うて、言うんや。ほして、（これはもう、何もかも自分らのしとること知っとるんじゃから、これは、入ることは出きんし、去《い》のかえ）言うて。二人のもんが別れて、去《ぃ》ぃにかけたんやってね。ほいたら

　ただいま去りにけりぃ

言うてぇ、言うたんやてね。ほしたら、もう盗まれんと帰ってしもて。帰ってしもたもんじゃで、ほんで、大助かりして。その偽坊主のおかげで。

　その盗みに入ろう思たもんも感心してぇ、白状したんやてね。

「いや、お婆あさん、ようけ金ためとる思てぇ、そのぎょうさんの盗も思て行ったんやけんど、あんまり自分らのしとることをよう知っとってやったんで、もう、盗みにも、よう入いらんと去《い》んだ。ようあんたは八卦見か」言うて。「ようもう自分らのすることをみな知っとって言うとってやって。自分らも恐ろしいなってきて帰った」て。

「そうか、あんたら自分のぉ、ちったて（少しずつ）、ちったて貯めたとる金をぉ盗もうとしたんか」てそのお婆あさんに、こんこんと説教しられて。

「はぁ、そりゃその通りや。人の働いた金をぉ盗んで、自分が使《つこ》ても何んにもならん。自分の、この汗水でたらしたこの手ぇで、自分の手ぇで動かした金やったら銭はするけんど、人のためた銭を取っても何んにもならん」言うて、その婆ばあさんにこんこんと説教されてぇ。「ああその通りでございます。今まで悪かった。これから、一生懸命に、お婆あさんの言葉をぉ、守って働きます」言うて。

　それからは真人間になって働いてしたんで、そのお

婆あさんも偽坊主のおかげで助かったなり。その泥棒らも、人のものを泥棒せずに自分が働いて、それから真人間なった、言うねえ。

　面白い話やろ。そろけん。

（翻字　ふくい昔ばなし大学再話研究会　河村みゆき）

113　嫁と牡丹餅

　むかしぃむかしぃ、嫁さんやら、姑さんやらおってぇ。昔のこっちゃもんでえ、牡丹餅をこしらえたんやってねえ。おいしいのができてぇ。家内《かない》じゅう食べたんやけんども、まだだいぶ残っとるけんど、（これは嫁には食わしたくない）昔の人は、嫁さんを、やっと大事にせなんだもんでぇ。（うらがひとり食おう）と思てぇ、婆あさん、重箱にぃその牡丹餅入れてぇ、戸棚の奥入れてぇ、「牡丹餅よ、牡丹餅よぉ。もし、嫁が見たらぁ、蛙になれよ」って言うてえ、その牡丹餅にもの言うとんやってねぇ。

　ほったら、嫁さんがどことなしにおってぇ、聞いとったんやってねえ。（こりゃあおもしろいこっちゃあ。おもしろいことを姑さんが言うとってや。食べてしもってやりましょ）っと思ってえ。田んぼへ行って、お婆あさんがおらんもんで、田んぼへ蛙とりに行ってきてぇ。「牡丹餅よ牡丹餅よぉ、嫁が見たらぁ、蛙になれよ」言うててぇ、出たんやって。ほんで、嫁さんそれ聞いたもんで、田んぼへ蛙とりに行ったんや。

　戻ってきて、牡丹餅自分が食べて、重箱の中へ、蛙を入れといたんやってねえ。お婆あさんが、早う去《い》んで、

（嫁のもどらん先にぃ、牡丹餅を食べてしまおう）と思て。戸棚開けて、重箱のふたまくったらぁ、蛙がおるんやってね。（うらが牡丹餅に、嫁やったら蛙になれ、言うたのに、うらが見るのに、蛙になった）「牡丹餅よ、お婆やどぉ。牡丹餅よ、お婆やどぉ」言うとる間に、蛙はぺっとりぺっとり跳んでぇ、逃げてしまったんやてねぇ。

（ああ、弱ったなぁ。うっかりしたことは言えんなあ。何でもよう知っとる）思てえ。嫁さんが戻って来てぇ。

（白状しましょう）と思てぇ。

「今日、牡丹餅が、うら一人ぃ食おう思てぇ、その牡丹餅が蛙になって、みな逃げてしもてん」。

「そうかあ、おかあさん。ほんなことがあったんけぇ」言うて、嫁は知らん顔してぇ、おったら。（これは、やっぱりぃ、自分ひとりぃこんなもん食べようと思たかってぇ、神さん、『そう言うことはせな』言う、お

知らせやろ）思てぇ。（これから、自分も気いつけなぁ）と思てえ。
「同《おんな》しようにせんと、どうもならん」と言うてぇ、よいお婆あさんになってぇ。何にでも、家内第一に言うてぇ、食べるようになったんでえ、円満にくらしたんやけんども。
その嫁さんが、
「お婆あさん、牡丹餅の歌をぉ、ひとつ歌とてみましょか」。
「お前、牡丹餅の歌、知っとるんか。うららは、この歳になっとるけど、ほんなこと知らんなり」。
「ほな、どんな歌や、歌とてみてぇ」言うたんや。
さてもみごとな　牡丹餅は
きなこや小豆で　身をやつし
二本の箸をば　杖につき
歯ぁの奥歯に　腰をかけ
急なのど坂　無理に越し
おなかで一夜の　宿をとり
あすはお発ちか　下関
歌をお婆あさんにね、聞かせたんやって。

「お前はぁなかなか、うららより、ひとまく上やぁ」言うてぇ、ほめてぇ。牡丹餅が、ものも言えやしませんけんども、嫁がそれを作ってぇ、お婆あさんに聞かせて。そのあと、

むかし、かえるが、ぽんぽんぽんぽん跳んでしもたやといやぁ。そろけん。

（翻字　ふくい昔ばなし大学再話研究会　グループおもっしえ）

114　歌くらべ

昔はそのええとこのね、娘でも、奥さんでも歌詠《よ》み、今では短歌とか俳句言うんかねえ。そんなことを、寄ってはあったんやそうなね。

あるところに、大変まあ、上手な大工さんがおって、いろいろその彫りもんでもしたもんが、鳴いたり、もの言うたりしたんやそうなね。

鳥が彫りもんにしてあるさかいに、その歌の上手な人は、「あの鳥をいっぺん鳴かしてみて。上手な大工さんのしたんじゃさけぇに、鳴くさかい」て言うてぇ、ほしたら、「ほんなら私も行こ」、「私も行こ」言うて、上手な人はみなその寄って。ほととぎすがぁ、彫ってあるんにゃでぇ、どこにか知らん。けど、誰が行っても鳴かんで。これは誰が行っても鳴かん。

「どこそこの何には、大変もない上手やそうなさかいに、その人に一つまたやってもらおか」言うて。やっぱりその奥さんが、娘にも教えてあるんやてねえ。（これからの娘に花を持たしたい）と思て、娘を連れて、そこへ行ったんや。

「さあ、これを鳴かした者には、大変な何になる」言うたもんで。その娘に、「お前《めえ》、それをちょっと歌よみしてみねぇ」言うてしたらぁ、娘が、

鳴いたら聞こ　聞きにきたのの　ホトトギス

て言うたんやてね。ほんでも鳴かんのやてね。「お前がいても鳴かんのか。ほんな、お母さんが一つ言うてみる」ほたら、お母さんが、

鳴けぇ聞こ　聞きにきたのの　ホトトギス

言うたら、「ほんぞんかけたか」言うて、ホトトギスが鳴いたんやてね。「やっぱりあの娘さんには、まだそこまでの修行が足らん」言うてぇ、「もっとしっか

りと、何でも鳴かすような、歌詠みに仕上げなさい」言うてぇ。お母さんの方が、勝ったもんやで。母は（子供に勝たしたい）思てしたけんど、子供には、まだそこまでの修行が足らなんだ言う、短いこってすけんど、聞きましたです。そろけん。

（翻字　ふくい昔ばなし大学再話研究会　坪内啓子）

115
法事の使い

ほんまにぃ、笑い話なんやけど。

むかし、あっところに、猟師があってぇ。男は、山で猪《しし》獲ったりぃ、猟に行くんやって。したらぁ、そこの息子があったもんでぇ、

「おめえもだいぶ大きになったのにぃ、お父っつぁんばっかり狩りやって行く。おめえも行って、しし（猪）の一匹も獲って来い」言うて。その息子は、ちぃと足らんもんでぇ。

「ししちゅうものは、お父っつぁん、どんなもんねんやの」

「ししちゅうものは、ほれ、大きな木ぃの裏にぃ、ごそごそごそごそほうてぇ、栗拾うて食べたりぃ、何んじゃしとるやわやぁ」言うたら、

「そうかぁ、ほんな、今日は行ってて獲ってこ」

「行って見てこ」言うてぇ。その息子が、山行ったんやって。栗の木ぃの下行ったら、もんごろもんごろしたもんがおるんやってね。それ撃ったんやってね。ころんとこけて、（いっぺんに、初めて、しし獲った）思て、よろこんでぇ。

「お父っつぁん、しし獲ったでよぉ」。

「そうかぁ、初めてようそんなもん獲ったやぁ」

「早う、わしぃとても一人でよう持たんし、お父っつぁん手ってえ（手伝い）に来てくれぇ」

「ほんな行って引っぱってこうか」言うてぇ、行ってみたらぁ、おっ母ぁやったんやってね。母親が栗拾い行ってるのをぉ、撃ったんやってね。

「こりゃあ、おりゃあ、ししどころやねぇ、おっ母あやわやぁ。何《な》したことしてくれたんやなぁ」

「わしが、おめえみたいなもんにぃ、獲ってこい言うたんも悪かったけんど仕方ねえ」、それを持ってても戻って。

「葬式せんなんさかい。てんで、わしはまたぁいろいろこしらえしとっさけぇ、坊《ぼん》さんに頼みに行ってこい」

「坊さんちゅうものは、どんなもんなんや」

「坊さんちゅうもんは、黒い衣着てぇ、ちょんと高いとこにぃ、ちょんと座っとらはるやわやぁ」

「そうかぁ」言うて。

　だいぶ行ったら、高い木の上に烏がとまっとってぇ、

「おっさん、おっさん、うちのお母あが死ないたんでぇ、葬式にきて下だっしゃせんかぁ」「あほー、あほー」

言うて、烏が逃げたんやってね。

　もどって来てぇ、

「お父っつぁん、坊さんに頼んだら、あほー、あほー、言うて逃げてしもたもんや」

「わりゃあ、烏やわやぁ。坊さんちゅうもんは、家の中にぃ、ちょんと座っておってんじゃわ」

「そうか、家の中におってんか」

「しゃあない、行ってくるわの」言うて。

　また、今だ行って。家の中やのうて、馬屋の口行ってぇ、黒い牛がこうしてるって。

「おっさん、うちのおっ母あが死ないたんでぇ、葬式に来てくれんか」「もぉーよぇー」言うてぇ。あっち行ってしもたんやてね。

「方丈さん頼みに行ったらぁ、もぉーよぇー言うて、あっち行ってしもうたぁ」

「そりゃぁ、牛やわい。われでぇ、どうもならん。今だぁ、お父っつぁんが行ってくるさけえにぃ。ご飯を今炊いとるさけえにぃ、このご飯の番をしとれ。わしがこんだ、坊さん頼みに行ってくるから」

　坊さん頼みに行ってぇ。したら、「ほうかぁ、ほりゃぁ気のどくなことした。ほんな行ってやる」言うて。

「わしが、去んどるさけぇ、来とおくれ」言うて、まあ、去んだんやってね。

「もう、ご飯炊けたか、まま炊けたか」

「おいの、まま炊いとったら、ぶつ言うなやって。ぶつ、ぶつ、ぶつ、ぶつ言うもんじゃさけぇ、はい、はい、はい、はい、言うて返事しとんのに、なんぼ返事しても、ぶつ、ぶつ言うもんじゃけぇ、腹立ってきてぇ、ぶち投げてしもた」言うてぇ。炊きかけのご飯がぶちあけてあるんじゃって。

「まあ、何したことしてくれるんにゃろ。坊さんに食

べてもらおぅ思ってぇ、ご飯炊いとんのに、ほりゃまあ何したこっちゃろな」

「ほんにゃ、しゃあねぇ。一時のがれにぃ、二階に甘酒が作ってあるさけにぃ、あれなっと降ろしてきて、食べてもらうわ」言うて、その甘酒を降ろしに行ったんやってね。降ろして行っとる間に、ぼんさんが来ておくれて。

　したもんじゃけぇ、「まあ、お風呂へ入ってもろて、これをあがってもらおう」言うて。おっさんに風呂へ入ってもらい。

「おっさんになあ、熱いかぬるいか言うことを聞いてぇ、『ぬるい』言わしゃったらぁ、ほしたら、炊きもんでまた火炊かならんしぃ。わしゃぁ、ごっつぉごしらえしとるさかいに、お前、行って、聞いてこい」言うたら。

「おっさん、熱いかぬるいか」言うたら、

「ちとぬるいわぁ、ひと焼《く》べしてくれぇ」言うて、言うさかい、

「お父っつぁん、何焼《く》べるんな」

「そこらに何でもあるじゃわやぁ、そこらのものくべえのぉ」

「そうかぁ」言うてぇ。方丈さんの脱いである衣《ころも》、風呂へ焼《く》べてしもたんやってねぇ。ぼんさんが、

「あぁよい湯になったわいやあ」言うて、上がってきて。衣、着よう思たら、あらしぇんのやって。

「あのぉ、ぶつよ、ここに脱いであった、衣やら着物やら脱いであった、知らんかぁ」

「おっさん、ぬるい、言わったんでぇ、そこへみんな焼《く》べたやわのぉ」言うて。

「それはまあ、何したことしてくれっじゃろなあ」

「もう、去《い》んでまた着物取ってこなぁ、お経読みどこやあらせんのやぁ」言うてぇ。近くの木の葉にぃ、ちんちんだけ包んで帰らはった言う話。そんでそろけん。


（翻字　ふくい昔ばなし大学再話研究会　グループだんね）

116 弘法水

ある時に、坊さんがぁ村に来てぇ。

東の谷に、お婆あさんがおんなって。「お婆あさん、

これ、きれいな水やなあ。これ一杯、よんでもらえんか」言うたら、

「はいはい、どうぞ。おやすいこっちゃ、あがっておくれ。ちょいしばらく待っておくれ。だいぶその高いとこから下りんとぉ、水が汲んでこられんなり。しばらお待ちしてください」言うてぇ。

ほって、しばらく待っとったら、桶にねぇ、水汲んできて。

「さあどうぞ、思う存分あがってください」言うて、飲まして。「これはええ水やなぁ、ちびたいおいしい水や」言うて、よばれて。

ほして、今だぁ、この西の谷に来て。また、そこにも、お婆あさんがおったもんでぇ。「お婆あさん、このおおきな谷で、ようええ水が出るね。これ一杯よんでもらえんか」言うたら、

「ああじゃまくさい。この忙しいのにぃ、あんた勝手に、なんぼなっと飲みなされ」言うたんやてね。

「そうかぁ。ほんな、自分が、ほな勝手によばれますわ」言うてぇ。深い谷下りてぇ、飲んでぇ。

「お婆あさん、気の毒なけんどぉ、この谷は、夏になっと、渇くかもしれませんわね」て、言うてぇ。その一方の東の谷は、「ありがてぇ。この水は、もう、夏なってもぉ、渇かん」言うて、お帰りになったんやそうやね。

ほったら、今年らはまあ梅雨によう降ったもんでぇ、日照はありますけど渇かん。ちょっと渇水なっと、すっと渇くんですわ、この谷がね。ここら変わらんなり。今はもう、川すじも変わりましたけんど、東の谷はちょろちょろちょろちょろ、少なぁい水やけんどぉ、夏になっても渇かんのや。そのいわれや言うてぇ。ほんで、それは、えらいえらい坊さんがぁ人間の心をお試しに、いらっしゃるんや言うことね、聞きましたです。

（翻字　ふくい昔ばなし大学再話研究会　青山邦子）

117 ウガヤフキアエズノミコト（鵜葺草葺不合命）

むかしは、嘘かほんまか知らん、嘘のように思いますけんども。位の高いお公家さん言うて、さぁ、天皇陛下までもならんかも、わたしらもわかりませんので

すけんど。

そのえらいお方が、弓狩り言うてねえ、弓を持って山の奥に、弓狩りに行かれた折、付き添い連れてぇ。

山の奥まで行って、何とも言えんきれいな女の人がぁ、川で洗濯して、きれいな川に。

「なんと、きれいな娘さんじゃ。あんたのような若い人がぁ、この山奥に暮しとるんか」言うて、あんまりきれいなもんじゃけ、たずねた。

「ええ、この山奥に、一軒家にぃ住んでいますんや」言うんやて。

「そりゃもったいないな。あんたのような者が、この山奥に一人おるんは、さみしいかろうしぃ、うちの『女中』に来てくれんか」、言われて
「ありがとうございます。それでは、参らしてもらいます」言うて。

涼気《すずけ》のたるようなべっぴんさんで。連れて帰って、使てみりゃあ、何せんことはない。まめまめしくぅするなり。したもんでぇ、若い人やもんでぇ、嫁さんにぃしたんやてねぇ。

子供が出来てぇ。産み月になってしたもんで、産《さん》する場を、いくらも大きな御殿じゃさけぇ、あるけんど、「別に棟《むね》を離して、産室を建ててもらえんか」て、言うたもんでぇ。

「そうか。建ててやらんなんが、どう言うもんを建てたらええんじゃ」と。たら、

「もう、ぐるり八方を、壁で、厚い壁で塗ってしもて。ほして屋根は、鵜《う》の羽根で葺《ふ》いてほしい」言うて、言うたんやてね。

その通りに、ぐるり八方を壁にして、鵜の羽根で屋根を葺いてぇ、もうひと刺しで終わるとこを、産まれてしもたんやて。生まれてしもたけんど、もうひと刺しやもんじゃさけぇ、弟子どもは降りてしもてて。

人間は皆なぁ、りっぱな畳の上で、いくらも室があんのに、変なことを言う思て、婿さんになる人が、えらいお方やけんど。ちょっとその鵜の羽根のひと刺しのとこを、あんじょうつまっとらんのを、こうしてのぞいてみたんやてね。いっか経ってや知らんけれども。

そおしたらぁ、のうのうとぉ、蛇体やったんやてねぇ。なかに大きな男の子を連れて、さも楽しそうにぃ、その子をあやしとるんや。

「これは恐ろしいこっちゃった。あのきれいな女やと思たら、蛇体やってんてな。そやけれども、自分らには、何にも変わりもないしぃ」と思て、黙って、見ぬふりして、家にまた帰って、居《お》ったんやて。

だんだん日が経ってぇ。その子を抱いて、もとのきれいな女になって、

「長いこと養生さしていただきましてぇ。今日は、こうして楽にしてもろて。」昔は、「お間上がり」言うて、あったんですわ。

「きょうは、ここに上がらしてもらう日になったんでぇ、楽にしていただきまして、どうもありがとうございました」言うて、さもていねいに、みんなにお礼してぇ。

子供あやしてぇ。婿さんになった人も、知らん顔してぇ、まあ、嫁あつかいにしてぇ。居らはったんやてねえ。

そのあとで、いっか経ったかは知りませんがぁ、嫁さんになっとるもんが、

「長いことお世話になりましてぇ、申し訳ございませんでした。お産の後でぇ、自分の姿を見られて、自分は、えらいお方をだまして、入りこんで、どうぞお許しくださいませぇ。姿を見られたからにはぁ、もうここに居ることは、子供のためにもならんし、おひまをいただきます」言うて、暇乞いをするんやてねぇ。

「子供まで出来てぇ、何の変わりもないんやから。子供も母親に別れりゃ、かわいそうなしぃ、すっさけぇ。しんぼうしてぇ、何にも変わったことあらせんにゃ。居れ」言うて、言われたんじゃけんど。

「自分のあさましい姿を見られたからには、ここに居ることはできません」と。「今日を限りにぃ、おひまをいただきます」言うて。その子供には、「しっかりぃ、お父さんの教えを守って。またお母さんが出来るやろ。そのお母さんの言いつけを守り、立派にくらせよ」言うて、その子供に言い聞かして。その姿ですっと出ていって。

どこいくしか知らん思たら、とっとことっとこと山の奥の岩風呂へ入って。そんですんだんですにゃけんど。（これは、一旦女房にもしぃ、子供も出来したん。それをほっとくわけにはいかん）言うて、岩の前には、大きな御殿を建てて。名までも忘れてしもてね、名も

姫神社言うてつけてぇ。いっつもそこにお祀りしてぇ、あるんじゃ、言うてして。

　子供も、大きなって、成人して、立派な人間になったんや。その名前は、「うがやふきあえずのみこと」言うて、鵜の羽が葺き終わらん先に生まれたもんで、「うがやふきあえずのみこと」言う名ぁにしてぇ。お父さんの後を立ててぇ。

　天皇の位やとかなんとか言うて聞いたような。子供の時やったもんで、しっかりねぇ覚えなんだですけんども。「うがやふきあえずのみこと」言うことだけは、聞きました。それで、ずっと、その、お父さんの跡を継いでやっていった言うこと。

（翻字　ふくい昔ばなし大学再話研究会　坪川祥子）

118 千人宿

　弘法大師の話ですけんど。四国にぃ、大きな醤油屋があったんやそうやね。一人の女の子があったんやけんど。ものを言わんのやて。大きな醤油屋やさけ、男から女から、いっぱいおいて。一人娘がもの言わんもんで。親はもう苦にして苦にして。どうか、この子をせめて、お父さんお母さんと、ひとこと、それでひとことでええけんて、言わしたい。主人も不憫な思てぇ、暮しとったんやてぇ。

　お大師さんにでもお願いことしようか。あちこちとお参りしたり。賢いなりぃ、何でもするんやけんど。ものが言えん。

　四国やさけいお遍路《へんろ》さんが、いっぱい、数珠《ずず》ほど、お参りになるんでぇ。お金のある人は宿とって参れるけんど、報謝しもって参るような、おかたは金がない。そういう人をぉ、無料の、千人宿をして、

「何年何月何日までにぃ、千人宿をいたします」

「どうか、父と母とのぉ、名前を呼ぶように、してくれりゃ、ありがたい」言うて、願をかけて。昼から半じぶんになっと、男も女もぉ、人通りのあるようなとこへ、行っとっては、おおぜいのお遍路さんに、

「あのどこか宿は、ありますか」

「わしはもう、どこも宿に泊まる金はねぇ」言うような人が、いくらもある。みな、連れてきて。

「今日は十人連れてきました」

「今日は二十人連れてきました」

「今日は三十人連れてきました」言うてぇ。無料やもんでぇ。金のあるもんでも、金の出さんほうがええもんで。ずいぶん、おおぜい集まって。そのだんなが喜んでぇ、

「ようけ連れてきてくれたなぁ」言うてぇ。大事にもてなししてぇ。朝になっと、帰っていかれる。昼から半頃になっと、またさがしに行っては、何十人何十人言うて連れてきて。

したんやけんど、九百九十九人までは、あったんやってね。今日一日に、もう一人いやせんと、千人にならん。何ぼ大勢のもんが出て、さがしとっても、どうしてもそれが見あたあらん。

「あったかいや」言うて、だんなが心配そうに、問うても、

「いゃあ、もう今日はどなたにも出会いませんのや」言うてぇ。

「困った。悲しいこっちゃなぁ」自分がぁ行ってさがしてこうと思て。（どこまででもさがして行ってみよ）思てぇ。だんなさんが、さがしに行けども行けども、見えんのやてね。

（こりゃこりゃまぁ困ったもんじゃ、今夜の十二時までにぃ、さがしてこんと、もの言おうが言おまいが、自分の頼んだその千人ちゅう願《がん》がはずれるんで）思て。一生懸命になって、山のふもとまでぇさがしに行ったんやってね。

ほしたら、よぼよぼよぼよぼした一人の、お爺さんがよぼよぼよぼよぼと、歩いとってんやて。

（ああうれしや、見つかった）思てぇ。

「もぉし、お遍路さん、お宿を、うち行って、泊まっておくれ」

「いゃぁ、もう自分は、とてもそのよその家に、泊めてもらうような人間じゃねぇんや、こうして、とぼとぼと、夜となし昼となしぃ、こうして歩いておりますんにゃ」

「そんなこと言わずにぃ、お年も召しておられるような案配やし、どうぞ、うち行って」

「いや、この足では、とてもあなたの家までは、どんだけあるか知りませんが、行けませんのや」

「そんならぁ、私の背中へ乗ってください」言うて、

負《おぼ》ってぇ。家へ連れて帰って。

「ああうれしやうれしや。よう、この人がおっておくれた」思てぇ。

「さあさあ、いくら寒かったやろ。今風呂《ふろ》がわかしてあるんでぇ、誰も入らんと待っとったんにゃ。早よ、風呂へ入いっておくれ」

「いや、自分は風呂へ入いるような、身分じゃないんや」

「そんなこと言わずにぃ、ぬくもってぇ、楽になるさけ」

「そうおっしゃっておくれるんなら、いただきましょ」言うて。風呂へ入いれたんやね。

「背中なんど、ながしましょ」言うて。根際《ねき》行ってんやて。

「いや自分は、流してもろたり、洗《あろ》てもたりするような体やねぇんや」見たところが、ほんまに、でけもんだらけ（皮膚病）のぉ、体しとったんやってね。

「洗えてもらうようなこっちゃない」

「気の毒な」言うてぇ。そのタオルでこう、てんてんてんてんてね、体中たたいて、洗《あろ》たらむけてしまう。

「こりゃぁもったいねぇえ。楽にしてもろた。こんなことしてもらうん初めてや」言うて、よろこんで。

「あったかいもん食べておくれ」言うて、何にかもてなして。寝床あんじょうこしらえてぇ。きれいな寝床に寝やしてしたら、

「自分は、こんなきれいなとこに寝るんははじめてや」言うてぇ。よろこんで、寝やしたんやてね。

ほして、まあ、みんな家内中寝て。よろこんで。

「こんで、こんで、千人のええ人に泊まってもろた」言うてえ。

朝、夜があけるやらあけん頃にぃ、娘が寝床から、とんとんとーんと起きてきてえ。出口までぇ行って、そこをちょっとあけて。「ああ、今のお遍路さんに、もっいっぺん、あのぉ顔が見たい」言うて。今までもの言わなんだもんが、「今のお遍路さんに、もうっぺんものが言いたい」言うて。

親がびっくりしてぇ、

「おめえ、お遍路さんとは、そんなこと言えるんか」

「今のお遍路さんの顔が、もいっぺん拝みたい」言うて。それからもの言うた。「あれはお大師さんがぁ、ああいうお体《からだ》をしてえ。助けておくれたんや」言うて、ありがとてぇ。

夕べは入っておくれた風呂を、風呂のふたまくってみたら、できもんだらけを洗ったんやさけ、にごっとるはずや。それが聖水やてね。

「これはもったいない。お大師さんの入っておくれたお風呂や」言うてぇ。「これはお香水《こずい》や」言うて。みな、いただいてしたら。そこらへひろがって。そこら八方から、「夕べは、このようなお家《いえ》にお大師さんが泊まってやったんじゃそうな。お風呂の、お香水をいただかしてくれ」言うてぇ。大勢のもんが、入れもんさげては、いただけにくるんやってね。「ほんな、ほんな、あんたもいただけ」言うて、来るもんやさけ、みるまに風呂の水がないよなって。しゃないもんじゃさけ、ほかの水入てはぁ、いただかせて。

「これはもったいねえ。ちょっとの願いは、事をこのくらいとても何するに、こんなありがたいことあない」言うてえ。りっぱなお大師堂を建ててえ、お大師さんを祀る。醤油屋は醤油屋でえ、よそより、よい品もんを安うしてぇ売るもんじゃけに、みんなそこの醤油を安え安い言うては、よろこんでぇ。繁盛して、店はようはやるなりして。ありがたいこっちゃ言う、話をね、聞きましたんですわ。そろけん。


（翻字　ふくい昔ばなし大学再話研究会　グループおもっしえ）

119　牛の恩返し（牛の玉）

むかしぃ、まあ、牛を大事にして、家に、昔はみんな百姓仕事は、牛がしたもんで、飼《こ》うとったんですんにゃね。

ほしてしたら、仕事から、田んぼから連れて帰っては、もう、ずーっとそのあいだ、「今日は疲れたやろ、ご苦労うやった」言うてぇ、肩をなでて、ほして、しもうてやって。

ほいて、自分は御飯を、自分の食べる御飯を、一膳は、もう自分は食べんと、これを、「牛に食べさせや」言うて。そうしてまあ、昔のこっちゃでみそ汁ぐらいのこって、それもおかわりもするかわりに、これも牛に、えらい目あわすんやからこれを食べさせて、常平生、仕事をしてもせいでも、そうやって牛を大事にしとったんやってね。

ほいたら、その牛がまあ、やっぱりものは言わいでも、うれしかったか知らんが、夜起きて、自分がお便所行っても、「モォー」言うて、その主人、誰が通っても何も言わんのやけんど、その主人が通ると、声をかけたんやってね。ほんで、「ものを言わいでも大切にせなあかんぞ」言うて、始終、子供に言うて聞かしとったんや。

ほいて、子供と二人、馬屋《まや》の肥えあげ言うてね、馬屋の肥えをあげとったら。ほしてしたら、息子が、「あら、お父さん、牛の毛の固まりみたいなもんがおっとる。これなんじゃろぅ」言うて、「そりゃ、毛の抜けたのが、かたまったんじゃろ」言うて、「けんどおかしい。これ、毛のかたまりにしては、ちょっと硬い」言うて。ほいて、それを、「どら」言うて、その親がとって見たんやってね。ほいたら、まあこれくらいのもんの、硬い硬いもんやてね。ほいて、「これは、畜生には、玉《たま》ちゅうものが、あるんにゃそうな。これはまあ、自分を大事にしたつもりやけど、牛をまあ大事にした思て、その牛が大事にした、その恩返しに、これを落としていってくれたんにゃ」言うてぇ。それをまあ大切にして、ほいて、それから家が繁盛したとか言うてね、それも聞きましたです。ほんで、何にでも、物は大事にすりゃ、いつか報いがくるとか言って、そんなことも、嘘やかほんまやか思うけんどね。

（翻字　ふくい昔ばなし大学再話研究会　小林悦子）

120 善光寺詣り

昔、何せ親に孝行な息子があったんやてね。母ひとり子ひとりなんで、その大事にしてる、病身の母を連れとったんやそうな。仕事にも行けずぅ、母の世話をしておって、もう至れり尽くせり世話をしとってん。ほして、

「お母さん、何がして欲しい。何が欲しい」言うては、どうしてでも工面して、それ食べさせたり、世話しとってん。

ほったら、

「お母さん、今日は何をしてあげよ」言うたらぁ、

「もう、あらゆるもんを、皆なしてもろてぇ。もう何んにも、おまえにしてもらうこと、何んにも心残りはないけれどもぉ、善光寺さんにいっぺん参りたかったんやけんど。それを参らんと死ぬのは、こころ残りやけんど。今となっては、自分も足も立たずするんで、それはもう、出けんけんど。もう、こんで結構や」言うて、言うたんやて。

「そうか。善光寺さんに参っとらんのか。そんなら、やすいこっちゃ。連れて参ろう」言うて。

ほして、車に乗せてね、昔のガラガラ車に乗せて、連れて参ったんやて。遠い道を何十日もかかって。ほして、その母親は、車の上から、喜んで、「ああ、もったいない、もったいない」言うて、喜んでおったんやてね。

ほして、いよいよ何十日にかに、善光寺さんについてぇ。善光寺さんの本堂に参ってぇ。「さあ、お母さん。ここが善光寺さんやでよ。あこがれておった善光寺さんじゃ。お参りなされよ」言うてしたら。その母親が、「はあ、もったいないなぁ」言うて喜んで。その本尊さんの前でぇ、参拝してぇ、ほして、こうして参拝して、うつむいて、もう頭上げんのやてね。「お母さん、もう、善光寺さんもぉ得心しておくれたしぃ。お母さんも、もういいんやないか」言うて。ほしたら、もう息がきれとるんじゃ、息がきれとる。(ああ、これは何としたことやら。こんなえらい(苦しい)のを連れ

てきたのが悪かったんかなあ）と思てぇ。もうしかたなしに、（善光寺さんにこうやって参らしてもろてしたけんど、ここで息が切れてしもてぇ。どうしたもんじゃろ）言うてしたらぁ。「なに、あんたの親孝行がぁ、こんなことしなって、善光寺さんに引き取ってもらいなったんや、善光寺のご本尊さんにぃ。こんな結構なことはないんじゃ。おまえの親孝行が、届いたんやからぁ、ここで葬式もしてあげる」言うて。葬式してもろたんやてね。

ほして、「長いことお世話になりまして」言うて、またその空《から》の車をね、ゴロゴロと毎日引いて帰るんやて。四日も五日も、車の後を見ては、（こうして行きしな、行く時はなあ、ここにお母さんが乗っとったのに、帰る時は、この空の車で）と思てぇ。けんどまあ、得心して死なれたんやから、まあ仕方ないけんども、さみしい思いでぇ、そうやっとったんやてねえ。

ほして、十日たったか、十五日たったか知らんが、何時のほどやら、またしても車の中を、お母さんの面影が見えると思たらぁ。車の横の、ほん際《きわ》にぃ、きれいな十七か八かの女がぁ、水もしたたるような美人がぁ、車の根際《ねき》についとるんやてね。（お母さんおらんのやけんど、あんな女がどこからふいに出てきたんかなぁ）と思てぇ、おったんやてねえ。

夕方になってぇ、どっかに、宿屋にも毎晩も泊まれもせず。よその軒に寝たり、堂さんに寝たりぃしてぇ。夕暮れになっと、もうどっかへ行ってしまう。そしてまた、朝になって、また車引いて、ぼちぼち歩きだすと、その車の根際におる。何日でもついとるんやてね。これはいやらしい、そんなこんなぁ女。「あんたはどこへ行くんや。わしは、母を、善光寺さんに参ってぇ、善光寺さんで往生したのを何にして帰るんやけんど。あんたは、わしの尻から毎日ついて、もう、いやらしい。あんたは、どこへ行くんや」言うたら、「どうぞ、あんたのお世話をさせてくれ」。

「いや、わしは、世話をしてもらうような人間じゃないんで。もう家へ帰ったらぁ、家はあばら家になっとるやら、雨が漏っとるやらわからん。人さまを迎えるような自分じゃないんや。そんなことぜったいに出来ん。尻からついてくるのが、うるそぅてかなん。帰ってくれ」て。

「いや、どんな苦労でもいといませんで、どうぞ、お世話させてもらいたい。そう思て、こうやってついて来たんや」て、言わはるんやてね。「そうか、そんなら仕方がない」言うて。

　ほしたら、とっくり家まで、自分の家まで着いたんやてね。案の定、屋根はぼっとる（落ちる）なり。長い間おらなんだで、あばら家になってぇ。「あぁあ、ご覧の通りのこのあばら家でぇ、こんなとこで辛抱が出来るか」言うたら、「ああ、辛抱します」言うてぇ。

「あしたから働かな食べていけんのでぇ、自分は働きに出っさかいに」て言うてたら、

「私も働かなどもならん。私は、縫いもんをするんでぇ、あんたは、その縫いもんを集めてきておくれ」言うんで。

「そうか、そんなら、わしが、ほな、うちの女の人がぁ、針仕事の上手な人が来たんでぇ、そんで、縫い物をさしてもらいたいんで、縫い物さしてくれんか」言うてぇ。はじめは、二反か三反かほど、ずっと寄せて（集めて）きたんやてね。

　ほってしたら、それをちゃんと、明けの日までに仕上げて、明けの日は、またあくる朝は、それを配達して、また、ずうっと寄せに歩いて。だんだんきれいに仕立てがええもんで、はやってはやってさぁ。もう、一日に何十反って、はやって、寄せてくるんやてね。

「あんた、こんだけようけ持ってきてぇ。これが明日までに出来るか」ったら、「ああ、出来ます」言うて、何十枚でも、ちゃあんと一日に仕上げるんやてね。

　これは、その男も不思議になってきてぇ。不思議な思たけんど、まあ、そう言うてするもんじゃ。それが、一日に、もう、五百枚も六百反も、何んぼでも。「こんなもんが出来るか」言うてぇ。「千枚まではぁ、千枚までは一日で。千枚以上は、ようしません」

　その男もびっくりしてぇ。そう言うんじゃけぇ、一日に、そんだけ寄ったんやてねぇ。ほしたら、ちゃあんと、明けの朝間までに、ちゃんと出来るんや。夜寝ずに。またそれを、ああやって。

　ほしてしたら、ようけお金が出来て。ようけお金が出来てしたもんでぇ。もう家も楽になってぇ。

「もうこんでぇ、おまえがきばって働いてくれてしたもんで、こんだけ家もようなったし、楽んなったし、

ありがたいこっちゃ」言うたら、

「いやぁ、あんたの親孝行のぉ、親孝行の功徳でこうなったんじゃさけぇにぃ。私は人間じゃないんや」てね。

「お母さんの守り本尊の観音が、あんまりの親孝行のお方やったんでぇ、人間に入れ替わって、あんたの親孝行の何に、こうして来たんで。こんでもう、あんたもやっていけるから、今日をかぎりお暇をいただいて帰ります」言うて。（へったら、女を連れて戻った時に）

「ああ、お母さんはむこうで死んでやったか、お母さんは死んだのに、よい嫁さんを連れて帰った」言うて、近所のもんがみな寄って喜びを言うんやてね。

「いや、自分は女を連れて入れるような身分でもないし、家柄でもないし。この人が、ひょっと、道からついてきてぇ、自分の世話してやるて来て。しょうことのう（仕方なしに）、こうしてきたんじゃ」言うて、

「あら、良い嫁さんを。やっぱり親孝行の人や。あんな嫁さんがあった」言うて、みんな、嫁さんにしとったんやってねぇ。ほしたら、金持ちになったもんで、

「ああ、やっぱり親孝行はせんならんもんじゃ。あんなええ嫁さんが出来て。あんな仕事が出来て」、その仕立てたもんが、それは、ほんまにきちんと出けてるもんでぇ、みんなが感心してしもたら、ある日そうやって、「暇をくれ」言うて。「それは、ありがたい」言うて。観音さんじゃもん。涙流して拝んで。「これからぁ、もうこれで、立派な家が建つし。よい嫁さんをもろて、別家《べっか》をやっておくれ」言うてぇ、家を出た思ったら、もう姿がないんやて。

そしたら、これはみなお母さんのおかげや。お母さんのおかげ、観音さんのおかげや、ありがとてぇ。嫁さんもらいどこやねぇ、そこに大きな千手観音堂を建ててぇ。ほして、自分は一生、千手観音さんを念じて終わったという話。そんでそろけん。

（翻字　ふくい昔ばなし大学再話研究会　グループおちょきん）

121　山師と蛇

それはまあ、丹波のちょっと山奥でしたんやろねえ、若い男の人が、山師《やまし》言うて、山に入って、家建てる

木戸《きど》をこしらえたり、板を引いたりする、山男ね。

毎日、そうして山へ行っとってやったやけど、年取ったもんで、もうそんな力仕事は出来けんしぃ、山をよう知っとるもんで、黄連《おうれん》掘りをしようと思てね、毎日行っとったんやて。「ここへ、ええのあるわ」言うて。山へ行って、暑い時やったもんで、木の裏みたいなとこに。ええのあったんで、掘っとったんやってね。

何んやちょっと変なと思て、上向いてみたら、その上が葛藤の棚になっとんやってね。その裏は陰やもんでぇ。その上に大きな蛇が、大きな口開けて、今にもそのお爺さんを、飲もぅとしとったん。それがバタンと落ちてきたんやってね。

お爺さん、びっくりしてぇ。今にも大きな赤い口開けてしそうなもんでぇ。（黄連掘りどころでない。この蛇にやられるか、わしが蛇をやるか、必死の戦いや）と思て。いつもかも腰に鎌差しとるもんで、木こり鎌で、口開けて今にも頭を頬張りそうなとこを、「お前が、負けるか、勝つか、わしが勝つか、一生懸命の勝負や、覚悟せえ」言うてぇ、腰に差しとる鎌でベーンと払ろたんやてねえ。


蛇が後すざりして。自分にかからんと道を違えてどおぅっと裏の方へ降りたんやてね。早よ今の間に、早よ帰りましょ思て。一生懸命走って帰ってきて。家の前まで戻ったら、「はあ恐ろしや、今来た、今来るぞ、今来るぞ」言いもって、家の根際《ねき》まで帰ってきたんやってね。

お婆あさんがぁ、

「何にや。何んにも、おりゃせんのに、尻から来る、尻から来る言うて」

「いや、実は大きな蛇体に呑まれかけてぇ、したけんど、必死の戦いで、蛇があっち行ったもんで、わしは、ようやくにして戻ったんや」言うて。

「そりゃ、おぞいこっちゃったなあ、お爺さん。待っとんな」蛇は鉄が、大変に体に悪いんじゃ。だもんで恐いんや。それを煮だして。体じゅう洗《あろ》て、頭からそこらじゅう洗て、寝やしといたんやてね。

寝やしといたけれども、心に怖い言うことが入っとるもんで、「今来るぞお、今来た、そこへ来た」言うて、うざこと（うなされる）ばっかり言うて、寝とったんやけれども。だんだんと良うなってぇ、またもとの体になったぁ言うて。蛇に、会った時には、鉄のもんを煮出すとええて。

そんな話も、ちょっと。それがさあ、嘘やか、ほんまやか、わからんようなことも言うがや。そんでそろけん。


（翻字　ふくい昔ばなし大学再話研究会　坪川祥子）

122　地獄太夫

昔、祇園じゃったんか、そこの名ぁまで知らんけんど。色街にね、女の人をようけ置いたとこに、太夫《たゆう》さん言うて、花魁《おいらん》の大將がおられたんやてね。どこやった知らんけんど、それは立派な太夫さんで、知恵と言い、器量と言い、ここら界隈にない、もう日本一や言うか世界一や言うか、賢い立派な太夫さん。そんな太夫さんは、よっぽどの金出さな買えん。けんど、一ぺんは行っても、もう二度とは行けん。金がないで。

二度と会えんもんで。地獄みたいなとこは、二度と行けん言う嫌なとこで、「地獄太夫」言う名前がついた。

したんやけんど、その人はなかなかの知恵者やもんで、信仰の方をずいぶんとなさって。その太夫のおかげで、そこのうちは大繁盛して、ごっついもんになっとったんやってね。太夫さんは立派な間に、でんとしておらはった。お寺さんのような、何もかもして、信仰しとってやて。

そんな立派な太夫さんやもんで、あの一休さんが、紫野大徳寺と言うお寺に、おんなさってやってね。一休さんが、ちょこちょこそこへ、太夫買いじゃなしに、まぁいろいろと仏法の話を教えに行ったり。太夫さんも、大徳寺の一休さんのとこ行って、いろいろ問答を教えてもらい、いろいろと学んでおられたんやってね。

ほいたら、太夫さんは、まだ若いのに病気になって。したもんで、ようけ（沢山）、太夫のおかげで、この家は、楽にしてもうたんや言うて、大事に、いろいろと、もてなししたんやけれども、もう助からん。「一休さんにぃ問答もろて、自分は終わりたい」言うて。気の毒にな。一休さんの問答もろて、やすらかに亡くなられた。

こりゃもう立派な葬式せな、してやらんならな、おかげでここまでの出世が出来たんや言うて。立派な葬式せんならん言うて。太夫の死骸をおこして。その敷布団のうらに、書き置きがしてあったんやてね。それを見たところが、「自分はこうして死んで行く。死んで行くけれども、焼きもせな、埋めもせな、広い野に捨てて、やせたる犬の腹をこやせよ」言う、書き置きがしてあった。

「こりゃ、ええ葬式しよ、思とんのにぃ、こう言うことが書いてあった」言うて、一休さんに、「どうしたもんでございますやろ。ええ葬式をしたい思て。したら、こう言う書き置きがしてあったんで」

「それは、やっぱりそう書き置きしたからには、自分も考えがあってしたことや。言うたとおりにしてやんなさい」言うたもんで、一休さんの言われるように、箱入れんとやね、そのまま着物きせて、広い河原にほっといたんやてね。

その謂《いわ》れちゅうものは、一休さんが言われるには、「これは、誰でもやけれども。男というものは、特に若い男と言うものは、何でもやけんど、人間はぁ、もうこの皮ひとよ（一枚）、皮ひとよで、この器量がよい悪い。知恵は別やけど。その皮にほれて、いろいろの若いものは金を使うんにゃ。自分が見せざらしに、若いもんでもまあ男の人に、『皮ひとよにほれるなよ、ほれていらん銭使うなよ』言う、見せしめに、自分のような器量のよいもんでも、皮ひとよめくったら、みんないっしょや。『皮ひとよにほれて、金をつかうな』言う意味でぇ、そうしてある。ただ犬がぁ、食いもなんにもしやる。男にぃ、『器量に迷うな』ちゅう、『ひとよに迷うな』言う、そう言う見せしめやった」言うて、一休さんが説かれてぇ、したもんで。

その太夫さんも、金のないもんでも金借りていろいろして買いに来るもんには、いろいろと説教して、人の心直していらしたんやけんども、「自分は死んでしもたら、もうそれも出来ん。で、その見せしめにそうします」言うて、話を聞いて。

そいから、四十九日立ちもいろいろしたら、肉も毛も何にもない、ほんまのお骨になってしもたけんども、そう言う身で、位もあるからいろいろ問答をかける功徳で、そうなったら、骨もぐちゃぐちゃになってするのに、そのままの姿でお骨《こつ》になっておられた。そのまま棺《かん》に入れて、立派な葬式をして、終わった言う話を聞いたり。まあそんなことばっかりでぇ、治ることもなかったんか知らんけんど、そう言う太夫さんでもえらいお方やって言うことを、ちょっと聞きました。そんでそろけん。

（翻字　ふくい昔ばなし大学再話研究会　朽谷洋子）

123　女の道

ええ武士の家にぃ、娘さんがあったんやてねえ。ほして、その娘さんは、なかなかの賢い娘でえ、女中やとか、何んとか、いっぱいおいてある家やけれども、お父さんやお母さんにぃ、

「自分も、女の道をすっと渡りたい。お嬢さんでおっては、何んにもわからん。ほんで、武芸奉公をさしてくれ」言うてぇ、頼むんやてねえ。

「そうかあ、ほんなら、どこそこのお殿さんのうちにぃ、頼んで、さしてやる」って言うてぇ。頼みにいって。

「あんたんところのようなぁよい娘さんをぉ、願った

りかなったりや」言うてえ。使てくれて。

ええとこの娘さんやけんど、なかなかよう動いて。何んでもするんや。気に入って置いてもろたけども、一年かなぁ、ちっとまで、「暇が欲しい」って。そこ暇をもろてぇ。

　あっちゃらこっちゃら、女中奉公してえ、女の通る道を通らしてもうてしたら。やがて、大きなって、あっちゃらこっちゃら、嫁にもらわれるんやけんど、なかなか、「行こ」と言わんのや。

　けんど、父や母に願うんやてねえ。

「わたしは、嫁入りはそれも女の道やからしますけれども。子どもが三人出来てしたら、暇をくれる婿さんのとこへ、嫁に行きます」と、言うて。

「この子は、もらいに行くとは、子供が三人出来たら、暇が欲しい言うんで。そんでよかったら、もうてもらうけんど、そうやないと、ようもうてもらわん」言うて、言うもんでえ。

「三人も子供が出来てから、去《い》なれたらすっと、かなわん」言うてぇ、みな帰るんやって。ほったら、あるとこの人は、

「三人も子供ができりゃあ、子供がかわいいしいぃ、すっさかいに、もう、去《い》なせん」言うて。

「うちへ来てくれ」

「そうですかぁ、ほんならもろてもらいましょう」言うてぇ。行ったらぁ、(もしもぉ、去ぬるとかなわんさかいに、子供が出けんほうがええ)思てぇ、おったんじゃけんど、何年もしたら、子供が一人でけてぇ。

　したらまあ、何気なしにぃ、まあよう、働いてぇ。子供の世話もするし、親の世話もあんじょうするしぃ、もう、言うことがないんやって。一人でけてぇ、大事にするしい、(子供がかわいいさけ、そりゃ、もう、どっこも去《い》んだりしやせん)思てぇおったら、ほったら、また二人出来て。ちょっともかわらしいなり。(また二人出来りゃあ、かわいいさかいなあ。何んも帰ったりせんわあ)思て。しばらく、もう出来んのやてねえ。(うれしや。こんでえ、子供が出来さえせなあ、もう帰らせん)思てえおったら。

　その子がだいぶ大きいなって、二人目が大きいなってから、また出来てえ、生まれたんやってねえ。三人出来けて。(暇くれ言うかいなあ、暇くれ言うかいなあ)

思て、考えとったけんど、根っから、そう言うことは言わず。（こんでもう、しめたもんじゃあ。もうこれでぇ、一生ここにおる）思て、喜んでぇ、変わらんようにしていなった。

一番あとの子ぉがあ、四つか五つかぁなったん頃かねえ。ほしたら、主人にぃ、

「自分がここへ、嫁いできたときにぃ、約束をしたことを覚えとってくださいますかぁ」言うてぇ。「三人子供が出来たら、お暇をいただくぅ約束でぇ、ここへもらわれて来たんにゃでえ。三人の子供がこうしてぇ、いちばん下も、一人で遊べるようにぃなったんでぇ。んで、今日限り、この、お暇を頂きたい」と言うて、言うんやてねぇ。

「そやけれども、今までこうしてぇ、このぉ子供も、三人もかわいそうにぃ。そんなこと言わんと、ずっと、おってくれえ」言うてぇ。

「いや、自分は、この覚悟でお約束をしてもろてもうたんやから、約束どおりに、さしてもらいたい」言うか言わんかに、鏡台の引出しから、かみそりを出して。自分の頭をするするうっと、ぼんさんにしてしてしもてえ。

「女は三人子供を育てるがぁ当たり前やって、女の道はこんで全部、渡ってきました。今日からは、出家の道へ入ってぇ。そこらを修行したいんでえ」言うて。それ限り、黒い衣に巻かれて尼さんになってぇ。

「ほんな、お母さんは今日限り。お前らは、お父さんのお守りをようく聞いてぇ、母なし子と言われんようにぃ育ってくれ。母は早う死んだものと思えば、それで済むことや。けれどもぉ、お母さんと言う人は、どうしておられるやら、こうやと思たときには、お前らに鏡をひとつずつあげる。これがお母さんの形見や。これを立ててぇ、お前らの顔をうつせば、お母さんの顔と一緒や。親子と言うものは似とる。これがお母さんやぁ思てぇ、お前らにこれをひとつずつ渡すさけぇにい、これを持って、これは、お母さん。お父さんのお守りをようく聞いて、立派な、女になってくれよお」言うてぇ。

尼さんになってぇ、止めようもないしい、約束どおり言うて。諸国を修行してえ、もうそれから子供にも会わず、夫にも会わずう、諸国を修行してぇ、偉い尼

さんになったと言うお話ね。そろけん。

（翻字　ふくい昔ばなし大学再話研究会　小林史枝）

124　草履取りと殿様

むかし、ある所に、殿さんの家があって、いろいろ贅沢で、着物着せるもんから、どこぞ行きゃぁ馬に乗せて家来を大勢連れて、いろいろ役目がみな決まっとった。その役目をもろた一人の十二、三の小僧が、草履取りになったんやね。

どこかへ遊びに行く会があって行かれることになって、馬に乗って行かれる大勢行列を連れて。十二、三の子は、草履取りしとってんてね。

向こうの大門を過ぎて、玄関を入って行かれる。草履取りは、玄関の縁が寒いのに、草履の番をしておらんなり。中へ入って殿さんな、温いとこにおられるなり。上の役人どもや、家来どもは、色々といるけんど。草履取りは一番下の役で、殿さんが下駄をぬいで、入いられて。寒いときなんで、お殿様が出られたときに、冷《ちび》たいのをはかれると気の毒な。十二、三のぼんが肌入れで温めとってんてね。

殿さんが、いろいろな会がすんで、出てこられる。ほしたら、草履《げた》を、ちょんと向こうにおいて、「どうぞご苦労さんでございました」と言うて、差しだしたところが、殿さんが履いてみたら、あったかい。殿さんが無茶もんじゃから、

「この人の、自分の主人のはきものを尻敷きにしたとは、けしからん。承知ならん」言うて怒ってぇ。

「尻敷きにしたんではございません。肌へ入れて、温めておりましたんじゃ」と言うんやけれども、そんなこと耳に入れやせん。腹立てて、下駄を持って、くぁーんと、力いっぱいどついたんやね。そしたら、でこ（額）が割れて、血がだらだら流れて。下駄履かんと、そこのうちの庭下駄履いて行ってしもたんや。「殿様、尻に敷いたんじゃございません。肌に温くめたんや」言うんやけんども。知らん顔して帰ってしまうもんや、家来どももみな。

残念なこっちゃ。殿さんにもう腹がたって、（こんだけ自分が情けを持って、冷《ちび》たいのに、肌に温めて、

自分は寒ぶいとこに、何時間も待っとったのに。こんなことをしられて、残念な）思て。傷の痛さも忘れて、にらみつけて、殿さんの後ろ姿見て、（あんな殿さんのとこには自分は行かん、どうかして、あの殿さんのかたきがうちたい。自分にあれに謝まらせたい）と思ておったんやけんどぉ。痛さも忘れて、残念さで、思案したんや。

（けんど、自分が考えてみるに、殿さんを謝らそちゅう、頭を下げさせようと言うようなことは、とうてい出来るはずがない。殿さんより上のものにならなあ、これは出来ん。自分のような身分のもんが、金もないもんが、一気に何石の金持ちになろうと言うたかって、なれそうなはずがない。どうしたもんじゃろ）と思てぇ、いろいろ、殴られた下駄をにらみながら、思案しとって。

これは、親元へ帰ったところが、おいてくれる気遣いはねえし、どうしてこのあだを返《かや》すやろう思て、思案しとって。これは坊さんになって、いろいろと修行したら、金いらずになれるかも知れんと思てぇ。その下駄を、かたきの何や思て、下駄を持ってぇ。あるお寺へ行ってぇ。

「ちょっと、ごめんなさい」と言って入って、いろいろ事情を話してんね。坊さんの言われることには、

「とてもとても、殿さんに頭を下げさすというようなことは、並大抵、余程のことやなけりゃ出けん」

「いや残念で、死んでも、せにゃ、死ねません。坊さんにどうぞして下さい」

「お前らどう言うように思とる知らんけれども、並大抵のことでは、坊さんにはなれん。普通のなまくら坊主なら知れんことを、殿さんに頭を下げてもらうような坊さんには、余程の修行をせなれんのや」

「どんなことでもいたしますでぇ、どうぞ、お弟子にしておくれ」

「そうか、無理やなあ。わしが行って、殿さんにことわりをしてやるから、やっぱり、殿さんのとこ行け。何ぼお前がそう言うとっても、とてもそれはかなわんで」

「いや、どんなことでも、いたします。こんな殿みたいなところは、もう死んでも帰りません」

「そうか、そんだけの決心があるんなら、しばらく修

行してみい」

「もったいない。弟子にしておくれるか」言うて。

頭を丸めてもろて。いろいろと習うて。その下駄を庭のすみにおいて、この下駄がかたきやと思て、にらみつけては、腹がたって。お坊さんにいろいろとお経を習い、いろいろとお説教を聞かしてもらいして、

「もうわしは、もうお前に言うことはない。もっと良いお寺へ行って、もっと修行をしなさい」

「そうですか」言うて、またその方丈さんのお手引きで、大きなお寺へ世話してもろては、またそこでは、

「お前に言うことは何もない。もっと、またよいお寺へ行って修行しなさい」。そこから世話してもうては、修行に修行を重ねてぇ。ほったら、よいお坊さんになったんやてねぇ。

ほしたところが、庭のすみに置いといて、にらんだ下駄が、（この下駄で、自分のここを割られてしたときに、なぐられたらこそ、自分は今日は、こうありがたい人さまに、皆さんに方丈さん、方丈さん言うて頭を下げていただきます。殿さんのかたきどこないなり。こんな恩人はない）言うて、その下駄を、きれいに洗《あろ》て、須弥壇《しゅんだん》にちゃんと供え、毎日殿さまが無事でおれますように言うて。もうかたきどこ、憎むどこやない、ありがとうて、毎日殿さんを拝んだや、下駄を。

よそに法事供養があると、禅師さんやね。みんなは、絡子《らくす》ちゅうもんをかけておられるのに、方丈さんは、金襴の絡子のような風呂敷に下駄を包んで、首にかけて、法事供養には、みな、それかけて行かはんね。「あの方丈さん、おもしろいなあ。重たいもんを首にかけては、おいでになるわいね」てまあ、みんな言うとるんで。言うことなすことが、普通の方丈さんじゃない。

ある時に、立派などこのお寺や知らんけど、えらい禅師さんばっかりが行かれる法要があって、その方丈さんも行かれた。

ほしたところが、その殿さんよりその禅師さんの方が位が高い。殿さんが門からずっと並んで、禅師さんのお通りになるのをこうやって、参拝しとる。

ほしたところが、その日が来たんや。やっぱり、その下駄を首に絡子にして、行かれたんや。こうやって殿さんが禅師さんがたの通られるのを、参拝しとるんやてね。ずっとだいぶ行ったら、殿さんがその変なも

ん、首にかさの高いもんを掛とるもんで、ふっと、目につぃたんや。ちょっと手を合わせながら見たら、どうも、何か見覚えのあるような感じがある。したら、その禅師さんも目と目とがおおたんやてね。やっぱりその殿さんやった。ほして見たところが、額に自分が下駄でたたいた傷があった。

（あのときの草履取りをしとってくれたその子が、あんな立派な禅師さんとなられた）と思て、殿さんびっくりしてぇ。

「もしや、自分の家におっておくれたお方とはちがいますか」

「そう言うておくれや。何十年もお目にかかりはしませんが、自分が世話になった殿さんでございますか。おなつかしゅうございます。お久しぶりで」言うて、挨拶した。殿さんも、

「申し訳がない。こんなこととは知らず、面目ない。こんな事をして」言うて、涙を流して、「すまんことでした」言うて、涙を流して、おことわりしはるんやてね。ほしたら、禅師さんが言われるには、

「いやいや、いたらんもんをお世話になってぇ。こう言うことをしておくれたらこそ、自分は今日は、どなた様にもありがたい、合掌していただきまして、ありがたとてありがたとて、これをよそへ出るときには、はなしておれん。あいには、お祭りして、あんたの武運長久を祈っております」言うてぇ。そこで二人が名乗をして、涙を流して、お互いにことわりのしあいして、殿さんも人の哀れちゅうもんもわかって、ええ殿さんになられたなり。

これがあったらこそ、自分は一生草履取りで過ごさんならんのを、こうしておくれたらこそ、ありがたい言うて。二人の人が敵も味方もない、よいお寺の方丈になり、よいお殿さんになりした言うお話をちょっとは聞いたようなことがあったもんでしゃべらせてもろたんですわ。それもねえ、その下駄があ、まだどこや丹後の何とか言う寺にあるとかなんとか言うことを、ちょっと聞いたんやけんど嘘か、ほんまか。そろけん。

（翻字　ふくい昔ばなし大学再話研究会　グループおもっしぇ）

125 大師講のいわれ

弘法さんの、今日は日ぃやって、あれは霜月の二十三日の日にね。祀ったんですわ。

それは、栗の木のね。これぐらいの箸をこしらえて、ほして、それをご飯の上にちょんとその箸を置いてね。ほして、供えたんですわ。

それに大根《だいこ》の刻んだんをこのぉ味噌で和《あ》えてね、ほしてご飯と味噌で和えた大根をお膳にして供えたんですわ。

それはどういういわれや言うたら、その昔、弘法さんが来て、

「今晩よう泊めてくれんか」言うたら、

「はあ泊っておくれ」言うてぇ。

お婆あさんが一人おって、

「うちは貧乏で、何にもないんやけんどぉ、大根だけはとれるんで、大根のご飯に、大根のおかずで、これだけで辛抱しておくれりゃ、泊っておくれるか」

「それでけっこ（結構）や。何でもおなかさえふくれりゃよえんじゃ」言うて。

したら、その大根のその味噌で和えたんと、大根のご飯とよばれて。

「ああ、ごっつおやった」言うて、喜んで帰んなって。

そのお婆さんは、一生そこで幸福に暮らしなったんゆう。

ほいで、その二十三日の日は、それをこしらえてね。私らのここに来た時分には、祀りましたですわ。

（翻字　ふくい昔ばなし大学再話研究会　坪内啓子）

126 おトクさん（鳥勧請）

むかしは、鳥を、「おトクさん」、「おトクさん」言うてぇ。

ほんで、米を粉《こな》にして、白餅（粢《しとぎ》）言うてね。神さんは、その、生のもんが好きやで。ほんで、生の米を粉《こ》にして、それを餅にして、生やね。それを、ちゃんと三重ねほどお盆にのせて。

朝、暗いうちに、宮さんに参ったんですわ。当番があってぇ。それを供えて。人間はみなこっちに隠れとったんでぇ、参ってぇ。

ほうすっと、その烏がそれを食べると、「ああ、今年はうれしや、『おトクさん』。『おトクさん』がぁ、食べておくれた」言うて、喜んで。

それを、「おトクさん」言うて、カラスが食べてくれんと、たいへん悲しかった。けんど、今はもう、そんなこと、もうしてませんわ。（「おトク」とは「お頭《とう》（当）」＝「頭屋《とうや》」のこと。）

（翻字　ふくい昔ばなし大学再話研究会　坪内啓子）

大飯郡高浜町編

◆石坂タケ（大飯郡高浜町音海　七四才死亡））

127　六部と狼

どこの六部さんじゃ知らんのですよう。あるとき、その日にちも知らんのですけれどぉ。

あるとき、回向《えこう》してぇ、小黒飯《おぐるい》言うとこ行こ思て、途中行ったらぁ。夜中になってぇ、村まで行く間《ま》がなかった。坂越えては行かんなんでねえ、昔。

しかたないで、松のいちばん高い松の木ぃに、夜を明かそう思て登った。そしたら、夜中にぃ、狼の群れが来てぇ、六部さんを見つけてぇ、ひとつ上、ひとつ上、ひとつ上とぉ、乗ってぇ、九十九匹数えたんですってぇ。ほしたら、もう一匹足らんのですってぇ。その狼の仲間がぁ、「刀祢のかか、呼んでこい」言うたんやて。

（おかしいこと言うた。狼が人間の言葉が言える）と思てのう。（しっかり覚えとかにゃあかん）と思て、「刀祢のかか、刀祢のかか」なんべんもくりかえして、覚えぬいてぇ、（刀祢のかかって、どんなもんが来るんじゃろ）思て。したらぁ、狼の毛ぇの抜けかけたような古い、狼が、その六部さんの際《きわ》へ来たんやって。（こりゃたいへんじゃあ）と思てぇ、突差に脇差しでどこやらを刺したんですって。「きゃあー」言うて、他の狼が、ちらばらになってぇ、行ってしもてぇ。

夜があけるん待ってぇ、小黒飯の部落《むら》行ってぇ、「ここに刀祢さん言う家ありませんか」言うたら、「あります」言うもんで。「そこ、教えてもらえませんか」言うたら、村の人が教えてくれてぇ。行ってぇ、だんなさんが出てきたもんでぇ。

「奥さんおられませんか」言うたらぁ、「かかはぁ、ゆうべ、便所へ行ったらぁ、こけてけがして、まだ寝とって、起きとりませんのや」言いまして、（はぁあ、それや）思て、直感してぇ。

「そんならぁ、奥さんのこと言うで、しっかりと聞いてもらえませんか」言うたら、

（何にいいこと言うてくれるんじゃあ）思たらぁ。六部さんが、夕べの一部始終の話したらぁ、だんなさんはぁ、「とんでもない、とんでもない。そんな、狼と違う」て、聞き入れんのやって。

「聞き入れえでもいいんで、狼の口からそう言うて聞いて、来たんじゃで、頼む。あんたのおかみさんはぁ、その狼に食われて死んだんに決まっとって、わしに成敗さしてくれ」言うて。

「いやぁ、そんなことは」言うて、なかなか承知してくれんのやって。そやけんど、「頼む」言うて。そっで、

「わしを一週間、お宅に泊めてくれ」言うて、

　寝間へ行ってぇ、殺して。寝間へ行って。もう、あんまり六部がほんまらしい言うもんでぇ、納得してぇ。

「あんたも、しまいには、奥さんなりにぃ、あんたも食われてしまう」言うたでぇ、だんなも承知してぇ、殺して。一週間経《た》っても、獣にならん。狼にならん。ほしたら、だんながおこって、

「そら見ぃ。あんたは、一週間したら、正体が分かる言うたけど、ならんじゃないか」。

「まあ待ってくれ、たのむ」言うて。

それから、二日も。二日も正体が現われえで、もう、だいぶいじめられとった。そしたら、腹をくるしかないですねぇ。けんどほんまに狼になってぇ、そのうちのだんなは、びっくりしたそうで。六部さんの罪も晴れてぇ、いたんやそうなけんど。そんなことがあったんや。

　その後、刀祢さんが、正月の雑煮を炊いたんやけんど。狼の毛がいっぱい茶碗の中やら、鍋ん中に浮いてぇ、ひとつも餅が食われんかったって。

　それからはぁ、刀祢だけは焼き雑煮やそうです。

（翻字　ふくい昔ばなし大学再話研究会　坪川祥子）

補遺編

◆田中当吾稿（敦賀市刀根　一九一一〜一九九二）

128　猿の聟入り——牛蒡掘り

むかし昔、山また山のその奥に、これっぽっちの静かな村があった。その村端の家にお父っあんと娘三人が暮らしてた。お姉さんの名は初さん、中の姉さんにおつぎさん、一番下の妹さんにおさんさんと言うて、三人とも美しく良い子でな。お母さんは春の風邪がもとで亡くなって、その年の秋のお天気の良い日やった。昼飯を食うたあと、お父っあんが「なあ、どや、これから牛蒡掘りに山へ行きたいが、誰か来いや」と言ったら、姉のお初は「うん、わしゃお母あのお墓参りに行く」と言うたんやて。

「じゃ、おつぎ、わいや来て手伝ってくんろ。おつぎはどや」と聞いたんやと。「わいは川へ行って洗濯せにゃならん」言うたやと。「そや、おさん。お前来いや」と言うたら、「お父っあん、姉ら二人がいやいや言うのに、わいも行くのは嫌や」と言うて、三人とも手伝いに行かなんだにゃと。

「よっしゃ、お前ら来んのならわし一人で牛蒡掘って来るは」と鍬と鎌と負い縄持ってとぼとぼと出掛けたんやと。牛蒡畑に着いて「よっこらしょ」と掘りかけたが、大きな牛蒡でなかなか掘り切れないんやと。やっと、五、六本も掘ったと思う頃には、お日さんも西へ傾きかかつて来たんやと。そこで大声上げて「なあ、誰か来て手伝ってくれんやろか。これ手伝ってくれたら、うちの娘を嫁にやんのに」と一人で怒鳴ったんやと。

そしたら、近くの山の木陰から「よっしゃ、娘を嫁にくれるんなら、わしゃ掘ったる」と、どすんと飛んで現れたのが人間どころか猿じゃったんや。おっちゃんなびっくり仰天してもて、「何や、猿めか。わりゃ掘れるかやな」「うん、掘ったる。娘を嫁にくれたらなあ。人間な嘘言うたらあかんでな」そういったとたんに鉢巻しめて、お父っあんの鍬取って掘るわ掘るわ。一時間もせんうちにみんな掘ってもたんやと。

「お父っあん、ほれ、たんと持って帰れや。わしゃなあ明日の夕方娘貰いに行くでなあ」こくんこくんと三べんお辞儀して山の中に飛んで行ったんやと。「牛蒡掘らしたんはよかったけんど、猿ごときに娘を嫁にやるわけにはいかん。うちの娘に限って猿の嫁には行くまいが。弱った、弱った」とようけの牛蒡を背負って家に戻ってきたんやと。

「娘らよ、これ見んろ。わしゃ一生懸命になってこんなにどっさり牛蒡掘って来たんや」と、そそくさと足洗うと寝間へ入って布団被って寝てもうたんやと。一番上の姉の初さんが気にかかって、奥の間に寝込んでるお父っあんに、「あんな仰山の牛蒡を無理して掘ってきてくたびれたんかいの。足でももむか、手でもさすろうか、肩打ってやろか」言っても何の返事もせんのや。ただ、あーあーとため息ついとる。今度はおつぎが来て「なあ、わしら手伝わなんだのが腹たつんか」と言うても「うん、うん」唸るばかり。三度目におさんが心配して「そんなん、唸ってばかりして何やいの。言わっしゃい。わしに何でも言うて早よ飯くいな」と背中さすったら、お父っあんなようやっとむっくり起きて言うんやと。「おさん、こんなに牛蒡掘れたんはほかでもない。猿が掘ってくれたんや。わしゃなあ、大声で手伝ってくれたら娘やるさけと言うたんや。ほたら明日迎えに来るんや。阿呆なこと言うてもて。誰か行ってくれんかいのう。悪いこと言うてもて」と泣くんや。「お父っあん、そんな阿呆なことよう言うたもんや。猿めの嫁になんてあんまりや。わしゃよう行かん」と部屋を泣き泣き出て行った。その晩もひと目も眠れず、あくる日の夜が明けたんや。

「お父っあん、食わんか」おつぎが寝間を覗いたら、「ままなんて喉通らんわい」と悲しんどるんにゃ。三人の娘があれこれ相談してもまとまらん。おさんが腹を決めて昼飯を持って行って、「よっしゃ、親孝行と思て嫁に行くさけ心配せんでもええ」「おう、そうかそうか、おさん、よう腹を決めてくれた。おおきにおおきに」と手を合わせたんやと。「そんなら、早よ支度せんならん。猿の嫁に行くんやさけ余計なもんはなもいらん」

忙しく姉妹が嫁入り支度をして、西の空に三日月がかかるころ、とんとんと表の戸を叩く音がするんや。「そら、迎えの猿が来おったわい。猿や、どうか娘を頼むぞ。大事にしてな」「猿さん、頼むぞえ、妹を」お父っあんと姉二人が見送ると、とぼとぼと山の奥へ消えていったといや。「わしゃ、悪いことしてもた」「いや、しょうがないことやさけ、じきに戻って来るやろさけ」お初もおつぎも涙声で「何しとるやろ」「どうして口すぎしとるやろ」三人が毎日心配して暮らしとったにゃとい。

年も暮れて明けの春三月、花も咲いて人々がうかれて騒いでおったが、いっこうにおさんからは何の便りもないんや。おつぎが「お父っあん、仏壇に花飾って、おっ母さんにおさんが早う戻ってくるよう拝もうか」「そやそや」と言うとる頃に、猿の家でも猿のおっ母あが、「おさんや、兄貴と一緒にお前の家に聟入りしてこんか」「それも良かろう。いっぺん帰ってこいや」と猿のお父っあんもすすめるんや。「土産も持って行けや」言うもんで、「おおきに、土産ならお父っあんが好きな餅がよいなあ」と言うことで、餅つきの用意をしたんにゃと。大きな臼に三升ほどもち米を蒸して、ぺたんこぺたんこ搗きまくった。「もうよかろう。お櫃に入れよか」「あかんあかん、餅が櫃臭くなる」「じゃ、鍋に入れるか」「あかん、鍋臭くなる」「なら、朴の葉に包もうか」「あかん、朴の葉臭くなる」「そんならどうしょまいか」「そのまま臼に入れて、持って行ってくれるか」とおさんが言うんやと。

大きな臼に餅を入れたまま、縄で縛って猿の聟さんが、「父っあ、お母あ、行って来るでや」と二人でおさんの里に出かけて行ったんやと。猿の村から一里ほどしたところに大きな崖があって、岩の上に今を盛りに咲いとる山桜の下を通りかかったんやといの。「美しい花やなあ。せめて一枝でもおっ母の仏壇に供えたいけんど、取ってくんろ」「よっしゃ、わけもないこっちゃ。取ってやるさけ、待っとれや」臼を下そうとするもんやで、「あかんあかん、土の上においたら土臭うなるさけ、あかんわ」「こんなに重たい臼背負ってそりゃ無理やわ」「何の何の、臼落とさんように木に登って取ってきてな」おさんの言うこっちゃ、しょうがないもんで思い臼背負ったまんまで崖の上の木に登り、一枝折って「こんでええか」「あかんわ、そんな身振りの悪い枝より、もっと上にええのがあるやろが」よっこらしょ、よっこらしょと、だいぶん上へ登って

「これでどうや」「あかん、あかん、そんなもんやないのや。もっと上の登っててんか」「やれやれ、どっこいしょ」と枝を掴んだとたん折れてもて、高い崖の上の木のてっぺんから川の真中へ水しぶきをあげて落ちてもたんやといの。

「あれえ」おさんが大声をあげて下を覗くと、餅を入れた臼がぽかぽか流れて行ってもた。

急に辺りも暗うなって、沈んだ猿の声が聞こえて来たんやと。

「猿川に流れる命惜しくはないが　餅の流れるのが淋しい」って言ったんにゃと。

（田中当吾稿・一部編者補稿）

129　狐の嫁入り

昔も昔もあったんやと。刀根の牛の森（気比神社裏）に一匹の狐が住んでいたんやて。この狐は心はそんなに悪うはないんやけど、いたずら好きと、人に逆らいたい、人をやりこめたいという根性があったんやなあ。日が暮れて来ると、大きな木の根っこにどすんと座り込んで、人の通るのを待っておるんやと。一人のお婆あがご馳走の入った風呂敷をさげてやってきたんやと。坊主に化けて「お婆あ、重かろうから坊がもってやろう」と言うと、「うちの坊か、よう迎えてくれた。今日の法事のご馳走やさかい、うちでみんなで食うんや」とお婆あが坊に渡したんやと。言うか言わんうちに「こんこん」と鳴きながら山の奥へ飛んで逃げてしもたんやと。後の残ったお婆あは「ああ、弱ったわいえ。ここの狐めにやられたか」とぼとぼとうちへ帰って行ったといや。

またある日の夜、一人の若い衆がそこを通りかかったら、灯りが灯った茶店があって「お兄さん、いっぱいお茶をおあがり」と親切にお茶をついでくれるんやと。「おおきに」と飲もうとすると、お墓の欠け茶碗に泥水が入っとったそうや。「やっぱしわしもだまされたんやな」とすごすご家へ帰ってきたたちゅうこっちゃ。

隣に欲深かな爺さんがおって、森の前を通るとぴかりとひかる小判が三枚落ちとるやと。「おお、小判が落っとるがな。誰が落としたんやろ。わしに天から下さったんや。ありがたや」と拾って懐に深くしまいこんで、うちに帰って見たら柿の葉っぱやったそうや。そんな茶目っ気のあるいたずらならまだしも、秋に入ると畑を荒らすは、春には池の鯉を盗んだりと悪さがいちだんと、村の者はほっとくわけにいかんようになったんやと。

夏のある夜のこと、刀根の若い衆の太吉が山から戻って、川で足を洗おうと土手に立っとったら、向こうから美しい娘さんが早くこっちへ来いと手で招いたそうな。そんで飛んでってたら、高い石垣から落ちて大けがをしたこともあった。「こんこん」と笑って向かいの山へ逃げて行ったんやと。「やっぱりあの狐めや」そんなことが相次いで村中の憎まれもんになって、ある時太吉が「なあ、みんな、いっぺんあの狐めをひどい目にあわせて懲らしめにゃあかん。何さらすかわからんわい」と若い衆の寄りに皆に呼びかけた。すんでのところで命を失いかけたり、ひどい目におうとるものも何人もいたもんで、「そやそや、いっぺん懲らしめてやろやないか」と村の若い衆が腹を決めたんやと。

けんど「一筋縄ではいかん狐やさかい、あいつを捕まえることもなかなか出来んぞ。そや、あの物識りの甚平爺に知恵借ろうや」と言うわけで、爺の家へ相談にいったんやとい。「若い衆、気をつけよ。狐を捕まえてひどい目にあわすにはなかなかやない。まあ先ずるな。そぼ降る小雨の夜なか、牛の森の畑の前で、油揚げを山ほど積んで酒飲んでおれ。燈明を薄暗うしとるんやぞ。そしてな、旨いうまいと手を叩いてはしゃぎたてるんや。そしたらな、狐め油揚げ食いたさによその村の若い衆に化けてやってくるさけに、そしたら喜んでよう来た、ここに座ってまあ一杯飲めや。油揚げも食いなとすすめるんや。そしたら、座るやらこれからが肝心なとこや。狐はなあ、化けとる若い衆の真後ろに居よる。太吉わいはなあ、後ろに回りよう透かして落ち着いて見い。太い狐の尾が立ってぴくぴく動いているし、その先っぽにぴかりと光るものが見えるやろ。それをお前の片手でぱっと払い落すんや。そしたらなあ、狐めああ弱った、やられた。こんこん鳴いて正体あらわすさかいに、すかさず皆でそこらにある棒きれで叩いて押さえつけ。そやけどなあ、言うとくぞ。所詮は畜生、狐の本音は悪くないのや。命ばかりは取ってはならん。助けて放してやれよ。心せよ。わかったかい」「もうひとつ気を付けることはなあ、酒に酔って狐に逆にやられんようにな」

甚平爺の懲ろな狐の懲らしめの方法を若い衆が習い覚えたんやと。ある秋の中頃、若い衆が油揚げを買いに敦賀へ出かけ、どぶ酒の用意も出来たんやとい。月もないし日暮れから時雨が降ったりした。牛の森の横に手筵敷いて甚平爺の言う通りに段取りができたんやとい。ちょろちょろ燃える焚火のほかげで十人余の若い衆の酒盛りが始まったんやと。「ああ旨いのう。油揚げもどぶ酒も旨いのう」と声張り上げて飲み始めたんやと。「今に狐めが出てくるやろ」ところが待っても待ってもなかなか出て来んのや。狐もさるもの、そううかうかしとらん。若い衆め何さらすかわからん。あちらに回ったりこちらから眺めたりすんのや。

そこで太吉が考えたんや。「よっしゃ、よその若い衆がもう来んから、雨が降ってくると悪いし、家へ持っていんで油揚げ喰おう。早よ片づけてくれや」と指図したんや。すると向こうの方から一人若い衆がやって来て、「刀根の若い衆何しとるんや。わしも仲間に入れてくれんか」「そうかい、早よ片づけていのうと思うとこやった。よいとこへ来たわい。そら一杯やれま」とおだててみたんやと。狐にとって大の好物の油揚げを大口あけて食うわ食うわ。どぶ酒もぐいぐい飲むんや。そのすきを見て、太吉は後ろに回って甚平爺の話を確かめてみると、おぼろげながら尾っぽにぴかぴか光る狐の玉がついとる。「よっしゃ」右手で払い落とすと、くだんの若い衆が狐の正体を現したんやと。ようやく捕まえた狐が棒きれや石ころで、十人余りの若い衆にひどい目にあわされ、「こんこん」鳴き叫ぶ。「悪さばかりした罪の懲らしめや。もっとやれ」と息巻いて叩きのめしたんやと。

その時に、この近くの谷奥に炭焼きに行っている岩吉が、仕事の都合で提灯ぶら下げて来たんやと。「この若い衆がわいわい騒いどるが、何やろ」と提灯の明かりをかざすと、一匹の大きい狐が顔中が血だらけで、背中や腹にかけて大傷があり、前足が折られ、後ろ足も動かん。今にも死にそうで「こんこん」と鳴くばかり。太い尾っぽの先の狐の玉は何処やら、日頃のいたずらも何処やら。岩吉は「若い衆や、もう懲りたやろさけこんでこらえてやってくれんか。わいに任せて頼むわい」と言うと、太吉が「狐め、もう懲りたかい。悪いことや悪戯した仕返しや。岩小父よ、塩梅言うてあと任すさけに」と、若い衆と共に帰って行ったんやと。岩吉は「狐よ、もう懲りたやろ。わしが通らなんだらどうする。あの世行きやで。よーし頑張れや。うちへ連れて行ってやるから、しっかり養生しな」と励まし、背中に背負って家に帰ってきたんやと。

「おとき、およねよ。起きて来いや。怪我しとる狐連れてきたさけに」厩をあけて筵を敷いて、湯で洗い薬を塗って世話して寝かしたんやとい。厩を開けて岩吉が「狐よ、よかったのう、わしゃもうあかんかと思たが、安心して養生せいよ。わしらは山へ仕事をしにいくさけ、娘のおよねに世話させるから遠慮なしに気楽におれや」「およねよ、この狐を大事にしてやれよ」と言うて、炭焼きに行ったんやと。

山から帰る早々「およねよ、狐や元気になったかいの。油揚げないようなら買いに行ってこいや。薬はあるかいや」およねも水は飲ます、飯は食わすは薬はつけるはで懸命に介抱をしたんやとい。ひと月もたったころ、厩の狐も回復し、山から帰った岩吉が「元通りの姿になって良かった、良かった」と狐の頭を撫でて励ますと、狐は淋しそうに涙を浮かべ、「こんこん」と尾っぽを振るんやと。よく見ると、狐の玉がないんや。「ああそうかい。ひどい目に遭わされたときに、どっかに飛ばされてもたんか。よし、拾って来てやるさけ、待っとれ」とおよねをを連れて牛の森へ探しに行ったんやと。二人して血眼になって探したところ、目の良いおよねが「お父っあん、これやろか」「おお、それやそれや」ほんやりと温みのある毛の固まりの中に光る水晶のような玉があったんや。飛んで帰って狐に「良かった良かった。それもう落とすなよ。大事にせいよ」と尾っぽの先に乗せてやったといや。

不思議やな。とたんに狐の姿が生き生きとして活気を帯びて、「こんこん」と頭を下げて尾を振って二人に答えるんやと。それから四、五日経った夜中に、「こんこん」と岩吉の家のぐるりを何べんも回っているのか、元気になって喜んで飛び回っているぐらいに思っとんたんやと。朝見ると厩の戸が開いてて狐の姿が見えへん。やっぱり元通りになり、玉も得たのでどっかへ行ってしもうたんや。一遍ぐらい戻ってくるかとひと月たち二月しても何の音さたもない。やっぱり畜生やわい。そんでよいわいと、岩吉一家もやがて忘れてもたんやと。

それから丁度五年の年月が流れたんやと。およねの十七の春にふとした風邪がもとで病の床に着いたんやとい。一人娘のことやで医者よ薬よと色々つくしたが薬石効なくぽっくり死んでそもうたんやとい。「なあ、おっ母あ、わしら不幸わせやなあ。およねが生きていたら今年聟貰うか、美しい嫁にやるかや。美しい着物着せて嫁になる姿、見られんなあ」およねがいたらと二人が手を取り合って涙にくれていたんやと。それからひと月ばっか経った秋の夜ごとごとするので、門口開けて見たら、朱塗りのお膳が二十人前きちんと積んであるんやと。「誰やろ、こんな立派なお膳誰か変人が置いて行ったか、まあ入れとけ」と家の中に片づけておいたんやと。それから五日経た朝、厩の中に花嫁の綿帽子に打掛、振袖一式がたとう紙につつんであるやと。「おかしいな、誰の呉服やか預かって置いて行ったのかな。わしらに娘はおらんし、こんなお膳なんて用がない。不思議やな」と誰か来るのを二人して待っとったんや。そのあくる晩の夜中、門口をがしがし掻く音と「こんこん」の声におときが戸を開けると、かすかに門口に狐が二匹前向いて座っとるんやと。「お父っあん、早よ来いま。狐か知らん」岩吉が急いで門口に立つと、ぴょこん、ぴょこんと狐が頭を下げとるんや。「おお、五年前の狐かい。よう来たな。無事で良かった。嬶《かか》もろたやら二人で来たんか」狐は「こんこん」鳴いて頭を下げるんや。岩吉はふと思ったんやと。狐や、わい（おまえ）の世話をしたあのおよねがこの春死んでしもた。なるほどわいはおよねの恩返しに嫁入り道具を送ってくれたのか。ああ、ありがたい。畜生ながらもその気持ちはうれしいな。ありがとう。その気持ちようわかった、わかった」と岩吉夫婦が涙流して礼を言うたんにゃと。「でもな、およねにくれた花嫁衣装はありがたいが見ることは出来ん」

狐の夫婦も目に涙を浮かべて、頭をぺこんぺこんと下げておるんやと。しばらく静かになって何かごとんと音がした途端、岩吉の家に薄い明りの提灯が二つ。よく見ると紋付姿の男女二人、また提灯一つ、その辺に綿帽子に打掛、振袖のおよねの姿、その後ろに岩吉とおとき、後に人の親、孫、羽織袴の親類と大勢のもんが通り過ぎてゆく。岩吉が声張り上げて近所のもんに、およねが極楽へ嫁入りする行列を見てくれと言うたが、しばらくしてぱたんと消えてもたんやと。「岩さん何や、見たことない狐の嫁入りなぞ、そんなことあるかいや、阿呆らしい」と「嘘に決まっとるわい」と近所の者の声もせんでもない。岩吉はそれでも「狐もいっぺん見せてくれ」と言うと、家の前の山の中ほどにぱっと花嫁行列が見えるんや。花傘を指し扇をかざし静々と大勢の村人の見守るなかを手を振って谷を越え、山を越えて野の方へ消えていったんやと。「狐のお陰で狐の嫁入りが見られた。およねもきっと見とるやろ。そして喜んで極楽へ行けるやろ」狐夫婦におおきんと、手を合わしたといな。

（田中当吾稿・一部編者補稿）

◆森下きみ稿（敦賀市刀根　一九一一〜二〇〇二）

130　狸の恩返し

旅人がある山道を通りかかると、道端に狸が子供を産んでいたんやって。それを見て、お前もお産をしてひもじかろうと持っていた握り飯をやったんやて。あくる日も次の日も同じように握り飯をやっていたが、しばらくして行くともう狸はおらず、そこに一つのかごが置いてあったんやて。

不思議に思ってかごの中を見ると小判が一杯入っておったといや。けものでも握り飯を貰った恩返しを、ちゃんとしたのやで、良いことはせんとあかんでと言う話を囲炉裏の傍で聞いたものです。ほうらいのけつぽっぽ。

131 和尚と小僧の知恵くらべ

昔々ある寺で、和尚さんが留守中になると、小僧が戸棚を開けてものを食べるので、開けたら熱い湯がかかるようにしてあったんやと。そこで、小僧は何かで仕返しをしようと考えた挙げ句、便所の踏まえ板の裏を鋸で引いて裏は分からぬようにしていたんやって。

それと知らず、和尚さんは便所へ入ったら板が割れてズトンとはまったんやって。びっくりしてえ、これこれ小僧早く上げてくれと言うので、縄を下げて上げることにしたが、「その時おっさんの根性や湯かけ根性や。ヨーイトコリャ」と言ったら、和尚さんは「小僧の根性はヒキキリ根性や。ヨーイトコリャ」と言って引っ張り上げてもらったとさ。ほうらいのけつぽっぽ。

132 ポイットコセ

ある日、お婆が孫に「今日は団子をこしらえたから、隣へ持って行ってこい。団子やでよ、忘れなよ」と言って使いに出したんやって。そしたら、子供は「団子、団子、団子」と言いながら歩いて行ったら、小さい川があって、ぽいっと跨いだら、「ポイットコセ」になって、「ポイットコセ、ポイットコセ」と言って、隣へ行き、「お婆、お婆、ポイットコセ持ってきたで」と言うと、「何やポイットコセて何にゃ」と開けて見たら、団子があったので、「こりゃ、ポイットコセやない、団子やがな」と言ったとさ。ほうらいのけつぽっぽ。

133 フウフウパンパン

むかしむかし、ある寺におっさんと小僧二人がおったんやと。おっさんは夜二人の小僧が寝ると餅を焼いてフウフウパンパンと叩いて食うんにゃと。小僧たちはその餅が欲しくて色々考えたんやと。

ある日、おっさん、おっさん、わたしらに名前をつけておくれと言うと、「お前にはええ名があるのに何で」やと不思議がったんにゃと。「一人はフウフウ、一人はパンパンにしておくれ」と言うことで、それにしたんにゃと。

夜になって、いつものようにおっさんは餅が焼けたので、「フウフウパンパン」と叩いとったら、二人の小僧が飛んできて、「何か御用で」と言ったので、びっくりして餅を熱灰の中へ隠したんにゃとい。そしたら餅がブウと膨れたので、小僧は「おっさん、おっさん。モッコロモチ（モグラ）がいます」と言って、火箸で取り出してその餅を食べたら、おっさんは「お前たちにはかなわん、かなわん」と言ったといや。こんでほうらいのけつぽっぽ。

134 小僧と牡丹餅

これもお寺の話ですが、おっさんの留守中に檀家から牡丹餅を貰ったんにゃと。小僧が一つ食べたらあんまりうまかったので、知らぬ間にみな食べてしもうたんやって。こりゃ、おっさん帰って来ると、叱られるし何かよい工夫がないかと考えたら、そうそう、仏さんの口や手に小豆を一杯つけといて、ごまかそうと一生懸命に塗りまぶしたんにゃって。

そこへおっさんが帰って来たので、「今日は牡丹餅を貰いました」と言ったら、「そりゃご馳走や。どれどれ、よばれようか」と重箱を開けたら空っぽになっとる。「ええ小僧め、こりゃ何じゃ、誰が食べたんにゃ」と問い詰めると、「仏さんが食べたんや。口や手が小豆だらけや」と言うんにゃの。おっさんは怒って仏さんを棒で叩いたら「クワン、クワン」と言うので、「それ食わんと言うやないかい」「そんなら釜の中へ入れて炊いて見なされ」と言うもんで、炊いたたところが

「クタクタ」ちゅう、「それ見なされ。やっぱり食うたんや」と言ったとさ。こんでほうらいのけつぽっぽ。

（編者補稿）

135　金向《かねこ》山山麓のザシキワラジ

今年は、日本民俗学の記念碑的名著である、柳田国男の『遠野物語』が出版されて百年目に当たることから、岩手県遠野市を中心に各地で記念行事が予定されている。確かに、三島由紀夫が『小説とは何か』の中で激賞したように、文学作品としては傑出しているが、収録されている民話は遠野に特有のものばかりとは限らない。「オシラサマ」の類語なら東北にはわんさとあるし、河童伝説の類いはこれまた全国到る所に分布している。

驚くなかれ「ザシキワラシ」も東北特有の世間話かと思っていたら、何と灯台下暗し、美浜町金山に「ザシキワラジ」としてほそぼそと伝承されていたことを最近になって知った。地元在住の優れた伝承者で郷土史家の宇都宮肇によれば、ある旧家が母屋を改築（新築）した折、「末代栄える」との縁をかついで、背後の金向山の割谷にあった赤松の巨木を伐採し、尺三寸角の大黒柱に仕立てたところ、その本に棲み付いていたザシキワラジも屋根裏に移り住んだそうだ。

棟札には「明治二十二年二月」とあり、たかが百二十年前の話である。当主は赤松の根株を山の神として祀った。屋根裏には葺き替え用の茅が保存されており、ザシキワラジはすり鉢状のくぼみに蒲の穂を敷き詰めて寝泊まりしているらしく、川魚の骨が散乱していたそうな。足の泥を落として寝床に入る様子を見て、当主は草履をそろえておいた。分家にはその古びたザシキワラジの草履（マッチ箱大）が伝えられている。かつては三本指の足跡も屋根裏に残っていたらしい（別の伝承では、梯子下の笏谷石の地幅石にあったとある）。

ところが当主が近くの川で毒流し漁をしたところ河童らしき死体が上がり、それ以来、逼塞してしまったという。家霊とも家の守護神ともいうべき当地のザシキワラジには、山の神や河童、ケンムンやキジムナーの属性がひそんでいるようだ。山人《やまびと》（ヤマンド、木地師、サンカ）の伝承もある美浜のミステリーゾーン、金向山山麓はまさしく民俗の宝庫。いわばこれまた聞き書きの効用であり、まさしく「之を語りて平他人を戦慄せしめよ」（『遠野物語』序文）と言いたくなる。

（『日刊県民福井』二〇一〇年四月二十三日より転載）

★解題『若狭あどうがたり集成』

田中文雅
（就実大学元教授）

一、語りを読むということ

金田久璋氏が、永年録りためてこられた若狭嶺南地方の翻字資料の生原稿が届いた。それは、翻字作業にあたられたふくい昔ばなし大学再話研究会の皆様のご苦労を察して余りある、ボリュームと内容を持ったものであった。メモを取りながら読み進める日を送っている。目に留まる話があった。それは、かって10年を超える若狭調査で馴染みのあった美浜町坂尻の話者によるものだった。狸退治、猿聟、狐の玉と続く「57狸退治」の話で、平成29年２０１７１月17日に採録されたものであった。

例A

1一言主神社に毎夜被り物姿で縫物をする老婆が出る。

2若い衆は化けものだと鉄砲を撃つが当たらない。老婆は鉄砲玉をやろうかと笑いかけてくる。

3若い衆は鉄砲名人の荒山吉兵衛に相談する。名人は一度若い衆に試し撃ちをさせ、自分は老婆の傍らの行燈《あんどん》めがけ鉄砲を撃つ。

4行燈は消え、老婆の姿もなくなる。老婆と見立てたのは切株で、行燈が化け狸の正体だった。
5それ以来、夜、縫物をする老婆は出なくなる。

奇怪な内容であるが「一言主神社」「鉄砲名人荒山吉兵衛」など固有の神社名、人名を冠して語られている。事実として話される噂話で「世間話」分類と考えられた。

しかしこの話の類話は、柳田国男が昭和22年1947に刊行した昔話の分類基準『日本昔話名彙《い》』（以下略号「名彙」）に「完形昔話」に対する「派生昔話」「化物語」の一話型「化け物退治」として既に例示された「昔話」であった。岩手（ひひ）、新潟佐渡（むじな）、宮城（狐）、山梨（ひひ）、栃木（狸）、徳島、大分、鹿児島（蜘蛛）の8県の類例が示されるが、（）に示した如く、地方によって化け物の正体が違っている。

『名彙』が「化け物退治」の岩手県の類例としてあげたのは、柳田国男の『遠野物語』に資料提供した佐々木喜善《きよし》の著書『聴耳草紙』に掲載された例話である。しかし『名彙』には「糸績《う》み女」の話柄名と、「二人のマタギの逸話」「昔話の破片」のコメントのみである。今『聴耳草紙』（昭和39年1964　9月2日刊　筑摩叢書）のいう岩手県の伝承の全文を示すと、

例B

・糸績み女　鼠入《そにゅう》に卯平というマタギがあった。殿様の前でもこの夘平は、世の中のことで知らないことはない、また俺の思うことで何でもできないことはない、ただ惜しいことには天を飛ぶことばかりがまだできないと豪語して笑われたという人物であった。この夘平が友人の川台の小作マタギという人と二人で、松格岳《まつかく》へ鹿打ちに出かけた時のことであった。二人が山小屋に泊っていると、ある夜の夜ふけにどこからか若い女が出て来て，小屋の炉に燃えている火を盗んで、すたすたと山を登って行った。二人のマタギがこれは怪しいゾと話をしていると、小屋から見える向こうのソネに火が燃え出した。見ると先刻の女が座《ねま》って麻糸なオンでいながら、度々小屋の方を向いてニヤリニヤリと笑っていた。夘平は小作に、お前

アレを打ってみろと言った。小作がその女を狙って鉄砲を打つたが、幾度打ってもその都度ただこちらを向いてニヤリニヤリと笑うばかりで、少しも手答えがなかった。外平はそれでア分《わか》んねえ、あの女でなく横の績桶《おむけ》を狙って打ってみろと言った。績桶《おむけ》を打つと、火も女もペカリと消えてなくなってしまった。翌朝そこへ行って見たら、大きな木の切り株のような大きな古狸が死んでいた。

「老婆」と「若い女」、「縫物」「麻糸を績む」など細部の相異はあるものの、猟師が怪しい女の傍らを撃ち、退治するという点では一致しており、両話（例ＡＢ）は、明らかに類話関係にある。尚、同書には今ひとつの類話を「旗屋の鵺《ぬえ》」の項で伝えており、そこでは化け物を仕留める時、五月節句の蓬、菖蒲で鉄玉を包んで込め、鉄砲の筒にも草木の葉を詰めて撃つ、ダメならとっておきの黄金の玉で撃つ、というマタギの秘法（守り玉、イノチダマ、金の丸、銀の丸）[注1]を伝えている。この話の伝承を考える手掛かりとなるものである。

注1『狩猟伝承』第一章　狩猟の武器と方法　千葉徳爾　ものと人間の文化史　14　法政大学出版

例Ｃ

『大和の伝説（増補版）』高田十郎編　昭和34年１９５９　11月5日　大和史蹟研究

奈良県における「化け物退治」の類例挙げると、

・猟師の仙吉　　昔、東《う》ノ川に仙吉という男があった。何より猟が好きだった。ある日、犬をつれて大台ケ原に分け入り、一日中あちらこちらと駆け回り、すっかり疲れてわが山小屋にきてみると、内から糸繰りの音がする。怪しんでのぞいてみると、内には、ひとりの美人が座って、糸を繰っている。仙吉はゾっとした。足もとの猛犬も、どうしたものか、頭をたれ尾を巻いて、縮こまっている。「これは、いよいよ妖怪《ようかい》だ」と思って、キッと種子ガ島をとり直し、妖女めがけてズドーンと撃った。しかし女は少しも変わらず、同じ調子に糸を繰っている。しまったと思って、二発、三発、四発と重ねたが、女はなおニコニコしながら、平気で作業をやっている。気がついてみると、弾《たま》は最後の一発となっている。これこそ命とかけがえの弾《たま》だと、仙吉は瞑《めい》目して心をしずめ、一心に神仏を念じながら、ねらいを定め、今度こそは、と最期の一発を放った。それと共に妖女の姿は消えた。翌朝になって見ると、小屋から少し離れたところに、小牛ほどの怪獣が倒れていた。

話者　和歌山県吉野郡下北山村東ノ川《う》　岸田日出男

今ひとつ、岡山県苫田郡上斎原村の例を挙げたい。

例D

・ひひ退治　ある古寺にな、毎晩毎晩化けが出るんじゃそうな、化けが出る寺があってな、そこへ子供が、男が、男の子言《ゆ》うたって若い者《もん》じゃけどな、二人兄弟《おとどい》おって、そいで化け退治《たえじ》に行こう言《ゆ》うて、そいで兄貴の方が先に「わの方が今日は先行くけ」、弾《たま》ようけようけ、鉄砲弾穴《たまあな》あ詰めて行ったんじゃ。そうなって寺へ行って夜が更けるのを待っとったら、夜中頃へなって出て来た言《ゆ》うて、化けが白い着物を着てな、髪をワアッとした娘が出て来てな、女が出て来て、昔ありゃあ、糸取り言《ゆ》うて、こうブーンブーン言《ゆ》うて糸を取ろうがな、ブーンブーン言《ゆ》う糸取るんじゃ、それが出てな、そえで、まあ、弾《たま》で撃っても撃っても、どうしても化けが死なんのじゃそうな、なんぼ弾《たま》が食ろうても。そえからとうとう、兄貴はそれぎり戻って来なんだ。そえで二日たっても三日たっても、兄貴が戻って来んけえな、こりゃまあとうとう兄貴は、食われたに違いないけ、兄貴の仇として、わしがもう一回行かにゃあいけん思うて、弟がな、又鉄砲弾《だま》をようけつめて寺に行って、又待っとったら、同《おんな》じように化けが出て来た。ほいでまた同《おんな》じように取る糸を取るんじゃそうな、そいで糸を取って、もう撃っても撃っても弟がどないしても化けが死なんのじゃそうな。そえから、これだけ撃っても死なんような、もう弾《たま》一つしかないでな、もう今度《こんだあ》、火をな、ろうそくの火を撃ってみ、火を撃ったら暗《くろ》うなったら死ぬかも、わからんようなるけ、逃げるかも知れん思うて、弾撃《たま》っちゃれ思うて、弾《たま》で火を撃ったんじゃそうな、もう一発の弾《たま》で。そうしたら、ぱっと火が消えてしまって、そうしたら「ムウーン」言《ゆ》うて唸って、化けが逃げてしもうた。そえで、朝間起きてみたら、わは無事におった。「ああこりゃ、わは助かったけ、そっても昨夜《ゆうべ》の者は手応えあったけ、跡を伝《つと》うて行ってみにゃあいけん、唸って逃げたけ」思うて、ずっと跡を行ってみりゃ、血をボテボテ落《おと》いて行っとった言《ゆ》うて、そえで跡を伝《つと》うてずうっと行ったら、大けな洞穴《ほらあな》ん中でな、「ウーン、ウーン」言《ゆ》うて唸り声がする言《ゆ》う。そえから、昨夜《ゆうべ》の化けはここに入ったに違いない思うて入って見たらな、そしたら大きなひひがな、ひひが目の玉だった。その目の玉撃たれてな、そえで「ウンウン」唸ってな、ヒヒを退治にはならなんだろうけど目を撃ってウンウン唸りよった言《ゆ》うて。それぎりその寺には化けが出んようになったんじゃ言《ゆ》うて聞いた。

話者　岡山県苫田郡上斎原村（現鏡野町）遠藤　釜本ますえ　昭和45・46年１９７０・７～１９７１・４
調査　（『かみさいのむかしばなし』立命館大学 古代文學研究会編 孔版）

一口に化け話と言っても、それを伝える文章の種類は多い。例A～Dは一部をあげたに過ぎないが、その表現と表現を取り巻く環境は、各々異なっている。

例Aは、『若狭あどうがたり集成』（以下『集成』と略称）例話「57狸退治」の梗概を、筆者（田中）が手控えとして、私に箇条書きしたものである。翻字原稿の伝える「コトガラ」を客観的に記したつもりである。

例Bは、佐々木喜善『聴耳草紙』の第五十番「絲績《う》み女」に記された例話である。佐々木喜善は「最初の著書『江刺郡昔話』当時（大正11年１９２２頃）集めた資料に最近（昭和6年１９３１）採集したものを合わせたもの」（凡例）としている。本書の序文（昭和5年１９３０・11月付）で、柳田国男は「普通に郷里を語ろうとしていた者のしばしば陥り易い文飾」というものを「己をむなしうして捨て去った」「客観の記録」とまで述べている。この「客観の記録」の意味は、例Bに引用した類話が、大正末から昭和初頭にかけて、江差地方で話された言葉が、そのままに「客観」的に「記録」されたの意味ではない。編者による採話も、多分音声資料として録音されたものではなく、方言で語られたものを、その場で文字で書留め、後に共通の言葉に「翻訳」し、「客観」的に書改めた「記録」と言いかえることが出来よう。文中「座《ねま》って、麻糸なオンでいながら」など方言と思しき部分はある。しかしそれも共通語で理解される範疇の表現である。漢字「座」「績桶」で方言の意味を記し、方言でルビ「ねまる」「おむけ」をふるなど、語りの文字表現に工夫が凝らされている。口頭伝承を共通の文字言語に置き換えるこの過程の作業は、明らかに今日でいうところの「再話」である。

例Cは、半世紀以上も前に刊行されたものであるが、今なお表紙の彩色が印象的な書物である。奈良地方の千を超える伝承が簡潔な表現で伝えられる。口承文芸資料に必須な伝承地、話者名も記される。唯、口頭で語られた伝承は、編者の言葉に完全に置き換えられ記される。本文中の「妖女」「瞑目」などの言葉は、奈良吉野地方の言葉として語りの中で使われたものではなく、読み手である読者の理解を意識した、編者自身の表現であった。「コト」の由来を伝える伝説集にはこうした操作が、通常のこととして行われ、刊行し続けられている。

例D　筆者は最初に勤務した大学の学生たちと、岡山県苫田郡上斎原村（現鏡野町）の採訪調査を行った。口頭伝承の採録、翻字（語りの文字起こし）、編集の過程を経て、孔版（ガリ刷り）で私家版として刊行されたものである。昭和45・46年１９７０・１９７１全国的な大学学園紛争が終息に向っていた頃であった。

……夜中頃へなって出て来た言《ゆ》うて、化けが白い着物を着てな、髪をワアッとした娘が出て来てな、女が出て来て、……。化けはここに入ったに違いない思うて入って見たらな、そしたら大きなひひがな、ひひが目の玉だった。その目の玉撃たれてな、そえで「ウンウン」唸ってな、ヒヒを退治にはならなんだろうけど、目を撃ってウンウン唸りよった言《ゆ》うて……

同じ言葉を繰り返すこの表現は、いっけん冗漫に過ぎるものである。しかし、この言葉の繰り返し、言い直しは、語り手にとって、聞き手の反応を確かめ、自ら納得しながら語り進めるために、必要な表現手段である。「語られた伝承を文字で読む」という矛盾した行為を、私たちは普通に行いながら、それを、語り手の「息吹き」が「読み取れる」「感じられる」と思うのである。

若狭の狸、狐の化け話が時空を超え、広範囲に類似、類想の伝承で語られることに、まず素朴な驚きを感じずにはいられない。しかしそれ以上に、語りを文字で表現する行為が、多くの異なった条件や環境の上に成立していること、それらが如何に混在しているかを改めて思い知るのである。

地域の伝承を知り、知識を深めたい。

伝承が語る喜怒哀楽の世界を共感したい。

伝承世界を自分の言葉で再現し、表現したい。

語りの表現を、出来る限り「厳密に」資料化したい。

語りの世界の「心」を生かした語り手、演者になりたい。

伝承世界へのまなざしは、際限なく広く、多岐にわたっている。伝承世界に触れた刊行物を手にするとき、私たちは、筆者、編者が表現に託した意図を知り、どのレベルで伝承世界を表現しようとしているのか、それを私たちは、どう読もうとしているのか、そんなことを念頭におきたいものである。

二、垣内トミさん—語りの世界

『集成』に収載された伝承は、金田久璋氏が、若狭嶺南六地域の語り手から直接採録、ふくい昔ばなし大学再話研究会の手による翻字を基に、地域、語り手ごとに編集したものである。語り手の話数の多寡にかかわらず、そのほぼ全てを本集は収載する。一話も、断片話でもゆるがせにしない編者の資料収集への態度がある。

『集成』は若狭の語りの世界を感得することのできる読み物である。しかしそれは、若狭の言葉での語りを現地で採録し、その言葉を一語も漏らさず翻字、分類、編集するという過程を経て、初めて我々に提示されたものである。読み物であると同時に、口承文芸資料としての性格を持つものである。

本書の名田庄地区（現おおい町）の口承世界は、垣内トミさんの一人語りで紹介される。この話者の語りは、これまで『集成』も含めて4度、記録される機会があった。時を追ってその語りが文字化、記録化される「場」を記す。

その1のA
・調査期間・対象　初回—昭和46年1971　1月から3月　嶺南地方13部落70人から416話採録
　　　　　　　　　2回—昭和47年1972　3月　名田庄村69人から449話採録
・調査組織　京都女子大学説話文學研究会　稲田浩二
・資料集・掲載話　『若狭の昔話』（以下『若狭』と略称）日本の昔話1　稲田浩二著　日本放送出版協会
・典型話　全135話　内、名田庄の話者27人から103話を掲載（同書巻末一覧より）
・垣内トミさんの話　7話（狐と小僧、夢見出世、大年の客、笠地蔵、蛇妻の目玉、夢の蜂、苧績み婆）掲載

その1のB
・調査期間・対象　初回—昭和46年7月17日～24日
・　　　　　　　　2回—昭和47年3月　名田庄村16人から290話採録（昔話252話、伝説23話、他）
・調査組織　國学院大学民俗文學研究会
・資料集・掲載話　『丹波地方昔話集』—伝承文芸　第10号　典型話全35話掲載
・垣内トミさんの話　5話（尻尾の釣り、犬聟入り、蛇婿入り、笠地蔵、喉は鎌倉街道）

その2

・調査期間　昭和60年1985 9月2日、昭和61年1986 2月24日、他

・対象　若狭6地域（敦賀市、小浜市、三方郡美浜町、三方上中郡若狭町、大飯郡おおい町名田庄、同郡高浜町）

・調査者　金田久璋

・資料集・掲載話　『若狭あどうがたり集成』金田久璋、採話、編集。ふくい昔ばなし大学再話研究会翻字　若狭路文化叢書17集

・典型話　全127話（補遺8話）

・垣内トミさんの話　32話、全話掲載。

その3

・本書には昔話調査期間、方法についての具体的な記述はない。唯、昔話集刊行が、平成2年1990 11月1日と記されており、手掛かりとなる。

・調査、編集者　名田庄村民話調査委員会

・資料集・掲載話　『名田庄の昔話』（以下「名田庄」と略称）二部構成で「伝説」40話、『民話《ママ》』38話の典型話を掲載。

・垣内トミさんの話　7話（狐と小僧、豆木の太鼓、蛇妻の目玉、麻うみ婆、夢の蜂、まさ夢、千手観音さん）掲載

注　本書の例話には、個々の話者名の記載がなく、話柄と話者名の関係は、正確には不明である。ただ本書巻末に語り手、作者、執筆者二十一人の中に「垣内トミ」名が記されていること、『集成』『若狭』の垣内例話の語りの口調、内容から推測、判断した。

＊垣内掲載話対照表

・表中の○×は、垣内話の掲載の有無、△は同話柄で他の話者の掲載のあるもの。
・タイトルについた番号は、通観、若狭 集成、名田庄各書のインデックス、掲載番号。
・（ ）は、通観タイプインデックスにない話柄。

『通観』No. タイトル名	若狭	集成	名田庄	『若狭の昔話』	『若狭あどう集成』	『名田庄の昔話』
（狐玉の取合い）	○	○	○	（狐と小僧）	（・95狐の玉）	（・16狐と小僧）
93夢見小僧	○	○	○	・夢見出世	・98節分の夢	・29まさゆめ
224蛇女房	○	○	○	・蛇妻の目の玉	・101蛇の嫁さん	・18蛇妻の目玉
337山姥と櫛	○	○	○	・苧うみ婆	・110山姥の牡丹餅	・20麻うみ婆
14大みそかの客	○	○	×	・大年の客	・99大歳の客	×
254夢の蜂	○	×	○	・夢の蜂	×	・31夢の蜂
42笠地蔵	○	×	×	・笠地蔵	×	×
212犬婿入り	×	○	×	×	・100犬の嫁さん	×
433仏にまさる心	×	○	×	×	・96嫁姑の知恵くらべ	×
193継子と炒り豆	△	○	○	・継子と豆の木	・97継子とほんの子	・11豆の太鼓
407長良の人柱	△	○	×	・長良の人柱	・104長柄の人柱	×
205蛇婿入り	△	○	×	・蛇婿入り	・109千本針	×
1165月日の立つのは早い	△	○	×	・月日の立つのは早い	・111月と日と雷	×
899嫁が見たら蛙に	△	○	×	・嫁が見たら蛙	・113嫁と牡丹餅	×
23法事の使い	△	△	×	・ぶつ	・115法事の使い	×
225狐女房	△	○	△	（・狐女房）	・103お春狐	（・2狐女房）
（弘法水）	△	○	×	（弘法水）	（・116弘法水）	×
（善光寺詣り）	×	○	○	×	（・120善光寺詣り）	（・10千手観音さん）

その1のA『若狭』とその2『集成』の間は13年、『集成』とその3『名田庄』の間には4年、前後ほぼ20年の隔たりがある。語りの場も目的も方法も異なる条件で、話者垣内トミさんは、特定の話柄5話から7話を、固定的に語っておられる。

垣内話の一面を示すものがある。

『金田久璋氏聞き取りによる嶺南地方の昔ばなし 翻字リスト ふくい昔ばなし大学再話研究会 2020年8月』と表書きされた分厚いリストがある。ここには、口頭で語られた原話の翻字だけでなく、語りに入る前後の会話、話の所要時間も克明に記録されている。これが筆者には大変参考になった。ちなみに垣内さんが『若狭』『集成』『名田庄』で共通に語った話は、

・95狐の玉（6分45秒）・98節分の夢（11分15秒）・99大歳の客（7分50秒）・101蛇の嫁さん目玉（9分30秒）

・110やまんばの牡丹餅（6分）・（97継子とほんの子）（2分50秒）

の時間が費やされている。

残念なことに垣内さんの「夢の蜂」の話は『集成』では語られず、その所要時間の記載はない。唯『若狭』『名田庄』に同話が記録されており、この話も「夢見小僧」と同様、10分を超える長話であったろう。こうした傾向は『集成』の他の女性の話者には類例がない。概して女性話者は、10秒、15秒で終わる一口話程度の笑話を、重ねて語る傾向にある。対して男性の話者は、神話、人間的モチーフを多く含む「昔語り」、『大成』で言うなら「本格昔話」に多くの時間を費している。話数こそ少ないが、『集成』の冒頭、敦賀市刀根の話者田中當吾さんの例が参考になる。

1三左ヱ門薬（8分10秒）2熊の恩返し（5分10秒）3六部と狼（10分15秒）4刀鍛冶と竜神（8分15秒）

5くわんくわんくったくった（5分5秒）

「昔語り」を、じっくり時間をかけて語る、男性話者のこうした傾向は、垣内話に近い。垣内さんは、時と、状況の異なる場で、丁寧に、慎重に語りを続け、優れた話者である評価を得ていたのであろう。

＊

垣内さんの話『若狭』『名田庄』の典型7話はどのような経過で決定されたのか。

『若狭』の凡例では、掲載話には『名彙』『日本昔話集成』（以下『昔集成』と略称）関敬吾編 角川書店 の話型を記した、と僅かに記されている。垣内さんの数多くの語りの中から、過去に調査採集され、口承文芸資料と位置付けられた話柄が選ばれた、と理解されよう。それは話者垣内トミさんが好んで語った話であったことと同時に、編者によって資料的価値が与えられたものであった。

『集成』所載の全話柄の口承文芸資料としての位置づけを、『日本昔話大成』（以下『大成』と略称）関敬吾他編 角川書店。『日本昔話通観』（以下『通観』と略称）稲田浩二他編 同朋舎出版 で示した。是は、先に『若狭』で稲田氏が漏れなく注記した『名彙』『昔集成』刊行以降の全国的な調査研究の成果を反映したもので、新たに昔話分類の基準となるものである。

垣内トミさんの話は、まずその話数の多さで特筆されるが、実際の評価はその語り世界の広がり、扱うテーマの多様性にあると考えられる。

まず、『集成』に十話程度の例話を掲載している若狭の他の話者の例話を分類整理する。分類の基準は、次の『昔話タイプ・インデックス』（以下「インデックス」と略称。『日本昔話通観』28巻所収 同朋舎）である。この作業は、若狭の話者たちが、何を主題（テーマ）として、どのような視点から何を語るのか、を考える手掛かりとなるものである。インデックスの内容は、次のものである。

一むかし語り　1人の世の起こり　2超自然と人　3異郷訪問　4天恵　5呪宝　6誕生　7兄弟話
　8継子話　9婚姻　10霊魂の働き　11厄難克服　12動物の援助　13社会と家族　14知恵の力
二動物昔話　15動物前生　16動物由来　17動物葛藤　18動物競争　19動物社会
三笑い話　20賢者と愚者　21おどけ・狡猾　22くらべ話　23愚か者　24愚か婿　25愚か嫁　26愚か村
　27誇張　28言葉遊び

四形式話　　29形式話

例1　田辺房枝さん（美浜町佐田）の場合『集成』掲載10話（内インデックス類話　5）

むかし語り　3話・「天恵」―51屁放り爺　・「異類婿」―53猿聟　・「厄難克服」―57狸退治

笑い話　　2話・「賢者愚者」―54くったくったくわんくわん　・「愚者」―56風呂は野壺

注　右インデックスにない5話中、狐狸の化け話2話は世間話、幽霊、亡者の話は「世間話」、狐狩り、ガリアイは「民俗」に分類。分類話柄の頭につけた番号は、『集成』掲載の番号を意味する。

例2　田辺アサヲさん（美浜町佐田）の場合『集成』掲載　11話（内インデックス類話　5（6））

むかし語り　1話・「天恵」―40鳥呑み爺さん

動物昔話　2話・「動物由来」―37そばと麦・「動物競争」―36十二支のはじまり

笑い話　1話（2）・「おどけ・狡猾」―41でたらめ経、―（38常宮の善坊）

・（「くらべ話」―39小僧のかいもちなべ）

形式話　1話・「形式話」―42天からふんどし

注　分類表中の（　）は、タイプインデクス掲載話に準じる話。それ以外は、伝説2、世間話2の分類。

例3　白井清三さん（美浜町）の場合『集成』掲載　13話（内インデックス類話　5（9））

むかし語り　4話・「運命的誕生」―73神送りの運定め・「動物の援助」―63狐のお産

・「社会と家族」―62長良川の人柱　・「厄難克服」―65菖蒲の節句―食わず女房

笑い話　1話（4）・「おどけ・狡猾」―68折れ秤　・（「くらべ話」―66碓氷峠のもみじ）

・（「言葉遊び」―69四位の少将　―71しいら買い　―72豆腐屋の禅問答）

注　インデックス話の他は、世間話3話か。菖蒲湯の民俗1話。

例4　垣内トミさん（名田庄・西谷）の場合『集成』収載32話内インデックス話は19（21）

むかし語り　15話（1）・「超自然と人〈来訪神〉」―99大歳の客

＊「超自然と人〈授福〉」―笠地蔵

・（「呪宝」―95狐の玉）

・「天恵」―98節分の夢

・「知恵の力」―96嫁と姑の知恵くらべ

・「継子話」―97継子とほんの子

・「婚姻」〈異類婿〉―100犬の嫁さん―102節句の話、107千のだんご、109千本の針。

〈異類女房〉―101蛇の嫁さん―103おはる狐

＊「霊魂の働き〈生霊〉」―夢の蜂

・「厄難克服」〈逃走〉―108坊さんと蛇―110やまんばの牡丹餅

・「動物援助」―106狼の恩返し

・「社会と家族」―104長柄の人柱―105熊のかたき討ち

笑い話4話（1）（・「くらべ話」―114歌くらべ）

・「愚か者」―112鼠経―113嫁と牡丹餅―115法事の使い

・「言葉遊び」―111お月さんとお日ぃさんと雷

注「むかし語り」の「＊」印2話の内、「夢の蜂」は『若狭』『名田庄』、「笠地蔵」は『若狭』のみに収載され、『集成』には見られない垣内話である。

『通観』インデックスは、「むかし語り」のテーマを、14の細目で示し基準とした。これも「現在の時点における」の条件がつくもので、今後の調査、研究の進展から、新たな分類視点や、項目がつけ加わることになる。垣内トミさんの語りの世界は、大きく広がる。肉声として採録された32話の内19（21）話がインデックスの類話であり「むかし語り」の分野では、インデックスが設定したメインテーマ14の内、11話型、18話におよぶ。

口承資料となる話柄を多く語れること、これは優れた話者の条件のひとつである。それは話者自身が伝承された話を記憶し、自らの言葉で自由に語れる固有の資質によるものか、他からの要請を力に、耳袋を肥やしていったものか。話者としての垣内トミさんの成長過程を知りたいと思う。

分類された話柄の主題からみると、垣内話では、人間と動物との通婚・異類婚（異類女房、異類婿）が好んで取りあげられている。

『集成』・101蛇の嫁さん（蛇女房目玉）・102節句の話（蛇聟入菖蒲酒由来）・107千のだんご（蛇聟入竜昇天）

・108坊さんと蛇（蛇女房逃走）・109千本針（蛇聟入針）

細目での分類に違いはあるが、右にあげた5話は、いずれも「蛇と人間との通婚」を主題にした「異類婚」の範疇に含まれる。犬、狐も加えると全7話、人間の重要な通過儀礼である結婚、出産、誕生と関わった動物に、話者の興味が強く向けられている。

これとは別に、夢を大切にして幸運を手に入れる「98節分の夢（夢見小僧）」と「夢と蜂」の話、晦日の心優しい行いが、思わぬ幸運につながる「99大歳の客」と「笠地蔵」には、深い関わりがあると思われる。特に後者には、扱うテーマや登場人物に共通の心情がある。

『大成』では「本格昔話　199大歳の客」の項に、

「・199A B大歳の客。202大歳の火。203笠地蔵」と配列、一方『通観』では、「むかし語り　2超自然の人」の項に

〈来訪神〉14A B大みそかの客。〈授福〉14A B笠地蔵

と分類されている。

『大成』「大歳の客」が内包するテーマをさらに細分して、『通観』では〈来訪神〉〈授福〉した。〈来訪神〉の延長上に〈授福〉はあった。両者は本来一対、一連のものであったと考えられる。

筆者は密かに「笠地蔵」「大歳の客」2話は、語りの場でも連続して語られたのではないか、と想像をたくましくしている。「夢と蜂」「笠地蔵」の2話が、この『集成』で語られなかったのは残念なことであった。

三、語りを読むA

＊96嫁と姑の知恵くらべ（通433仏にまさる心）
1きつい母親と息子がいる。いくら嫁を貰っても離縁される。

2辛抱するという娘が嫁になり、姑のいうことは何でも聞く。

3姑は「紙に風を包む」「紙に火を包む」「灰で縄を綯《な》う」という難題を出し、嫁はその難題の答えを「団扇」「提灯」「綯うたわら縄を焼き、灰にする」と解く。

4姑は「鬼や鬼やと人は言うらむ」と下句を書く。嫁は「仏にもまさる心を知らずして」と上句を付ける。姑は反省し、円満な仲になった。

『集成』「96嫁と姑の知恵くらべ」の梗概は、右の1～4のようにまとめられる。「タイプインデックス」があげる例話の梗概は、次のものである。

1嫁と不仲な姑が、嫁に向って「あの鬼婆と人は言うらん」と詠みかけると、嫁は「仏にまさる心を知らずして」と上句を付ける。

2嫁と姑はそれ以来仲直りして、姑はやさしい婆になる。

ここでは1、2に分けているが、『集成』の梗概のほぼ4に相当する。

類例は限られるが、滋賀県琵琶湖の東岸、蒲生郡竜王町須江・女 の例（『通観』巻15 滋賀）

1仲の悪い姑と、信心家の嫁がいる。嫁はよく姑に仕えるが気に入られない。

2近所の人が「鬼婆、鬼婆」というので「鬼婆なりと人は言うなり」と下句を詠むと、嫁は「仏にもまさる心をしらずして」と上句をよみ、姑は感激して信仰家になった。ここでも『集成』の1〜3前段の話の展開はない。

わずかに前記『通観』に掲載された滋賀県の、

「ある夜姑が、反物を明朝までに縫い上げるよう言い付けると、嫁は夜も寝ないで仕上げる」

（類例1 伊香郡余呉町文室・女）

を示せる程度である。

嫁、姑の不仲とその具体的な展開は、歌の内容から前提に設定されたものであろう。この話の中心は、あくまで、和歌の付け合いの妙、和歌が人間関係にもたらす徳を語るものであった。意地の悪い、嫁いじめをする姑、昔話では「吉崎御坊の肉付き面」の「嫁いじめ」に尽きる。「継子いじめ」「嫁いじめ」「姑いじめ」は、昔話では一連のものとして、全国に広く語られる話柄である。この種の話は、話のリアリティを離れ、極端から極端へ向かう。ただ、どの話も、悲惨なままの結末はなく、必ず救われ、ハッピイエンドになる。こうした結末が周知されているからこそ、過酷ないじめを安心して聞くことが出来るのである。

姑が嫁に与えた灰縄の難題は「通47A姥捨て山—難題型」に登場する。親を山に捨てられなくて連れ帰り、床下にかくまう心優しい息子。その息子に殿様から出される難題、その代表的なものが「灰縄」である。

滋賀県の例として挙げた梗概の中で、意地悪の姑に対する「信心家の嫁」、付け句に感激した姑は「信仰家」になった、というくだりは、この話の伝承された「場」が、先にあげた「吉埼御坊の肉付き面」と同様、宗教行事（説教、講話）にあることを示唆するものかもしれない。

いずれにしても話者の垣内さんは「巧みな和歌の付け合い、歌がもたらす光明の物語」の前段部分を工夫したのであろう。梗概の1～3の部分は本来の伝承にはない、語り手の裁量で膨らませることが出来る「自由区分」であったと考えられる。

三、語りを読むB

＊92大歳の客

1大晦日の晩、貧乏な家に、庄屋が行き倒れを連れて来る。正月三ケ日、米5升で預かる。
2庭の隅に薦《こも》を着せて寝させる。
3元日の朝、薦が、かさ高くなっていて、めくると千両箱になっていた。

これは垣内トミさんが、最初に『若狭』で語った「大歳の客」の梗概である。13年後、金田氏が同人から採録した話と重ねてみると、基本の筋立ては変わらないものの、

・大晦日の行き倒れを家に連れ帰り、介抱するのは、貧乏人自身である。
・庄屋に米五升で三ケ日預かるのは同じながら『集成』では、死人の葬儀を正月四日に米1俵で受け合う。

など細部に相異が認められる。

垣内さんの語りのスタイルは、伝承された語りのことばを、一言一句正確に、寸分たがわず固定的に繰り返すのではなく、大筋を基本に置き、細部は自分の言葉で膨らませていく傾向にあると考えられる。

『集成』「大歳の客」冒頭部「貧乏な、貧乏な家があって、米を買うたりなんじゃするのも不自由ななり」は、『若狭』でもほとんど変わらず、次の展開に移る。一方『集成』では、大晦日の晩の会話で、うちは貧乏で人並みの正月の準備はできないが、健康で、雨風をしのぐ家もある。辛抱して機嫌よく正月を過ごそうと子供に言い聞かせ、納得させる。そして正月、自分は稼ぎに出かける。という展開になっている。清貧に甘んじ、それを親子で耐えようと話し合う主人公、同趣の描写は、結末部に続く。死体が寝ているうちに、千両箱に変わっ

たことを庄屋に相談すると「これは親切なお前たちへの神仏のお恵みである」と言われ、それからは、立派な家を建て、一生、人に施し、親切にした。となっている。最初の調査での結末部はここまでであった。

『大歳の客』の翻字原稿には、二回目の調査昭和61年１９８６　2月24日に、次の会話が翻字されていた。

「垣内　こないだ(9月20日)も先生にぃ、私いっぺん、いっぺん忘れてしまうもんでね、いうこと忘れてしもてぇ。『大歳の客』でもう、後にぃ、お金になったもんで、まあ、いろいろ施して、それはそれでええんやけんど、その旦那が大歳の晩には、庭に藁《わら》しいてぇ、薦《こも》を着てぇ、寝初《ねぞ》めを、そいうの忘れたんですわぁ」

『集成』「大歳の客」の結末「その旦那が大歳の晩には庭に藁《わら》しいてぇ、薦《こも》を着てぇ、寝初《ねぞ》めを、その家の続く限りぃ、大歳の晩から寝たんやと」は、こうして話者の希望で加えられたものであったと推測される。話者は、冒頭部で膨らませた主人公の清貧に甘んじる展開を、寝初めの起源を語る話として締めくくったのである。五か月後、前の語りの不備をわざわざ補うなど、話者の自分の話への強いこだわりを感じさせるところである。

こうした主人公の心情描写と、結びの「寝初めの起源」を語る習俗は、まだ類例を見ない。唯、結びの部分に起源譚を配置する話の構成は、他にも類例がある。

晦日の夜訪れる行き倒れ、乞食僧、みすぼらしい老人、棺や死体を預ける葬礼の人は、歳神、七福神、毘沙門天が姿を変えたものである。これを厚遇した貧乏な人は、これらの神々を祀るようになったというのが、この話の一般的な結びである。

「大歳の客」の福井の他の類例を見ると、「大晦日の火」の伝承に近い話が採集されている。古い例では『越前の民話』杉原丈夫編、昭和41年１９６６　1月5日刊には、

大晦日の夜、みすぼらしい身なりの人が泊まりに来て、囲炉裏端で急死、困って死体を囲炉裏の火で燃やすが、胴体だけはどうしても燃えない。火箸でつっつくと中から金が出た。だから今でも大歳の晩には、大きな木の根を「年取り男」と言って燃やす。

（昭和10年1935　福井市宝永町　杉原ツヤ）

昭和47年1972　6月5日刊行の『奥越地方昔話集』民俗文學研究会編集　には、大野郡和泉町、今立郡池田町から各1話、同趣の類話を紹介しているが、火に関する起源譚はない。

或る村に心のいい夫婦がいて、よく乞食を泊める。泊めた乞食が死んだことがあり、それ以来泊めなくなる。

『越中射水の昔話』伊藤曙覧編　昔話研究資料叢書6　昭和46年1971　11月15日刊　三弥井書店　には、ある時旦那が、奥さんに言わずに泊めた乞食が死ぬ。困った旦那は囲炉裏に死んだ乞食を入れ、豆殻を一杯入れて焼く。翌朝起きて来た奥さんが、ご飯を炊くので囲炉裏に行くと、一杯小判が出た。それ以来、正月三ケ日は福の神がくるように豆殻を焚くという。

（「豆がらと乞食」塚原村宮袋・塚原元次郎）

ここでは明確に、正月三ケ日は豆殻を焚く起源を伝えている。

類話資料の梗概（54大歳の客　類話1、4）、『日本昔話通観』14　京都編

1節分の時，夜通し火を焚くと汚い爺があたらせてくれという。

2爺が急死し埋葬しようと体を動かすと、一杯小判が出て来る。爺は福の神だった。

3節分には福を呼ぶため、夜通し火を焚く。

乞食坊主（弘法）が松島あたりの金物屋にやっと泊めてもらい、庭の隅でむしろを着せてもらう。その後店は繁盛する。それ以来毎年その晩になると、店の腰掛にむしろをかける習わしがある。

（北桑田郡美山町樫原・女）

同（35大歳の客　類話13）『日本昔話通観』16　兵庫編

大歳の晩火を焚いていると遍路が泊まりに来る。庭に泊めて火を燃やす。朝起きると遍路はいなくて、金が十二置いてある。大歳の晩には戸に施錠せず、大歳火を焚くものという。

（船井郡和知町上粟野・女）

（美方郡村岡町日影・女）

来訪者を迎える大きな火を焚く、木の根を燃やす、豆殻を燃やす、むしろを敷くなど、晦日の夜の習俗とその起源が散見している。むしろを敷き、薦を着て寝初めする。話の構成としては、冒頭の貧しいながら、幸せだった頃を忘れないための戒め、と解することができる一方、伝承された習俗を踏まえた設定とするのが自然であろう。小正月の夜、遠い国から蓑を着て現れる来訪神ナマハゲなどの姿を思わせが、これは推測の域である。「庭に藁しいてえ、薦を着てえ、寝初めをその家の続く限り、寝た」とある。家伝として、独自の風習を言うのかも知れない。

三、語りを読むC

敦賀市の下原久太郎さんは不思議な話者である。

まず「7数珠のいわれ」を読む。

「ちょっと長いでえ，長なるかも知らんねんけんど」。前もって、覚悟はしていたが、改めてその長さに驚いた。

インドのホーマという国を舞台に展開される「奇想天外」「荒唐無稽」こんな言葉をいくつ重ねても言い足りぬ展開の話が、延々と続く。「いつまで……どこで……」不安がよぎったあたりで、話はあっけなく終わる。

語りの背景は「茫洋」としている一方、会話を連ねての展開はリアルで、具体的である。しかし、筆者には、この話が、どうして「数珠のいわれ」に帰着するのか、今だに分からない。

思いあぐねて、この話は今から60年前、山村の長仙庵の新築祝いに来た布教師のお説教で聞いた、という言葉を頼りに、敦賀市に実在する曹洞宗の寺院「長仙庵」に、恐る恐る電話をかけてみた。若狭の柔らかい方言が電話口から聞こえて、少しほっとした。寺の開基はいつ頃か、新築のお祝いなど、いつ頃なさったか、など聞いてみるが、どうも要領を得ない。時間をかけて聞き得たことは、寺は建てられてから百年くらいたっているだろう。それから4、5代住職が替わっており、当時のことを知る具体的な資料などは知らない。ということだった。

少し「数珠のいわれ」の話に近づく糸口ができたかと思うが、先は長い。

赤ん坊の無邪気なしぐさ「ちょちちよち」「あわわ」「おつむてんてん」のいわれを語れる人は稀である。下原さんの「ちょちちょち話」は、実に丁寧に語られる「おんちょろちょろ」の「鼠経」である。「あわわの話」は、亀の甲羅模様の由来譚で「亀の甲羅の割れた訳」などの題名でも語られる。いずれも『通観』に、笑話「901鼠経」、動物昔話「500亀の甲羅」のタイトル名で典型話として例示されている。それぞれの話が語られた結びが「ちょちちょち、あわわ」なのである。

「おつむてんてん」は「狸報恩」の話で、前二話にくらべると、話の展開が少なく、話者自身「おつむてんてん」の結びに苦労されている。

きっと話者の表情を見ながら、肉声でお話を伺うのが、文字で読む以上の説得性があるのであろう。これらの話は、語り手、聞き手が、話の過程を楽しんでいるところがあり、話の整合性などは、あまり問題にされないのかもしれない。

筆者には、寺院の新築法要にお参りした多くの信者たちが、数珠を握りしめながら、このお説教を楽しんでいる姿が目に浮かぶ。荒唐無稽な話は、現在手首に巻いている「数珠」の由来を、今聞いているという充実感で満たされているのであろうか。

＊

ご飯の煮える音、餅を焼いて食べる音、表戸を叩く音、開ける音、いずれも日常聞き慣れた、ありふれた生活音である。この耳慣れた音が、人を呼ぶ声に聞こえたら……。こんな発想がもたらす喜怒哀楽を、昔話は語る。

垣内トミさんには珍しい笑話「115法事の使い」で、
1猟師が、息子に「ししを撃ってこい」と言う。木の下で栗拾いしている母親を撃つ。

2葬式のために、黒衣の坊さんを呼びに行って、烏を連れ帰ろうとして逃げられる。

3黒い牛に声をかけ、逃げられる。

4ご飯焚きの番をさせられ「ぶつ、ぶつ」煮えかけると、自分を呼ぶ声と思い「はい、はい、はい」と返事する、しかし相手は「ぶつ、ぶつ」いい続けるので、怒って焚きかけのご飯をぶちまける。

5親は、2階の甘酒を下ろしに行く。

6坊さんが来たので、風呂に入ってもらう。「ひとくべしてくれ」と言われ、言われた通り「そこらにあったもの（坊さんの衣）」を燃やしてしまう。

7衣を焼かれた坊さんは、木の葉で前を隠して逃げ帰る。

無限に愚行を繰り返す話である。

この「115法事の使い」は、「笑話」の持つ基本的構造をよく表している。

話は、7話の短い笑話の集合体で成り立っている。7話には密接な前後関係にはなく、入れ替え自由で、前後を切り離して、単体の笑話としても話される。

事実『若狭』では、本書でいう「法事の使い」の一部にあたる4、5「ぶつ」「壺の尻」を、独立した笑話として掲載している。

『通観』笑話、23「愚か者」の項には、
867瓶の尻、
868ぐず
869衣を焼く

８７０法事の使い
と分類し、全国的な話型の典型としている。単独の笑話も、それらを合わせた総合話も一話型としている。尚、先にあげた「法事の使い」梗概５は、笑話になっていない。２階から甘酒の壺を下ろす時「（壺の）尻を持て」と言われて、自分の尻をしっかり持ち、下ろした壺を割ってしまうというのが本来のものである。

ご飯が炊ける音を、自分の名前を呼ぶ声と勘違いして、返事をし続ける男、そこには、名前を呼ばれたら理由如何にかかわらず反射的に返事し、すぐ行動に起こすことを求められた生活習慣があったのであろう。

ここは愚かな所業を笑う話だが、他方このことを逆手に取った話も、『集成』には掲載されている。

本書補遺「１３３フウフウパンパン」は、盗み食いをする和尚に、ひと泡吹かせた小僧の頓智話である。

夜、小僧たちが寝静まった頃、和尚は、いつもひとり、餅を焼いて食う。熱くて「フウフウ」息を吹きながら「パンパン」粉や灰を落としながら食う。そこで小僧たちは、自分たちを「フウフウ、パンパン」と改名してもらう。果たして、夜「フウフウパンパン」が始まったので「はい、はい」と返事をして、小僧たちは、和尚の許に駆けつけ、餅をせしめる。

夜、小僧たちが駆けつけるのは、改名した自分たちの名前「フウフウパンパン」を呼ばれたからという「確とした理由」があった。常日頃、和尚は「名前を呼ばれたら、まず返事をしてすぐ駆けつけよ」と小僧たちに言い慣わしていたのであろう。和尚は小僧たちを非難できないのである。

＊

＊11ずずどん―和尚と狐
『集成』本文にはないが、翻字された元の原稿には「―永福庵の住職と狐」のサブタイトルがあった。この話は、小浜市の曹洞宗寺院「永福庵」にまつわる話として伝承されたものであろうか。

むかし「ずずどん」という坊さんがいる。毎晩毎晩、夜中に「ズズドン、ズズドン」の音がする。出てみると誰もいない。不思議に思って、音のする入り口に潜んで待つと、夜中、狐が後向きに、尾を鍵穴に入れては抜く、入れては抜く。そのたびに「ズウーッストン、ズウーッストン」と鳴る。その音を自分の名前「ずずどん」と聞いたのである。明け方、待ち構えて「ズウーッ」と音がしたので、戸をいきなり開けると、狐が中に転がり込んでくる。狐は仏間に逃げ、お釈迦様に化けている。焼け火箸で脅すと「ク、ク、クワー」飛んで出た。

名前のずずどんをあげるまでもなく、下原さんは語りで、実に自在に、オノマトペ（擬声語、擬態語）を使う。

・毎晩ズズドン、ズズドン、こういうんや。
・毎晩、夜中に行くとは、ズズドンちゅうんにゃ、ずずどんちゅう坊さんじゃあはけえ。
・（今夜はひとつ）さあっとそれを考えてやろう。
・くるり、くるりいうてえ、鍵でこうカチャン、カチャンと上げて……。
・……そん中へ鍵さしてえ、ぎょっとこういう曲った鍵で開けたもんや。
・狐はたまがってダアっと今度は、中へ入ってもたんや。
・ちょおんと今度はお釈迦様になっとるわいや。……ちょおんとお釈迦さんになってもた。
・狐にちゃあっと火箸当てたら、ク、クワアーちゅうて飛んで出た。

素朴なオノマトペ表現である。未だ概念化、定型化される以前の感覚的表現で、聞き手の感性を刺激する。

本話は、岩手、宮城、秋田、山形、福島、群馬、茨木、埼玉、神奈川、東京、千葉、岐阜、鳥取、岡山、広島、愛媛にかけて、日本本州の南北、四国の一部と、広い伝承分布を見せている。しかし、福井での伝承例を聞かない。

『通観』インデックスの話柄名に「783ずいとん坊」とある如く、夜、聞こえて来る音「ズイトン」が展開する物語の全国例である。

県	音	人物	音・正体
・岩手	「ドンスイ」	・光照寺の僧	大狐が尾で戸を打ち、竹を引く音　（気仙郡）
・宮城	「すいどん」	・すいどん小僧	大ムジナが戸穴に尾を出入れする音　（古川市）
・秋田	「すういとおん」	・楢岡の寺すいとん小僧	大貉が大戸の穴に尾を入れ叩く音　（仙北郡）
・福島	「すいとん」	・山寺のすいどん和尚	狐が尾を戸の隙間に出入れする音　（いわき市）
＊山形	「ずいてん」	・ずいてん小僧	狐が戸を尾ですり頭をぶっつける音　（最上郡）
＊群馬	「ずいってんさん」	・庵寺のずい天小僧	大狐が尾を引き叩く音　（仁多郡横田）
＊茨城	「スイートントン」	・玄仙という医者	狸が尾を節穴から出入れする音　（新治郡千代田）
・神奈川	「すいとん」	・大山寺のスイトン和尚	狸の尾を戸穴に出入れする音　（厚木市）
・埼玉	「藤でん殿」	・藤でんという爺	貉が頭で戸を叩き尾で打つ音　（所沢市）
＊千葉	「スエーツテン	・スイテン小僧	狐が戸をこすってテンという音　（成田市）
・東京	「マンコウ」	・干し大根番のマン	狐が尾で叩き呼ぶ声　（大田区久ケ原）
＊岐阜	「ズイトン」	・ズイトン和尚	狸が大戸を頭でなで突く音　（郡上郡白鳥町）
＊鳥取	「ズイトン」	・読経する小僧	狐が戸をなでる音　（日野郡日南）
＊岡山	「ズイトン」	・正雲寺ズイトン小僧	狐が尾で戸をすり足でける音　（新見市花見）
＊広島	「スウットン」	・すうっとん、とんねん小僧	狐が尾で戸をなで頭を打付ける音　（比婆郡）
・愛媛	「とんとん」	・酒好きの市兵衛	古狸の悪戯する音　（周桑郡壬生町）

夜、化けモノが戸口で立てる音（オノマトペ）を中心に展開する話は、細かく見ると、「聞こえてくる音」「聞く人の名前」「音を立てる方法」の関係性、展開に若干ではあるが、土地それぞれの工夫がある。

夜聞こえる音が如何に人々の想像を刺激するか、その連想が共同幻想として類型化していく様を実例でたどることが出来るように思う。

この単純構造の話は、後半、次の話と複合していく。
・尻尾で戸を打ち続ける狐に、池水に尾を漬けると、魚が釣れるとだまし、池が凍って取れなくなる話
（「通535尻尾の釣り」）。
・本堂に逃げた狐は仏に化けるが、脅されて正体を現す話
（「通786にせ本尊」）。
・台所に逃げた狸は羽釜に化け、火にかけられ正体を現す話
（「通370狸の茶釜」）。

右16例の中で「＊」印を付したものが、新たに複合的構造に変化した話型である。

類型的な話型は、新しい展開が創造されるのではなく、既に存在する他の類型話が付加される。この経過は先に述べた笑話「法事の使い」と、基本的に同じである。

こうした音の連想の発展に向わず、呼びかける声に負けじと返事をし続け、ついに怒鳴り合いになり、化けモノを退散させる他の類型話「通322いがりくらべ」に変化するものもある。

四、語りを読むD

＊舌を抜く女（16谷の主）.
柳田国男の『山の人生』（『定本柳田国男集』4巻所収　筑摩書房）には、夜、山中の番小屋を不意に訪れる山人の話がある。
「ちょっとこれはえげつないかもしれんけどお」と前置きして、
大昔やけえ、黒河《くろこ》は八千八谷ちゅうんや、新庄は八万八谷ってここの十倍あるちゅうんや……地元の人は、ほんの炭焼こっかようせなんだんやと。ほんで大きな木……ごっついのがどんどんあったらしい。……伊勢辺り……長野辺り……おおぜいの人夫がきて、ひと谷、ひと谷、飯場を建ててえ、ほいで伐採を頼ん

でえ、木を出したもんにやがなあ。ところが、菩提谷，葦原谷、ほれから小菅谷って谷あるわな、その谷によそから来て飯場建てて、そこは二間半に十間もあるような、こういう細長い飯場が、みな谷に、谷にこう建てて……、

と下原さんは、語り始める。語りが生み出され、展開される「場」のスケールの大きさ、場面設定の確かさに、まず圧倒される。

若狭版『山の人生』の世界である。

物語が展開される場となったのは、自然木が繁る山岳、深谷《しんだに》、その谷を挟むように建てられ、多くの人々が生活の場とする番小屋、飯場である。

この飯場の規模、構造について、

飯場は二間半（約4・5メートル）に十間（約10メートル）ほどの長さ。中は土間になっていて、あちとこっちと頭合わせて（20人の男たちが）寝泊りする。

と説明される。

同話に語られた「話の場」を、全国の例でみると

「若い男十人と年寄二人が、二組に分かれて炭小屋を建て小屋で酒を呑んでいる。」

岩手県岩手郡雫石

「山小屋に八人の木こりが寝ていると……」

秋田県平鹿郡増田町

「木こりの親方が十人の若者を使って山小屋で仕事をしている。」

福島県田村郡船引き町

「十三人の炭焼き衆の寝泊まりしている山小屋」

富山県下新川郡朝日町

「伐り子十人が泊まっている山小屋」

群馬県利根郡、沼田市

「山師八人が山で木を伐っている」

徳島県三好郡東祖谷山村

全国例に照らしても、下原さんの語る、20人の寝泊まりする番小屋が、並外れた規模に設定されているか分かる。

菩提谷の飯場に、夜、若くて美しい女が訪れ「江州越えが出来ないので……」と、一夜の宿を乞うところから、この話は動き始める。

・夜、突然現れた若くてきれいな女、好奇に満ちた男たち。

・女を警戒して泊めまいとする飯場の親方、物珍しさから「泊めよ」と迫る若者たち、次第に高まっていく緊張。

・勢いに負け、女を泊めることになり、色めく若者たち。警戒を緩めない親方。

話は冒頭から一気に盛り上がりをみせる。睡魔に襲われたように男たちが、眠りについた後、やおら起き上がった女が見せる奇怪な行動、そしてクライマックスへ。

思わず引き込まれていくストーリー展開なのだが、同時に杣人《そまびと》たちの日常生活の描写も興味が深い。

・激しい昼間の労働を終えて、夕食を挟んで、腕相撲、座り相撲、将棋などの憩い、食事、就寝。

・翌日の山仕事の道具、のこぎりの目立て、まさかり研ぎと刃付け。

これらは、若狭の山林、深谷で働く杣人たちのまぎれもない現実である。話は、この現実世界の延長上に展開し、矛盾なく、根拠を持った伝承になっている。

翌日の山仕事の準備「のこぎりの目立て」「まさかり研ぎ、刃付け」の行為は、主人公である親方の行動とオーバーラップしている。

若くて美しい女の訪問に、色めき立つ若者たちをしり目に、親方は女への警戒を怠らない。親方は、日ごろ使いなれた3尺（約1メートル）のまさかりを、1尺に短くし、「カミソリの刃ほどに刃を付け」、懐に隠し持っている。

・夜中起き出した女は、寝ている男たちをひとりずつ跨いで、口元へ「ふっ」という。19人、次々これを繰り返し、遂に親方を跨ぎ口を寄せてきた。親方は隠し持った準備のまさかりを、女の眉間目掛け振り下ろす。

・「ズウーーツ」と「谷の木五、六本一度に倒れたような音」がして、女は消える。見ると男たちは、皆死んでいる。

・翌朝、こぼれた血の跡をたどると、わこ谷の奥の洞窟に「大男が四つん這えになった」ような大きなひき蛙が唸っている。皆でこれを討ち殺して退治する。このひき蛙は、わこ谷の主だった。

怪談話としては、ここまでで十分決着はついている。

しかし下原さんは、ここで終わらない。

ひき蛙が、その谷の主やったもんや。主で、だんだん山伐ってくるもんやけえ、安穏におれんもんやから、女子《おなご》に化けて、飯場の人夫をみな殺してもたんや、大昔の伝説やわな。

と加えることを忘れない。

「森林伐採で住処を追われた野生の動物たちの、人間に対する報復」と言わんばかりである。

妖女が杣人たちを震撼させる怪談話は、ここで現実的な課題、社会性を持った物語に昇華されていく。

下原さんの話が持つ魅力のひとつである。

若狭地方独自の特色ある話と思われがちだが、これまで北は北海道、本州、四国から、全20例を超える類例

が報告されている。（『通観』県別編参照）

しかし、若狭、福井の報告はまだ目にしていない。

ここに『伝承怪異譚―語りのなかの妖怪たち』田中　瑩一　三弥井民俗選書　がある。もう刊行以来10年以上になるか。著者は永年、島根県（出雲・岩見・隠岐）を中心とした口頭伝承を精査しておられる。

著者は、島根を中心とする怪異譚を13項目に分類し「共同性」に支えられた伝承のあり様を、資料紹介し考察されている。

13項目のひとつが「炭焼小屋に来る女」で、「舌をとる女・夜来る蝶・なすびを売りに来る女」の伝承を紹介される。怪異譚に焦点を当てたこれらの伝承資料は、全国規模で調査、研究の末刊行された『日本昔話通観』の刊行以降の新資料であり、注目されるものである。

著者が示した島根の類話は、

兄弟三人が炭焼きしよって、晩げになって炭焼小屋で寝たって。そうしたら一番弟の分が、「おかしい、こいべはどうしても寝られんが」言うて目をポチンポチンさしておったら、きれいな、いい女《にょうぼ》が来て、寝とる人の鼻を押さえてあるくだげな。まさか死んどるとは思わんから、「こんな、えげなもんだが、人間じゃあないけ」山小屋に鉈が置いてあったから、片ひらの足い、パアッと打ち込んだちゅう。それぎりおらんようになった言ったなあ。夜が明けて見りゃあ、ずっと血がひいとったちゅう。弟がずうっと山の奥へつけて行ったところが洞穴《ほらあな》があって、大けな蝦蟇蛙《ひきんがえる》が足を切られて長まっとたとな。二人の兄弟は、朝起きてみりゃあ、それぎり死んどったげなけえのう。……上山であったげないう話だった。

（炭焼小屋に来る女　語り手　島根県太田市三瓶町志学・塚本オコ）

三瓶山の主はみみずだったいうことだますけえなあ。昔、三瓶山に小屋掛けがあって、そこ通りかけた者が二人でその小屋に泊まらしてもろうておったら、その家の主人が、こうやってのぞいて見るって。「何で、こな、のぞいて見るだろうか」と思うて、寝たふうして見とると、また、こうやって、のぞいて見る。「不思議なことだなあ」と。それから、あけの朝、相棒が起きんだあますげな、そえから、どがしたことだやらと思て見りゃ、舌抜かれておった。みみずていうものは舌をとるもんだあますげな。三瓶山はみみずが主、てていうことを、わしら聞きようました。

（舌をとるみみず　語り手　島根県太田市川合町鴨府・那須善吉）

方言が生かされた語りである。両話とも登場人物は、兄弟二人、三人と少人数だが、話の展開は、まぎれもなく『集成』所収の「舌を抜く女」（16谷の主）の類話である。明確に「舌を抜く」と語らなかったのも、訪れる女の正体ががま蛙であることも共通している。化けモノの正体がみみずであるのも珍しい伝承例である。

『通観』に引かれなかった群馬県の類話を一例示す。

むかし、山小屋に伐《き》り子が十人も泊って、大きなおかまげえろ（ひき蛙）がこんなに（丸くなる）なって、伐り子のそば行って血う吸ってるだっちゅうだ。人をみんな吸いっ殺しちもうて、血をすって。手前《てめえ》の番になったら、見たら、まあおかまげえろじゃあねえ、いい女になってこうやって（丸くなる）だちゅう、いい娘になって。十人めの手前の上にかかって来たから、その人は寝ずいたから、よき（斧）で背中と思う所を切っつけたら、キャキャキャッちゅうと、とび出したっちゃ、そのおかまげえろが。朝げに見たら、小屋のわき、こんな（四十センチ位）おかまげえろが死んでたっちゃ。

（おかまげえろのばけた話　幡谷　千明　くま）

（『金の瓜』―上州・利根の昔話　柾谷　明編　桜楓社）

この群馬の伝承がよほど『集成』の伝承に近い。

皆が寝付いて後、起き上がった女が男たちを襲う様子を、下原さんはこう語る。

……「ふっ」ちゅうたら、ぱあっと降りるんや。また、その次の人を同なしようにまたいで。ほいては、ひとりずつ口元に「ふっ」とこう言うんや。……十七、十八、十九人て、みんな同しように、ひとりずつ口元へぐうっつとそのおなごが口寄せては「ふっ」とこういうんや。

右は「舌を取る」表現としては厳密ではない。群馬の例が如く、血を吸う音とも解釈されるからである。息を吹きかける、血を吸い取る、舌を吸い取る、いずれの場面を想定するにしても、戦慄を覚える下原話のオノマトペ表現である。

最後にこの伝承の前提となる精神世界について述べる。

これは、秋田県北秋田郡阿仁町の伝承で、冒頭で、

マタギでもね、ここでは7人マタギを嫌ってるんです。7人でマタギに行くことをね、嫌うんです。なぜ嫌うかということになれば……

と語りだす。マタギをはじめとした山の人生を生きる人の「禁忌由来譚」として語られる。

同じ秋田の例話で

・山小屋に寝ている8人の木こりは、女に舌を抜かれて7人が殺され、ひとりは生き残る。女の正体はむじなであった。(平鹿郡増田町)

長野県下水内郡栄村の例では、

・8畳敷の座敷に8人寝れば、化け物が出ると聞き、8人で寝る。ひとりは寝られずにいると、手拭いを被った女が現れ、舌を抜かれて7人が殺されている。後、男が働きに出て、そこでこの話をすると、「こんな女化け物ではなかったか」と言い、女が男の舌をぬく。

とある。

徳島県三好郡東祖谷山村の例でも

・8人の山師がいて、うち7人が、舌を噛み切られて殺される。翌朝、血の跡をたどると、大きいごうと(蛙)であった。

と伝える。

富山県下新川郡朝日町（旧宮崎村）の例では、

・13人の炭焼き衆の寝泊まりする小屋に器量のいい若い女が訪れ泊まる。男たちは喜ぶが、年よりは用心して小屋の入口に寝る。ふと目覚めると女は12人の枕元から枕元へ移りながら「舌をむしり取っては、二、三度軽く振り、うまそうに食う」飛び掛かると女は、大鳥になって飛び去る。女の正体は、ひねた鶏の化身だった。

小屋のあった坂を「十二組の坂」という。

と地名起源譚になっている。

番小屋に泊る人数、殺される人数などの設定が期せずして一致していることなど、改めて驚くばかりである。「山の人生」には、多くの禁忌に左右される日常があることを、これらの例話は語っている。

先に引用した千葉徳爾氏の『狩猟伝承』第三章　狩人の信仰　によると、沖縄本島北部、国頭地方（辺土名）の山中の忌み言葉は、鍋、椀、箸、水、塩、火など炊事に関するものが圧倒的に多いことを述べている。山中の精霊（ブラガヤー）に食事、炊事をしていることが知られると、祟りを受けると考えているからと説明している。

また、山小屋生活を7人または12人ですることを忌む土地は、東日本の山村に多く、人をかぞえるのに6人ひとりと言いかえる。奈良県吉野郡天川村でも、山小屋で7人になると人形の絵をかいて8人にみたてた。12人のとき、人形を木っ端で刻み13人目の代わりにする風は、青森県津軽地方のヤマゴたちが行っている。

先の富山県の例話で、「十二組の坂」と犠牲者の人数が地名となる話があった。同様山中の七人塚、七人ミサキなど犠牲者の人数が伝承として残る例をあげている。

千葉氏は、7の数字が特別視される理由を、山の神、その使者を7人とみていたらしいと推測されている。

『通観』では、昔話の展開する世界を分類項目として立てている。

異郷訪問として挙げたのは、次のものである。

・竜宮

・地下の国

・山野の国

・天上の国

昔話の全世界観が、ここに明らかに示されているのである。

・天上　　—地下

・山（山野）—海（竜宮）

2分法の世界観、これが複合した世界観と考えられたのであろうか。

下原久太郎氏の「舌を抜く女」（16谷の主）は、人間の世界と異郷との境界（接点）に展開した話だったのである。

『若狭あどうがたり集成』『大成』・『通観』比較分類一覧

※表中のタイトル名、Noは・『日本昔話大成』（略号「大」）関敬吾他、巻11資料編所収「昔話の型」角川書店。動物昔話（「動物」、本格昔話（「本格」）と略号。

・『日本昔話通観』（略号「通」）稲田浩二他 第28巻所収「昔話タイプ・インデックス」同朋舎 による

・表中のカッコ付の注記1、2は、上記『日本昔話通観』タイプ・インデックスへの登録はないが、個別の巻11.福井、石川、富山編（注1）、巻15三重、滋賀、大阪、奈良、和歌山（注2）に所収された話柄名、No.を意味する。・備考は、『昔話通観』の大少の分類項目を記す。

話者地域 話柄No.	話柄名	日本昔話大成　No.　話柄名（略「大」）	日本昔話通観　No.　話柄名（略「通」）	備　考
敦賀　1	三左ヱ門薬		通昔語り　379河童の薬	通昔語り　12動物の援助
3	六部と狼	大本格 二五二鍛冶屋の婆	通昔語り　289 同	通昔語り　11厄難克服〈賢さと愚かさ〉
4	刀鍛冶と竜神		通昔語り　327　一夜に刀千本	通昔語り　11厄難克服〈賢さと愚かさ〉
5	くわんくわんくったくった	大笑話 五三五餅は本尊様	通笑い話　598 同	通笑い話　20賢者愚者
6	ちょちちょち話ー鼠経	大笑話 三八二鼠経	通笑い話　901A念仏と泥棒ー鼠経型	通笑い話　7愚か者
8	薬売りと猫と南瓜	大本格 二五四猫と南瓜	通昔語り　282猫とかぼちゃ	通昔語り　11厄難克服〈賢さと愚かさ〉
9	あわわ話ー飛んだ亀	大動物 六四雁と亀	通動物昔話　500亀の甲羅	通動物昔話　16動物由来
11	ずずどん―和尚と狐	大本格 二六二ずいとん坊	通笑い話　783ずいとん坊	通笑い話　21おどけ・狡猾
15	狐のあだ討ち		（通15笑い話 175狐狸にだまされる話）注2	（通笑い話）
16	谷の主		通昔語り　287舌抜き女	通昔語り　11厄難克服〈賢さと愚かさ〉
美浜　19	舌切り雀	大本格 一九一舌切り雀	通昔語り　85 同	通昔語り　3異郷訪問〈山野の国〉
21	牛と猫と雀の芝居見物		通笑い話　1154芝居見物	通笑い話　28言葉遊び
25	はなしいの話(おぎんとこぎん)		通形式話　1197はなし話ー鼻椎	通形式話　29形式譚
29	松原のお辰狐 2	大本格 二八六狐の産	通昔語り　371狐の産	通昔語り　12動物援助
30	狐のこなご釣り	大動物 二B尻尾の釣り	通動物昔話　535 同	通動物昔話　17動物葛藤
36	十二支のはじまり	大動物 十二 十二支由来	通動物昔話　543 十二支の起こり	通動物昔話　18動物競争
37	そばと麦		通動物昔話　516そばの足	通動物昔話　16動物由来
40	鳥呑み爺さん	大笑話 一八九竹取爺	通昔語り　91鳥呑み爺	通昔語り　4天恵
41	でたらめ経	大笑話 三八一俄和尚	通笑い話　771 にわか和尚	通笑い話　21おどけ・狡猾
42	天からふんどし	大笑話 六四二C果てなし話ー天から褌	通形式話　1189長い話ー同	通形式話　29形式話
47	永平寺のすりこぎ		通昔語り　193継子と炒り豆	通昔語り　8継子譚
48	舌切り雀	大本格 一九一舌切り雀	通昔語り　85 同	通昔語り　3異郷訪問〈山野の国〉
51	屁放り爺	大本格 一八八鳥呑み爺	通昔語り　91 同	通昔語り　4天恵
53	猿聟	大本格 一〇三猿婿入り	通昔語り　210A 同	通昔語り　9婚姻〈異類婿〉
54	くったくったくわんくわん	大笑話 五三五餅は本尊様	通笑い話　598 同	通笑い話　20賢者と愚者
56	風呂は野壺	大本格 二七〇尻のぞき	通笑い話　1005風呂は野壺	通笑い話　23愚か者
57	狸退治	大本格 二五三C山姥の糸車	通昔語り　320狩人と糸くり婆	通昔語り　11厄難克服〈賢さと愚かさ〉
62	長良川の人柱	大新本格 四六長良の人柱	通昔語り　407 同	通昔語り　13社会と家族
63	狐のお産	大本格 二八六狐のお産	通昔語り　371 同	通昔語り　12動物援助
65	菖蒲の節句―食わず女房	大本格 二四四食わず女房	通昔語り　356同	通昔語り　11.厄難克服〈逃走〉
68	折れ秤		通笑い話　744祝い直しーおればかり	通笑い話　21おどけ・狡猾

美浜 73	神送りの運定め	大本格 一五一産神問答	通昔語り　148運定め－夫婦の因縁	通昔語り　6誕生〈運命的誕生〉
若狭 77	七化け八化け		通笑い話　789八化け殿	通笑い話　21おどけ・狡猾
78	狼のハツ頭	大本格 二五二鍛冶屋の婆	通昔語り　289 同	通昔語り　11厄難克服〈賢さと愚かさ〉
79	姨捨て山	大本格 五二四殿様の難題	通昔語り　410A姥捨て山-難題型	通昔語り　13社会と家族
80	古井の狸		通昔語り　323あんまと狸	通昔語り　11厄難克服〈賢さと愚かさ〉
82	馬の尻のぞき	大本格 二七〇尻のぞき	通笑い話　996馬の尻のぞき	通笑い話　33愚か者
86	食わず女房	大本格 二四四食わず女房	通昔語り　356B 同一くも女房	通昔語り　11厄難克服〈逃走〉
小浜 88	送り狼	大本格 二二八狼報恩	通昔語り　389狼の守護	通昔語り　12動物の援助
90	扇の恋文		通昔語り　241難題婿―歌の謎	通昔語り　9婚姻の成就
91	数問答		通笑い話　702数の嘆願	通笑い話　21おどけ者・狡猾
92	蛙の嫁さん	大本格 一一一蛙女房	通昔語り　228 同	通昔語り　9婚姻〈異類女房〉
93､94	千石畑 1､2		通昔語り　193継子と炒り豆	通昔語り　8継子話
おおい95	狐の玉		(通11.笑い話 393狐の玉の取合い)注1	(通11.笑い話)　*通昔語り 5呪宝?
96	嫁と姑の知恵くらべ		通昔語り　433仏にもまさる心	通昔語り　14知恵の力
97	継子とほんの子		通昔語り　193継子と炒り豆	通昔語り　8継子譚
98	節分の夢	大本格 一五六夢見小僧	通昔語り　93 同	通昔語り　4天恵
99	大歳の客	大本格 一九九大歳の客	通昔語り　14大みそかの客	通昔語り　2超自然と人〈来訪神〉
100	犬の嫁さん	大本格 一〇六犬婿入り	通昔語り　212 同	通昔語り　9婚姻〈異類婿〉
101	蛇の嫁さん	大本格 一一〇蛇女房	通昔語り　224 同	通昔語り　9婚姻〈異類女房〉
102	節句の話	大本格 一〇一A蛇婿入り－苧環型	通昔語り　205AC同－糸針型､立聞き型。	通昔語り　9婚姻〈異類婿〉
103	おはる狐	大本格 一一六A狐女房－聴耳型	通昔語り　225A狐女房－離別型	通昔語り　9婚姻〈異類女房〉
104	長柄の人柱	大新本格 四六長良の人柱	通昔語り　407 同	通昔語り　13社会と家族
105	熊のかたき討ち		通昔語り　403狩人非情	通11.昔語り 13社会と家族
106	狼の恩返し	大本格 二二八狼報恩	通昔語り　389狼の守護	通昔語り　12動物の援助
108	坊さんと蛇	大本格 一一〇蛇女房	通昔語り　224 同	通昔語り　11厄難克服〈逃走〉
109	千本の針	大本格 一〇一B蛇婿入り・水乞い	通昔語り　205D －嫁入り型	通昔語り　9婚姻〈異類婿〉
110	やまんばの牡丹餅	大本格 二四四食わず女房	通昔語り　337山姥と櫛 356 同	通昔語り　11厄難克服〈逃走〉
111	お月さんとお日ぃさんと雷		通笑い話　1165月日の立つのは早い	通笑い話　5言葉遊び
112	鼠経	大笑話 三八二鼠経	通笑い話　901A念仏と泥棒－鼠経型	通笑い話　23愚か者
113	嫁と牡丹餅	大笑話 一六二B 牡丹餅は蛙	通笑い話　899嫁が見たら蛙に	通笑い話　23愚か者
115	法事の使い	大笑話 三三三A法事の使	通笑い話　870 同	通笑い話　23愚か者
高浜127	六部と狼	大本格 二五二鍛冶屋の婆	通昔語り　289 同	通昔語り　11厄難克服〈賢さと愚かさ〉
補遺128	猿の聟入り	大本格 一〇三猿婿入り	通昔語り　210A 同－嫁入り型	通昔語り　9婚姻〈異類婿〉
132	ポイットコセ	大笑話 三六二B買い物の名	通笑い話　1047A物の名忘れ―団子婿	通笑い話　23愚か婿
133	フウフウパンパン	大笑話 五三四小僧改名	通笑い話 610和尚と小僧－小僧改名	通笑い話　20賢者と愚者
134	小僧と牡丹餅	大笑話 五三五餅は本尊様	通笑い話 598和尚と小僧-餅は本尊	通笑い話　20賢者と愚者

採話と再話 ——昔話を語り継ぐこと

ふくい昔ばなし大学再話研究会
小林史枝
坪川祥子
杤谷洋子

1　福井県の昔話・伝説を再話し、語っていくこと

現在の日本では、伝承的語り手の減少に反比例して、本からお話を覚えて語る語り手たちが非常な勢いでふえています。「現代の語り手」です。その人たちにとって、再話された昔話は語りのもとなのです。活字になって本の中にあるお話が、彼らの口を通して、音響体としての昔話になって子どもたちの耳に届くのです。昔話を再話するということは、昔話本来の姿をそこなうことなく、現在の子どもたち（人々）が耳で楽しむことができるように、言葉に手を加えることです。

その場合、広く日本のあちこちで楽しんでもらいたいと思ったら、共通語で再話し、それを、覚えて語ろうとする人が、できれば自分の土地言葉に更に置き換えるという再話がなされるべきです。

昔話はそれぞれの土地で、そこの土地言葉で語られてきました。したがって、その昔話が語られた土地の、同世代の人しか十分にその言葉を理解し楽しむことはできません。それがどんなにすばらしい昔話であっても、その土地の、ごく限られた人々にしか、楽しんでもらえないのです。そんなすばらしい昔話なら、もっと広く、日本中の人々に知ってもらいたい、楽しんでもらいたいと考えるのはごく自然なことです。そこで、広くわか

ってもらうために言葉に手を加えることになります。それがつまり再話するということです。

昔話を再話するときに念頭におく必要があるのは、一つは、再話するときにはひとつの言葉しか選べない、ということです。二つめは、再話して本に収められたものは、今日ではふたたび口で語られる可能性をもっている、ということです。語り手がそれをそのまま覚えて語ることがあるのです。発信源としての再話という側面が出てきます。これまで、昔話の再話は、消えゆかんとする昔話を大切な文化財として本のなかに残し、子どもたちに読めるものとして届けよう、という思いでなされてきたと思います。目で読んで昔話の世界を楽しむ。それはいままでも多くの子どもたち、そして大人たちがしてきたことで、じゅうぶん意味のあることです。しかし昔話は本来、口で語られ耳で聞かれてきました。それゆえに、筋の運びそのものも、語り口も、耳で聞いた方がより楽しめるように、もともとできています。目で読むための再話の昔話は、目で読むのに耐えられるようにいろいろな説明を加えたり、語られてきた昔話にはない行動やせりふを加えたり、文章に粉飾を加えたりすることが多いのです。

現代の語り手は、語りの経験を十分積み、昔話本来の語り口を身につけたら、共通語で本のなかに収められている再話を、自分や周囲の子どもが日常的に使っている言葉になおして語ることができます。私たちは、昔ばなし大学基礎コースで小澤俊夫先生から、昔話の本質について、昔話のもっている特徴や性質などの基礎的なことを学びました。そして再話コースに進み、再話することを実践しながら、グループで学び合いました。小澤先生は「語り手はみな再話者である」と言っています。もともと、子どもたちに語るということをしていた私たちは、再話コースにすすんで、自分たちが語る昔話について、より深く知ることになりました。すなわち、何を語るのかということを、学びの中で考えるようになりました。語るおはなしを選ぶときにも、選んだおはなしがどのように再話されているのか、語るのにふさわしい再話がされているのかなど、語り手として再話を見るようになってきました。

昔ばなし大学で、私たちはそれぞれがグループで再話に取り組んできましたが、何を語るかという時点で、自分たちが生活している地元の昔話や伝説に目が向くようになりました。図書館などで手にする地元の昔話や伝説が、どのように再話されているかが気になり、語り手として再話を見直すようになってきました。再話研究会に進んでからは、語り手として語る目的で、地元の昔話や伝説の再話に取り組むようになってきました。この流れの中で、金田久璋先生の再話された「みてもとまらんはなし」に出会いました。そして初めて、音声で記録された語りを翻字して原話にし、語るための再話にするという経験をしました。今、私たちは福井県の嶺南地方の言葉で語られている昔話や伝説に出会い、その翻字や再話にかかわる機会を与えられました。それを金田先生が昔話集にまとめられることになった次第です。私たち現代の語り手としてこの昔話集は、今まで語り手としてさがしていたものが形になるのだということでとてもうれしいのです。そして私たちのように、自分が生活している土地に伝わる昔話や伝説を語りたいと思う後輩たちがこの中からその種を探せるようになることが喜ばしいことだと思います。この昔話集におさめられる昔話の鎖が切れることなく次代へとつながっていけることがなによりもうれしいことです。

語った人たち、それを聞いて採話した金田先生、その記録したものをふくい再話研究会で翻字、再話出来ました。そのいくつかは聞き手の人達の耳に届けられました。この多くの人達のお話の世界の一端にかかわることができたことに感謝しています。そして、この経験、学びをさらに広げ深め、今、自分が生きて生活している土地に深く沈み眠っている伝説や昔話を眠りからゆりおこし、一つでも声に乗せ、耳に届けていけるように歩を続けていきたいと思っています。

2　ふくい昔ばなし大学再話研究会のあゆみ

私たち、ふくい昔ばなし大学再話研究会の目的は、研究というより、昔話の語り手として、その語り口を学ぶことにあります。先祖からとぎれることなく語り継がれてきた昔話を、昔話本来の語り口を壊すことなく、次の世代へ語り継ぐことを目指しています。

一九九二年に小澤俊夫先生（小澤昔ばなし研究所所長）が、全国で昔ばなし大学を開講されました。福井のお隣りの金沢でも、金沢昔ばなし大学が開講され、福井から数名が受講しました。二〇〇〇年には、金沢での受講生（図書館員、保育士、文庫主催者）を中心に、ふくい昔ばなし大学が始まり、福井で昔話の語り手を目指す新しい学びの第一歩がスタートしました。

昔ばなし大学は大学と名がついていますが、八〇分授業三六コマを三年かけて学ぶ講座です。昔ばなし大学の目的は、学ぶ人が、昔話の本や昔話や絵本の良し悪しを見分ける耳と目を養うことにあります。昔話は、口伝えによる長い伝承の年月を経て、独自の洗練された様式を持つようになった、特殊な文芸形式です。この様式において、昔話は、子どもが育つと言うことはどういったことか、人間の生命はどうやって成り立っているのかといった、人間の生に密着した知恵を伝えています。この昔話の本来の性格を学ぶこと、それを通して、子どものための昔話絵本のあり方や、子どもに語る語り方への理解を深めることが、昔ばなし大学の目指していることです。

昔話は、聞き終えたら消えてしまう、つまり時間に乗った文芸です。ですから、聞き手が聞くだけで理解できる簡潔な文章でなければなりません。囲炉裏端で子や孫に昔話を語り聞かせてきたお年寄りたちは、子どもたちがわかりやすいように語ってきました。そのために昔話は、長い年月伝承される間に、いつのまにか、シンプルでクリヤー、すなわち簡潔で明瞭な文体、語り口になってきました。

たとえば桃太郎の話で、桃から男の子が産まれても、爺と婆は、ちっとも不思議がらないし、浦島太郎の話で、亀が人間の言葉を話しても、太郎はちっとも不思議がらない。昔話では、人間の世界（此岸）と人間以外の世界（彼岸）に隔たりがないように語られるからです。これも昔話の語り口のひとつです。

昔ばなし大学では、昔話の文芸学を拓いたマックス・リュティの『ヨーロッパの昔話―その形式と本質』（小澤俊夫訳 岩崎美術社 一九九五年）や、同書の解説書である『昔話の語法』（小沢俊夫 福音館書店 一九九九年）

をテキストに、昔話の語り口を学びました。これまでに私たちが子どもたちに語ってきた数多くの昔話からも、昔話本来の語り口を学びました。

二〇〇三年から、私たちは、ふくい昔ばなし大学再話コースとして、語り口の学びをもとに、語りのテキスト・文章を整える勉強に進みました。語り継がれてきた昔話を次の世代へ語り継ぐための再話の勉強です。しかし、口伝えの伝承の中にいない私たちにとって、昔話本来の形を壊すことなく語りの文章を整えることは、とても難しいことでした。伝承の語り手は、昔話を語るときに、自身がその昔話を聞いた伝承の場を思い浮かべながら語っているものです。昔話は、語り手と聞き手と、その昔話を語り継いできた先人との共同作業でできているのかもしれません。私たちも独りよがりにならないように、グループで再話の演習をし、研究会の仲間の耳を借りて語り、小澤先生の指導を受けて再話を仕上げることを繰り返しました。

そして二〇〇六年八月、ふくい昔ばなし大学再話研究会が発足しました。再話をするには、まず、これまでに伝承されてきた昔話の中から、もとになる原話を選びます。自分たちが子どもたちに語ってあげたい昔話を選ぶわけですから、楽しい作業ではあるのですが、どの原話でもいいというわけにはいきません。読んでみて、場面や情景がしっかり目に浮かぶこと、語り手や聞き手の息遣いが聞こえてくること、そういう原話を選びます。その原話を簡潔で明瞭な語り口に整えて語ると、お話に生命が吹き込まれたかのように、昔話の世界が目の前に現れます。

何度も耳で聞いて確かめながら言葉を選んで仕上げた再話を語って、聞き手にちゃんと届いたとき、ああ、私たちは昔話の伝承の中にいるのだとうれしくなります。私たちの多くは子どもの頃、伝承ではなく、絵本や本で昔話と出会いました。その昔話は、本のなかにある眠った状態の昔話です。また、昔話の本来の語り口が崩れてしまった文章や絵も多く、残念なことに、現在でも、まだまだこの出版事情が続いています。これでは、次の世代に手渡す前に、昔話が人の心から離れてしまうのではないかと心配になります。きちんと勉強を続けて、昔話をいい再話で子どもたちに届けたい、これが昔ばなし大学再話研究会の仲間の思いであり主な目的です。

3 金田先生との出会い――翻字を手伝って学んだこと

二〇〇六年に再話研究会が始まり、それぞれのグループでは、さまざまな昔話集や文献の中から原話を探して、再話に取り組みました。自分たちで再話した福井県の昔話や伝説を、図書館などで語る機会も増えてきました。

二〇一〇年、メンバーのひとりが、「みてもとまらんはなし」（敦賀・下原久太郎さんの語り『福井県の民話』借成社所収）を原話として取り上げたいと提案しました。さっそくグループで再話を検討しましたが、いろいろわからないことがでてきました。そこで、筆者の金田久璋先生に相談にのっていただき、金田先生からこの昔話の採録時のカセットテープをお借りすることができました。ずいぶん厚かましい甘えかたでしたが、先生は、あたたかく応援してくださいました。これが、金田先生との出会いでした。採話の録音テープとの出会いは、私たちにとって、大きな一歩となりました。

昔話の語りを耳で聞くのと、目で読むのとは大違いで、語り手の作りものではない声にのって、昔話の世界が生き生きと目の前に現れます。金田先生の採録された昔話は、口伝えの生きている昔話です。私たちは、わくわくしました。はじめて録音テープを聞いたとき、私たちは、金田先生が語り手にかける声に惹かれました。自然で温かく、語り手の気持ちをほぐし信頼を得て、語り手の中から記憶の彼方の昔話を浮かび上がらせていく、金田先生の聞き手としての大きな力に感服しました。

その後、金田先生が数十年に渡って精力的にこつこつと採録された昔話の録音テープを、次々とお借りして、翻字のお手伝いをしながら、私たちはテープを聴いて、金田先生が、「あどうがたり」の聞き手として、伝承の場を支える大きな役割を果たしておられることを実感しました。

グループで翻字を始めてみると、作業は、はじめに思っていたほど簡単なものではありませんでした。ひとつのグループでは手に負えそうにありません。そして、翻字の経験から得る豊かな学びを、限られたメンバーだけではなく再話研究会の仲間で共有したい、という思いが強くなりました。二〇一六年の夏、採録テープの翻字に、ふくい再話研究会全体で取り組むことを決めて、作業に取りかかりました。実際福井県嶺北地方在住の、しかも翻字の作業は初心者というメンバーが、嶺南地方の言葉で語られる昔話を聞き取って翻字する、と言うのは簡単なことではありませんでした。嶺南の若狭弁は関西地方に近いし、嶺北の越前弁は北陸地方の言葉です。土地言葉の違いが、翻字の厚い壁になりました。

けれども、何度も何度も聞き直しているうちに、不思議なことに、昔話に語られた情景がすーっと見えてきました。私たちひとり一人の語り手としての経験が、そうさせているのかもしれません。録音テープを通して、何年も何十年も前の語り手から語りを受け取っている、そんな気持ちにさえなりました。おおげさに聞こえるかもしれませんが、土地言葉の違いの壁を乗り越えて、まず二〇二〇年八月に、一〇五話の翻字を仕上げ、金田先生に届けました。金田先生の翻字のお手伝いをしたことで、私たちは、現代の語り手として忘れてはいけない大切なことを二つ学びました。一つは、昔話を伝えた語り手の人生に出会うこと、もう一つは、私たちの語る再話は昔話の伝承の途中にあるのだと実感したことです。

テープからは、昔話が語られたときの様子が聞こえてきました。たとえば、美浜町の菅浜での採録からは、お年寄たちの語りと笑いとおしゃべりの後ろに、波の音や海鳥の鳴き声が聞こえました。

すぐれた語り手の一人、名田庄村の垣内トミさんの録音には、トミさんの人生が語られていました。少し長くなりますが、翻字をそのまま紹介します。

垣内トミさん（以下垣内）私は話が、小さい頃から好きやったんでね。小さい時に母親に離れて、子守りに出されたりして、ほて、いたんや。誰もみんな学校行って、連れはあらせんし。ちゅうもんで、ま、年寄りのおばあさんやらおじいさんの、おんなるとこへ、お使いやぁて、（子守りの）子どもを連れては遊びに行って。どうか昔話教えておくれんかぁ言うて。そりゃかわいそうになぁ言うて。で、そんなとこでちょこちょこ教えてもろうて。

金田先生（以下金田）　なるほどね。垣内さんのお生まれはどこの村ですか？

垣内　ここから奥の坂本いうところです。貧乏な家に生まれて、ちっちゃいときから、いろいろな目におうて。だもんで、何にも知りませんのにゃ。学校へも行けず。貧乏やもんで。母親がね、十歳のときに死にましたの。

金田　十歳のときに？

垣内　はい。それから、妹が。小せい、まだ三つぐらいの妹があったもんで、その子の守りしたり、その子連れて学校行ったりしとったんですけんど、またその子も一年ほどしたら死んでね。父が、堅い人やったもんで、「人さんの世話になるのはかなん」とか、なんとか言うて。女はもう、学校んてなもん行かんかてええ、ていうて。学校もやってくれんせんなり。自分のうちの子が死んだもんで、またよその子も見たりなんかして。今思やぁ、まぁ苦労したんですね（笑）。家のね、母親の代わりして、炊事したりして、百姓のなんしたりして、十五、十六、十七、十八と四年ほど家におって、そして十八で、このうちぃ来た。

金田　ああ、十八に嫁に来られたんですか（笑）。僕なんかも、九つの時に父親が亡くなった。四十三かな、後厄で。ですから、やっぱね、片親になるとね、あと苦労しますね。母にも大変苦労かけた。

垣内　ええ、なかなか、人のわからんな（笑）。苦労っちゅうようなことはない、今思うと、まぁもったいない。何にもわからんもんを、よう置いておくれたんや思うて、置いてもうた主人に感謝して、今おってやったらな、礼にでも行きたいぐらいに思うて。言うて話してますんにゃ（笑）。

　垣内さんが、子どものときから昔話を語るのが好きだったこと

垣内　はい、しょうもねぇ、しょうもねぇ。うん、今の子どもら、そんなこと言うたかてな、みな、そんなこ

と、聞かしませんですわ。

金田　そうです。どこ行っても、こういう話、お年寄りから昔話聞きに行きましてもね、もう子どもは、ほんなもん馬鹿にして相手にしない、と。

垣内　ほやかって、時世が今と天と違うんで。もうそんなことは嘘とか言うてね。

昔は、十二や三の時分になると、また、しんみりと聞く者もあるし。学校なんかへちょっと行ったりしたもんで、十二、三の時分ですけんど。子ども同志寄って、今のような遊びあらせんし、「しょうがない、あんたら昔話しようか」言うて。いろいろしゃべって。学校でもまぁ、四年生時分までは学校行ったんやけど、学校でも、「話の会」いうてね、昔みなあったんですわ。そうすると、私が出ると、みんな、ようわかる言うて喜んでね聞いてくれたんですね。好きやったんやね（笑）。昔話が好きやったんですわ。

「そろけん」という結末句にまつわること

金田　話の最後に、「こんでこの話は終わりやぞー」っちゅう、短い言葉なんかもありましたね。

垣内　ここらでは、話を済んだときに、「そろけん」言うたんですんにゃ。

金田　「そろけん」？

垣内　ええ、ほしたら、私が福井市でしゃべった時に、「そろけん」言うて。昔のこっちゃ、済んだときに「そろけん」言うたんですんや。そいたら、それ言うのが、みんな戻ったら笑てね。「あぁ、そろけんの、そろけんのおばさんおいでた」、「そろけんおいでやね」て言うてね。恥ずかしてね。ほんで、私、もう、二回目に寄せてもろうたときに、「『そろけん』いうて言うたら、みんなに笑われたんで、もうそれは、いいません」言うて。

金田　それは困るなぁ（笑）。

垣内　そしたら、「いやそれは、もったいもない。ええことやから。それは昔の武士の言葉で『そうろうけん』

言うて。『そうろうけん』言うのは、ぜひともこれは、言うて」って。

金田　やっぱりね、ほんでちゃんと形がおさまるわけですから。

垣内　そんで、「それを言うてもらわんと、それは、その話の値打ちがねえ」って言われて。そんで私、みんな笑いなったけんど、「そろけん」いうことは、この若狭の「そろけん」いう言葉は、ええ言葉やさけに言うて、褒めてもらいましたんにゃわね。

昔話の翻字では、語られた昔話を、土地言葉の響き、語りのリズム、語り手の息遣いなど丸ごと伝えます。担当者の解釈を挟むことは許されません。語られた場に溶け込むようにして、耳を澄まし、文字に起こします。その作業を経て、私たちは、金田先生の肩越しに語り手の声を聞いて、語りの場をのぞいているような気がしました。

この経験を経て、私たちは、今までより丁寧に昔話集を読むようになりました。それは、グリム童話集のような外国の昔話についても同じです。私たちがこれまで手にしてきたどの昔話集も資料も、今まで以上に、音の響きやリズムを大切に、きちんと語り口をつかんで読むようになりました。福井県内の口伝えの伝承の場は、今では限られた場になってしまいましたが、私たちは今回の翻字をもとに再話し、自分の持ち話として語り、子どもたちに届けはじめています。現代の語り手として、これからも勉強を続けて、次世代の子どもたちに、福井の昔話を残していきたいと思っています。

金田先生、長年にわたって語り手たちの貴重な昔話を記録してくださって、ありがとうございました。稚拙な私たちに翻字の作業を委ねて、温かく見守ってくださって、ありがとうございました。録音テープを通して、今は亡き伝承の語り手の方々と引き合わせてくださって、本当に幸せでした。

★編集ノート

「尊い昔」とは何か ―『若狭あどうがたり集成』の成立

金田久璋

1 採話の舞台

本書は五十年にも及ぶ、わたしの民俗採訪の折々に、福井県の嶺南地方―若狭地方の各地の古老からお聞きした昔話の再話集である。まずもって、これだけの短い文章なのにいちいち注解が必要なのは、現在の行政区分の「嶺南」と「若狭」は同じではないことによる。他県人にはわかりにくいが、「嶺南」は旧嶺南四郡、すなわち敦賀市以西の市町であり、一方若狭は敦賀を含まない。気比神宮は越前一宮であり、れっきとした越前国の最西端に位置し、何かにつけ聳え立つ木の芽山地が南条郡以東と敦賀を越前国から厳然と遠ざけてきた。旧嶺南四郡は明治九年から十四年までの五年間は滋賀県に所属していた。

今では死語に等しいが、かつて敦賀郡と旧三方郡は「二州」とも呼ばれた。現在は一括して「若狭路」と呼称することで妥協点を見出している。方言も敦賀以西は近畿方言、南条郡以東は北陸方言と分類される。「真宗王国」とされた越前とは習俗も気質も違う。民俗上は敦賀市を縦断して流れる笙の川以東は越前、以西は若狭に色分けされる。したがって、書名に「若狭」を標題としているが、敦賀市の再話も掲載したことを、おことわりしておきたい。敦賀と言ってもわが家から市街地の中心部までわずか十分ばかり、同じ経済圏にある。

2　あどうがたりの形式

さて、「あどうがたり」という書名も聞きなれない言葉に違いない。福井新聞社から一五年前に刊行した民俗エッセイ『あどうがたり―若狭と越前の民俗世界』（福井新聞社、２００７）は、民俗調査で仕入れた話題が素材になっているが、本書は著者自身が各地の話者からまさしくアド、すなわち相槌を打ってじかに聞いた多様で、ある種雑多な昔話の集大成である。ちなみに、口承文学の影響と経緯を現代文学にたどれば、大江健三郎『M／Tと森のフシギの物語』（講談社、２０１４）から、まずは一節をひく。

「とんとある話。あったか無かったかは知らねども、昔のことなればなかった事もあったにして聞かねばならぬ。よいか？（中略）うん！という僕の返事にこたえて、いったん祖母が話しはじめると、あったかなかったかは知らねども、といっていながら、祖母の口から出る言葉のいちいちが、いまこの言葉で語られる物語は真実起こった事なのだ、と信じさせずにはいない、僕の心にしみいる力をそなえていたのです」

もう30年以前に氏の出身地の愛媛県喜多郡内子町の山奥を訪ねたことがあったが、実際に当地の昔話がこのような発端句なのかどうかは知らない。愛媛県における「とんとある話」という語り始めの文句の分布はどうなのかも不明である。なお、この引用そのものは、柳田国男「昔話覚書」（『定本柳田国男集』第六巻）の鹿児島県「大隅肝属郡」の発端句を引いている。

ところで、前掲の拙著『あどうがたり―若狭と越前の民俗世界』の「美浜の民俗世界」56「あどうがたり」のなかで次のように述べた。

江戸時代後期の旅行家で、すぐれた紀行文を残した菅江真澄の『かすむこまがた』正月九日の章に、次のような記述がある。

「雪はこぼすがごとくふりていと寒ければ、男女童ども埋火のもとに集ひて、あとうがたりせり」

「あとうがたり」は正しくは「あどうがたり」と言い、「あど」は相槌を打つこととされている。「時代別国語大辞典」室町時代篇一（三省堂刊）には、「①話し手に調子を合わせてする受答え。語られていることや、話されていることに対して、適当な返事をすること（日葡辞書）②狂言で、仕手の相手をつとめる者。脇師。（略）」とある。

また、「あどを打つ」の項には「相手に適当な受答えをし、あいづちを打つ。話をしている相手に応じて、調子を合わせながら、このような適当な返事をする。同じく、幕間劇（狂言）において、他の第三者が笑劇を演ずる人にうまく調子を合わせ、ほめそやしながら、返事をすること」などと出ている。

対談「物語研究と私」（『国文学・解釈と鑑賞』九一・一〇）のなかで国文学者の三谷栄一氏は、「昔話を聞く時は子どもがきちっとして、節が終わるごとに『はーとーと』とか『おーとーと』という。『とーと』というのは昔話の一区切るごとに『とんとん』という相槌を打たなければ語っている人はやめちゃうのですよ。語りごとがいかに神聖であったかということで、語る方も聞く方もそう思って、元来厳粛な語りごとだったと思うんです」と述べているが、中世以前にさかのぼる昔話の古い形が新庄や久々子に語りつがれていたのは驚異というしかない。

天明八年（1788）の正月、三河の国の住人菅江真澄（1754～1829）が、仙台領胆沢郡徳岡の村上良知の家に滞留していた折の記録「かすむこまがた」のわずか数行の光景に、「歴史を超越した遠い遠い大昔に、同じ一つの焚火にあたつて居た者が、分かれて年久しく孫から曽孫へ、大よそまちがひ無く、しかも文化に相応する修飾を加へつつ、語り伝へて居たのだとしても大へんな奇跡である」との柳田の「昔話覚書」第一版自序の感懐が想起される。さらに、記紀の神話のように裸身の夫婦が囲炉裏を回り、世の始めの儀礼を繰り返す聖なるトポス。囲炉裏の「埋火」は単なる冬季の暖を取る薪ではない。若狭で「ハシギ（箸木）」、飛騨で「刀祢木」と呼ばれた大歳の夜からくべられた太い年魂の籠った焚物には、新年の願いがこめられているのである。

3　相槌を打つこと

この記録について、いち早く野村純一は「日本の昔話と伝説」のなかでつぎのように述べている。「何気無く真澄の記したこの状況は、わが国の昔話はそのころすでに『あとうがたり』の一環として成立していたとする事実を示していて面白い。資料、もしくは史料としては、すなわち、遡って、この国に行われる昔話伝承の実態を併せて確認し得るということで、きわめて重要な位置を主張してくると思われる。／それというのも、現今なお、民間に認められるいくつかの口承文芸を俎上にのぼせた場合、昔話には特に選んでこれを語り伝えるに際しては、他に例をみないほどに著しいいくつかの特性が備わっていた。伝承上の特色である。そしてこれをごく客観的にいえば、実は、そこでの在りよう自体が、すでにそのまま昔話と他の民間文芸との相違、たとえば、伝説や世間話との決定的な違いといった結果を、きわめて顕著に印象づけてくる重要な役割を果たしていたからにほかならない」として、「あとうがたり」は「あどがたり」の謂いであり、「あど」とは「相槌」とする。古くは『大鏡』の「よくきかむとあどうつめりし」の一節を掲げている。

そのうえで、二百年前の奥州胆沢郡の子供たちはどのような「あど」を打ったかについては明確にしていないが、「おう」とか「おお」もしくは「おっとう」ではないかと推考している。山形県の庄内では「おでやれ、おでやれ」、三陸沿岸では「はぁーれ」「はぁーれや」、福島県会津郡では「さすけん」、栃尾市では「さぁーんすけ」佐渡で「さーす」「さーそ」「さそ」、瀬戸内では「おお」、徳之島では「はいはい」などの全国各地の事例をあげているが、相槌の重要性においてふだん日常生活において交わされる「おう」とか「おお」などの感嘆符ではありえない。原義の転訛であり単なる相槌ではないとわたしは考えている。ちなみにわが福井県美浜町の耳川流域の新庄や佐野、麻生、久々子などではもっぱら「おっとー」が用いられた。

さすがに柳田は『昔話覚書』（文庫版全集、筑摩書房、１９９０）五「昔話の合の手」のなかで、相槌の重要性についてつぎのようにのべている。西洋の昔話には話の初めと終りとの他に、中間にも時々挿む文句のあることが注意せられているとして、ちなみに西洋の「クリック・クラック・ストリーズ」の場合「クリック」という一語を入れて、聴衆が果して傾聴しているか否かを試みる。本邦においても「普通は話者からそういう探りを入れられるまでもなく、むしろやや煩わしいほどに『うん』と『それから』を連発し、話がいわゆる山に達する頃には、一度聴いて筋を知っている児までが、この受け返事をいよいよ繁くしたのであった。人はこの習慣をもって、あるいは児童自然の好奇心の現れと解しているかもしれぬが、彼等とても昔話以外の談話には、そうやたらにはこの音声を放たない。それと同時に成年の間にも、受け返事を繁くする談話と、そうでないものとを区別している」とするのである。

相槌の重要性については、稲田浩二も『昔話は生きている』（筑摩書房、１９９６）三「あいづちに結ばれて」で、「昔話はよい聞き手を待っている。聞き手がうまいあいづちを打ってくれさえすれば、語り手はすっかり語り手の波に乗ることができる。反対に、あいづちがなかったり、あってもとんちんかんなあいづちなら、はなしはのっぺらぼうの棒語りになってしまう。語り手をうたい手とすると、聞き手はさしずめ、あいの手の入れ手だといえる。語り手と聞き手は、あいづちに結ばれて、かけあいながら、昔話をくりひろげる」と日本古来の昔話の形式を説く。さらに柳田の前掲論文の事例の岩手県紫波郡地方の「くちにえぼしはあ」を引きながら、「昔話はつつしんで聞くべき権威あるもの、一面また、日々のつかれをいやす楽しみに満ちているはずのものであった。それだけに、昔話に寄せる聞き手の期待は小さくない。そこで、その期待を裏切られると、うやうやしいあいづちは、もう打てなくなる」「あいづちを打つことは昔話の成立に参加することである。昔話は語り手だけのものではない。語り手と聞き手の合作である。そこで昔話は、新時代を生きる若い聞き手の期待にこたえたものに推敲される」云々。美浜町においても、聞き手が「おっとー」と言わないと、「何で言わんのや」と叱られたり催促されたりしたとされている。

ちなみに、西郷信綱も「昔話には、それに耳を傾けるものの相槌が存した。（略）昔話の場は、語り手と聞き手との小さな共同体であったはずだから、間の手のことばはむしろ昔話に固有のものであったと考えていい。語りは一面、対話であった。（略）昔話は、人びとの円居する村の炉辺のはぐくんだ文学形式であった」と「神話と昔話」（小松和彦編『日本昔話研究集成1昔話研究の課題』、名著出版、1985所収）のなかで言及している。吉本隆明の言説を援用すれば、昔話が個人幻想から共同幻想の場に逆立させるには話者に対して聞き手の相槌を必要としたことにほかならない。

4　相槌「おっとー」の原義

そこで前掲拙稿の引用において、すでに国文学者の三谷栄一が重要な指摘をしていることにわれわれは気が付かないと片手落ちになる。先覚者の提言を厭わないで再度引用を繰り返すことにする。

昔話を聞く時は子どもがきちっとして、節がおわるごとに「はーとーとー」とか「おーとーとー」という。「とーとー」というのは昔話の一句切るごとに「とんとん」という相槌を打たなければ語っている人はやめちゃうのですよ。語りごとがいかに神聖であったかということで、語る方も聞く方もそう思って、元来厳粛な語りごとだったと思うんです。

柳田の論点を受けて、稲田、西郷もほぼ同様のことを指摘しているが、三谷はさらに一歩踏み込んで「語りごとがいかに神聖」なものであり、かつ「元来厳粛な語りごと」であったとのべていることに注目をせざるを得ない。とはいえ、（あくまでも寡聞にしてという保留をつけて）なぜ「あど」が「相槌」なのかは論者も辞典類も明確な解明をしていない。古い文献から、たとえば『古事類苑』（吉川弘文館、1980）の「あどうつ（跡打）は「類聚名物考」人事五の「人の物語するを、その対手となりて、跡につきてうち答ふるを云ふ、中古の方言なり、猿楽の三番三の諷物にも、あどの太夫殿といへり、人のいふ詞の跡を打といふ意なるべし」として、『大鏡』の「あとうち」をあげている。

さらに、「北辺随筆」の「あとうがたり」「しりうごと」もあげており、「後撰集にあとうがたりといふ事あり、枕草紙にも、しりうごと、あり、此のふたつの詞、ともに俗に陰口といふ心なり、あとも、しりも同じ心なればなり、いたくへだたりたる世にはあらねど、あとうがたりはふるく、しりうごとは後にや、源氏物語若葉上にも、しりうごちとみえたり」とあり、他に『和訓栞』『空穂物語』『後撰和歌集』の文例を引いている。この場合は「陰口」の意味で「相槌」の原義に程遠い。もしくは「あとうがたりはふるく」とすれば、「跡」「後」は経年後の転訛かもしれない。

5　発端句「とんと昔」の意味するもの

昔話は柳田が「昔話採集者のために」（『昔話覚書』）でのべ、『日本昔話名彙』（日本放送出版協会、1948）において「昔話の始めの句」「昔話の結句」「昔話の合槌の言葉」による全国各地の代表的な事例を掲げ分類を提示しているように、いわば形式譚の要素を持つ。それらの多様な発端句のなかで、柳田が「トントムカシ」系の用例として、「とんとむかさあったけど」（山形県北村山郡）「とんと昔があったとさァ」（新潟県佐渡）「とんとん昔があったての」（新潟県中蒲原郡）「とんとん昔があったがやな」（島根県隠岐道後）「とんとん昔もあったげな」（島根県美濃・鹿足郡）「とんとん昔があったといや」（山口県周防大島）「とんとむかしもあったそうな」（愛媛県上浮穴郡）「とんとん昔であったそうな」（福岡県小倉市）「とんと昔もあったげな」（香川県仲多度郡）「昔はとんとあったげな」（同）「とんと昔あったそうな」（徳島県三好郡）「とんとん昔あったんじゃ」

（同祖谷山）をあげている。そのうえで、「これらはたいてい『とんと』がどういう意味を持つものやら、考えてもみずに使っているらしいが、最初はやはり全然今と隔離した世界の出来事だということを、表示するための「とんと」であったのが、それがいつとなくこの一群の説話の、総称かまたは看板のごとくなってしまったものである」とする。「その言葉がよほど耳に快く、また忘れがたい響きをもっていないと、このように永くは保存し得なかった」とのべながら、「とんと」の語義については何らふれていない。「全然今と隔離した世界の出来事」とはいったい何を指すのか。

口承文学の、なかんずく昔話の研究者でもなければ、古典研究者や言語学者でもないわたしごときが提起するほどのことでもないし、すでに論及されているのかもしれない。管見上寡聞にして知らないことは無限にあることを、一応おことわりしたうえで、僭越ながら私見をのべることにする。

少なくとも、「合の手」の一種としての「げん」「げに」（実に）や「さそ」「さーす」「せーす」「さんすけ」（そうであろう）が古語に淵源を持つことを柳田は指摘しているが、同様に発端句の「とんと」「とんとん」、相槌の「おっとー」も単なる感嘆詞などではない。ちなみに、『日本昔話辞典』（弘文堂、1977）の索引を見ても「相槌」も「アド」の項目もなく、「とんと昔」も各地の昔話集の引例しか採録されていない。いかに関心が薄いかを示している。

では、各種の辞典類はどうか。まずは『古事類苑』の前述のほかは見当たらず、『俚言集覧』（名著刊行会、1978）にも収載は見られない。『古語大辞典』（小学館、1983）には「とんと」はあるが「すっかり」「全く」「まるで」「きっぱりと」とあり、また「日本国語大辞典」（小学館、1980）の「とんと」は五項目あげているが、発端句に関わるものではない。ちなみに当方の目論見通りに「とんと」が「とうと」とすれば、石上堅『日本民俗語大辞典』（桜楓社、1983）を繙くとようやく「とうと　とうとし」（尊）が立項され、「神仏・月日を拝む時の語に現在使い、物をもらった時の感謝の言葉でもあるが、最初は人間わざを越えた神（祖先神・常世神）の御徳御力を讃えてそう言っていたが、中世以後、何でも嬉しい時には、そのたびに用いるようになり、のちにはこれを御礼の詞にも用いるのであるが、原義は「幸福を授けたもう神の思召しが尊い」というのだ」とある。言語学的に音便変化を辿るとすれば、言うまでもなく「とんと」は「とうと」、すなわち「尊い」にほかならない。

6　琉球語の祈願詞にみる語源

さてそこで、古代語をよく残存すると言われている琉球の言葉に何か手掛かりがないか、例えば石垣市川平の節祭の旧暦九月戊・戌の日に行われる来訪神「マーユンガナシィ」（真世加那志）の神詞（カンフチイ、神口）につぎの言葉が注目される。

ウートシィ
ウートオード、キユヌピイ、ユカルピィニ、ウートシィ、ミートシィ、ンカイ、クダリ、チャービル、マーユンガナシィデ、カン、カザル、ビントォードウ
（果報の年
祈り願う、今日の、吉日に、果報の年、新しい年を迎えて、下りて来たる、マーユンガナシィが、かく唱えかざるのである）
『川平村の歴史』（川平公民館、1976）

この神口は「田原」「麦」「粟」「稲」「黍」「いも」「赤豆」「生命果報」「生れ繁昌」「大貢布」「牛、馬、生れ繁昌」と祈願の言葉ごとに「ウートオード（祈り願う）」が繰り返される。古橋信孝は『文学はなぜ必要か』（笠間書院、2015）のなかで、「マユンガナシはもちろん村人が扮している。扮していても神そのものになって

いるわけではないのだ。たとえば神は人ではないから人の言葉で語らないと考えてみる。地震も神の意志の表現である。とすれば神の言葉は人間語に翻訳されなければならない。しかし人の言葉そのものでは神への畏敬があらわせない。そのため神聖な言葉らしく美しくするのだ。いわば神の言葉を装うのである。扮した人も神でありつつ神ではない。その間の存在と考えればいい。マユンガナシを神の『命を受けた』使いという考えもそういうところから出ている」としている。「ウートオード」を氏は「おお、尊い」と訳しているようにここには「アド」も「とんと」も一挙に解釈するキーワードが秘められている。たとえば、石垣市新川の盆のアンガマでも常世から訪れた翁媼の仮面をつけたアンガマが、各家の仏壇で「ウートート　アートート」と申し述べて参拝する。まさしく「人間わざを越えた神」への畏敬の念が込められた語彙にほかならない。『石垣島川平の宗教儀礼』（森話社、2012）の著者である澤井真代氏（立正大学文学部非常勤講師）から関連する琉球語彙の資料をたくさん提供していただいた。その一部もここで取り上げてみる。

①「トーとゥ」　感謝・畏敬の念をあらわす語。尊（とうと）。
「トーとゥガナーシー」　深い感謝の念や畏敬の念をあらわす語。

「あートーとゥ」　ああ尊・あな尊・感謝恐懼の意をあらわす。礼拝・祈祷のときに多く用いる。

「うートーとぅ」　あな尊・神仏を礼拝するとき、また感謝するときにいう。より丁重に、「うー」トーとゥ「あー」トーとゥと対語として用いる。（仲宗根政善『沖縄今帰仁方言辞典』、角川書店、1983。見出し語の片仮名は今帰仁方言の有気・非喉頭化音、平仮名は無気・喉頭化音をあらわす）

②「アートードゥ」　ああ尊と。ウートードゥと同じ意味でこれに続けて言う。
「ウートードゥ」　ああ、どうぞ。祈願するときなどに、唱える。「ああ尊と」の意。

「トードゥ」　どうぞ。祈りをこめて言う言葉。

「トードゥイ」　同。（宮城信勇『石垣方言辞典』本文編、沖縄タイムス社、2003）

③「ウトゥトゥガナシ（以下略）（〔「マブルクミ」（霊魂を押し込む）の祈願。ああ尊、神さま）。」他に、「ヤシキヌニガイ」「ミードゥシヌドゥパタニガイ」などがある。

（大城公男『八重山　鳩間島民俗誌、榕樹書林、2011』）

④「ウートードゥ　ニガイシッサリルンユーアッチャヌ八月八日、トゥラドゥシトラヌ日ヤクヌ家ヌヤータイショー、キナイダイショゥ、トゥラディマリウトゥクマリヌ、七三ヌマリドゥシマリビスアタローリリ（以下略）」（「七三歳までの生年祝い」の「ピマチニガイノフチカザリ（前夜祭の祝詞）」「かしこみ、かしこみお願い申し上げます。明日の八月八日は寅年寅の日でこの家の家の大将、家庭の主人、寅の生まれ男性の七十三の生年生まれ日に当たりますので（以下略）」（宮城文『八重山生活誌』、宮城文、1972）

⑤南島文化叢書17　池宮正治『琉球古語辞典　混効験集の研究』（第一書房、1995）の「313　あふたふと」に「仏神を信仰する詞也。和詞には『あなたふと』と云ふ。呉竹集にあり。詞林三知抄に安尊あなたうとと書り。（あら貴ノ心也）／〇あうたふと　神を尊でいう詞。方言アートートゥ。ウートートゥともいう。「大隅肝属郡方言集」にも小児語として、神様のを拝むときのことばに、『オトト』『オートオート』というのだとある。〇『あなたふと』『呉竹集』「あなたふと」に「安尊、仏神を信仰する事なり」とある。

〇詞林三知抄　一条兼良編。天文年間前後の成立という。正保から明暦頃と萬治元年の刊本がある。

〇安尊あなたうと　『詞林三知抄』（萬治元年刊）の神祇部に「安尊、あなたふと、仏神をしんがうの事」とある」。923にも「あふたふと」を再録する。

ここで注目すべきは『大隅肝属郡方言集』に小児語として採録されていること、また前掲『石垣方言辞典』の「アートードゥ」の項に壱岐方言「ああとと」を付記していることにある。すなわち、九州から方言として南下し「古代琉球語の唯一の辞書」（伊波普猷『古琉球』（岩波書店、2000）とされ、「一名『内裏言葉』」として「国王の周辺と内宮にあたるウワチバラ（御内原）の語彙を集めてある」（前掲池宮著）ことにある。

また、宮本演彦は「マユンガナシのウトーッについて」（『南島研究』第18号呪術儀礼（南島研究会編、1977）

のなかで柳田国男の「南島旅行見聞記」の川平のマヤン神の記事と「小さき者の声」をとりあげて、神口「ウートウツ」についてつぎのように論及する。「小さき者の声」で柳田は「仙台の周囲にくると月はトデサマ、これに対して太陽をアットデサマというのをみれば、これとアトサマと同じ語であることがわかるのみならず、それが『あな尊と』の変化であることも」想像出来、佐渡の「トウトウサマ」や糸満の小児語の「トートーメ（月）」をあげ、「南無以前の神礼賛の詞」として「ウートート」「アートート」にふれ「単に九州の果てにばかり、確かな類似をもっているのではなかった」と極めて注目するべき見解を記している。

その上で宮本は、『源氏物語』の乙女・胡蝶・宿木の巻に催馬楽の安名尊を謡う場面に、「あなたふと。あなたふと。今日の尊とさや。いにしへも。ハレ　いにしえも。かくやありけんや。今日の尊とさ。アハレ。ソコヨシヤ。今日の尊とさ」を引例し、『源氏物語』『催馬楽』と琉球古語の論証は不十分ながら、「南島の神御願に―例えば『屋敷の御願』に、先ず、ウートートを唱える場合、祈祷する対象は『屋敷の神』である。ウートート（あな、尊と）は、唱える時も、謡う時も、対象が明白に存在している。ただ、マユン加那志の神口の場合は、対象が、はっきりしていないように見える。マユン加那志の詞章の理解に、誤解が生じてくるのは、この辺に、原因があるのではないか」と提言するのである。

なお、『日本古典文学全集』25（小学館、一九八二）の「催馬楽」呂歌と引例は表記が異っていることを付記しておく。

主に石垣島をフィールドとする澤井真代氏の教示によれば、『沖縄語辞典』では「ウートートゥ」は婦人の言葉とされているが、八重山地域一部例外はあるものの、男性による祈願の言葉の冒頭で発せられることが多い。『八重山生活誌』では生年祝いで「中年以上の婦人」がのべる祈願詞に「ウートードゥ」の記載（410ページ）がある。また『八重山　池間島民俗誌』では女性が受け持つとされるマブルグミ（魂込め）の願詞が「ウトウトゥガナシ」の言葉で始まる。しかしその他の多くの「ウートード」の例は、八重山では男性による年中行事、新築儀礼、盆行事などの祈願詞の冒頭句になっている。なお、八重山ではウートートゥは御嶽の神への言葉には見当たらない。宮本は屋敷願いの祈祷詞の「ウートート」には祈願の明白な対象があるのに対し、マユンガナシの神口の「ウートート」の場合は対象がはっきりしないという点から、「ウートート」の用いられ方の揺れを指摘したが、八重山全体の祈願の場を見渡すと、「ウートート」が発せられる場面は先に見たように混在している。もしかすると、「ウートート」は御嶽祭祀以降の祈願詞なのかも知れない。

さて、それらのほかに、有力な語源探究の資料の持ち合わせがあるわけではない。ちなみに、能楽の「翁」の「とうとうたらり」云々の謡は「チベット語説があるほどの一種呪法めいた文句」（増田正造『能百番』、平凡社、1979）とされるものの、語源上の定説は不明である。前掲『俚言集覧』の「とうとうたらりたらりら」は、「能楽抄物」を引いて「十に十をたせ八百と成此祝詞仮名のうちられるれろの仮名ハ皆語の助けにて虚字也」云々とし、「旧事記にあるとたるの神語に基き給ひて寳祚萬歳を祈りたはします」とするが全く理解に苦しむ。同様に前掲『古語大辞典』の「とうとうたらり」も猿楽唱歌やチベット祝言の陀羅尼歌や口調子、「天が下にあらゆる祝ひの詞を貯へる文字なり（「宗筠袖下」）を傍証するものの確固とした語源を示さない。ここはむしろ我田引水かもしれないが「あらとうと」と同じく「尊い」の縁語と見るべきだろう。また、日月や、社寺の門前を通る際に、小児に一礼して「あん」としつけるのも、おそらく「安尊（あなとうと）」の転訛に相違ない。

7　若狭の発端句と結句

ここで改めて若狭地方の形式譚としての昔話の発端句と結句をあげておく。あまり特異なものはなく、昔話は「むかし」とも呼ばれ、「昔むかし」とか「昔あるところに」「昔あったんにゃとい」「まんまんむかし」などと語り出されたり、特に断りもなく本筋に導入するものも多い。語り納めの結句はいわゆる「候系」「それきり系」が典型的である。ちなみに稲田浩二編『若狭の昔話』（日本放送出版協会、1973）によると、結末句として「そうろう系」「候派生形系」「孤立」に分類している。以下にわたしが採集した敦賀市から大飯郡に渉る事例をあげておく。

それでそうらいのけつぽっぽ（敦賀市刀根）
そうらいべったりきりこんぼ（敦賀市立石）
そうらいげっつ（敦賀市縄間）
そうらいべっとこなべのふた（敦賀市大蔵）
そうらんげっつ（美浜町佐田）
そうらいけっつ（美浜町菅浜）
そうらいけり（美浜町佐柿）
それきんばったりうしのくそ（美浜町新庄）
そうらいけっちりはいだわら　さるのけつはまっかっか（旧三方町岩屋）
そうらいけっちりふんだじいのはいだわら（同十村）
さるのけっちょははいだわら　はいだわらいっぱいへうろうへうろう（旧上中町海士坂）
そのけっちりはいだわら　ミカンのかわよちんぴちんぴ（小浜市矢代）
そろけんぶっしゃりはいだわら（旧名田庄村下）
そろけんどっぽんはいだわら（同井上）
すんだりけっちりはいだわらかぶれ（小浜市羽賀）
おしまいけっつりはいだわら　さるのしりはまっかっか（旧大飯町）

大雑把な採集で的確な分析は出来ないが、敦賀市から南下するに従い、「そうらい」（候）がなぜか「猿」に変わっていくのがわかる。ちなみに分布上北陸地方は候系に位置づけられている。

8　なぜ昔が尊いのか

では、「あど」（相槌）の「おっと――」や「とんと昔」が「尊い昔」を語源とするならば、翻ってなぜ昔が尊いのかと問うことも、あながち意味のないことではないだろう。とはいえ、多様なご意見を頂かないと独善に陥るし、目下のところ明確な答えがあるわけでもない。

それでもなお、人間は不確かな未来より過去、すなわち古代にすでに理想の世の中の原型を見出してきた。ヘレニズム期のギリシアや、仁政を行った中国古代の伝説上の帝王である堯舜、日本の神話時代への憧憬は著しい。仏教に到っては、釈迦が説いた正法以降の像法とその後の五濁にまみれた末法の世が到来し、五十六億七千年後の弥勒菩薩の下生にしか未来を託せない。柳田国男や折口信夫、谷川健一などの民俗学者も琉球の古代を追慕した。いわゆる「起源論争」の検証を待たねばならないが、いずれにしても途方もない時間が想定されている。コヘレトは言うだろう。「昔が今よりは良かったのはなぜか　と言ってはならない」（「伝道の書」）と。未来に過去の栄光を投影し想定すること。紀元前五世紀から二世紀にしてそうなのだ。

さて、日本についてはやはり国学の本居宣長の『古事記伝』（筑摩書房、１９７４）を第一にあげるべきだろう。注目すべき小林秀雄『本居宣長補記』（新潮社、１９８２）の一節。「文字の出現に関する宣長の見解」は「文字の効能を頼みにし過ぎる物識り達に抗するところから発想されている」として次に要の文章を引く。

古へより文字を用ひなれたる、今の世の心をもて見る時は、言伝へのみならんには、萬の事おぼつかなかるべければ、文字の方はるかにまさるべしと、誰も思ふべけれ共、上古言伝へのみなりし代の心に立かへりて見れば、其世には、文字なしとて事たらざることはなし。これは文字のみならず、萬の器も何も、古へには無かりし物の、世よ経るままに、新に出来つつ、次第に事の便よきやうになりゆくめる、その新しく出来始めたる物も、年を経て用ひなれての心には、此物なかりけん者は、さこそ不便なりつらめと思へ共、無かりし昔も、さらに事は欠ざりし也。（中略）文字は不朽の物なれば、一たび記し置つる事は、いく千年を経ても、そのままに遺るは文字の徳なり。然れ共文字なき世は、文字無き世の心なる故に、言伝へとても、文字ある世の言伝へとは大に異にして、うきたることことさらになし。今の世とても、文字知れる人は、萬の事を文字に預くる故に、空にはえ覚え居らぬ事をも、文字しらぬ人は、返りてよく覚え居るにてさとるべし。殊に皇国は、言霊の助る国、言霊の幸はふ国と古語にもいひて、実に言語の妙なること、萬国にすぐれたるをや。

古代において、文字以前、「萬の器」以前にも何の不自由もなく、言霊を頼りにして何不自由なく暮らしを立てていたとする。小林はさらにソクラテスやプラトンをも引いて比較しているが、ともに古代への憧憬を隠さない。もっとも、上田秋成は『胆大小心録』の第一〇一条のなかで「やまとだましいと云ことを、とかくにいふよ。どこの国でも、其国のたましいが国の臭気也」と論敵の「い中人のふところおやじ」の日神論争の説を辛辣に揶揄したことで知られる。

それはそれとして、常民の昔話においての「尊さ」に比してなにがしかの違和感はぬぐえない。『混効験集』によると琉球語彙の「ウートオード」も和文からの波及とすれば、儀礼そのものは古式めくが琉球古来の語彙ではない。また、西郷信綱の前掲論文によれば昔話は神話とは基本的に異なる口承文芸である。昔話の本質から見て教訓や訓導が意図されているとすれば、「尊い昔」とは神話的古代を前提にしなくても、善悪の倫理のけじめが行き届いた、温和な風土と満ち足りた豊饒な理想の暮らしぶりが前提に想起されているはずである。もっともそのような穏健な暮らしは永くは続かない。災害も神の意志の反映として敬虔に受け止めるべく、主に祖父母から孫子への隔世伝承として代々昔話は受け継がれてきたものと考えられる。

それでもなお、大それた言い方をすれば、昔話が室町期に形成されたとしても、神話時代の痕跡は残存すると考えられないでもない。たとえば、垣内トミの昔話「ウガヤフキアエズノミコト」は子供時分に聞いたとされる断片めいた『古事記』の受け売りかもしれないが、当地に縁由を求めることも可能である。しかもウガヤフキアエズノミコト以外に皇統譜につながる神の名はなく純然たる昔話として伝えられてきた。なお、若狭地方には若狭彦神社・若狭姫神社（小浜市）や宇波西神社（旧三方町）、白城神社（敦賀市）などのウガヤフキアエズノミコトを祭神とする古社が鎮座する。特に宇波西神社の祭神は日向国の鵜戸神宮から美浜町日向の日向湖に影向したとされている。

なかでも注目されるのは、『神社明細帳』に「氏子ノ内郷市村松原村ノ人家棟ヲ葺合セルハ葺不合尊御誕生ノ古義ニ依ルト云ヘリ」とあり、はるか昔の『古事記』神話の伝承がかつては残存していた。鵜をトーテムとする禁忌は、沖縄で屋根のイリチャ（頂上）を一部葺き残す習俗があり、古代の海人族の系譜につながる古伝承にほかならない。ちなみに、民俗学者の谷川健一は敦賀市常宮の産小屋に敷く砂を「ウブスナ」と呼ぶことを古老の聞き書きから立証したことがあり、豊玉姫のお産と関連付け古代への夢想をはばたかせる。あながち、昔話のなかに古代神話の残影が認められないわけでもないことに注目する。若狭の地に「尊い昔」がこのような形で受け継がれていることに誇らかな感懐を禁じ得ないのである。

謝辞

さて、本書は巻頭や「凡例」でもふれているように、五十年に及ぶ採訪の折々に若狭各地の古老から、畏まって「おっとー」すなわち「ああ尊いことだ」と相槌を打ちながら採話した昔話の集成である。野家啓一は『物語の哲学』（岩波書店、２００５）のなかで、「『話す』が話し手と聞き手の役割が自在に交換可能な『双方向的』な言語行為であるのに対し、『語る』は語り手と聞き手の役割がある程度固定的な『単方向的』な言語行為」であるとしている。とはいえ、「たくみな語り手という者は、きっとあいづちの打ち方を気にするものである。それは、昔話を語り口調に乗せるか、それとも、棒語りにするか、その鍵をにぎっている」と稲田浩二は前掲書でのべている。ましてや『遠野物語』の柳田国男の序文のように佐々木鏡石（喜善）が語る昔話を「一字一句をも加減せず感じたるままを書きたり」などとは言うまい。テープレコーダーという文明の利器に吹き込まれた数々の昔話を、翻字していただいたふくい昔ばなし大学再話研究会の皆様のご尽力がなかったら、おそらく書庫の奥に埋もれてしまったまま、やがては放棄されていたかもしれない。また、煩瑣と思われがちな「ほれから」「けんども」「してから」「ほて」「ほんだら」などの接続詞はかなり消去したが、話者とのやり取りにおける口調や臨場感を重視し、ナラトロジーにおける、地霊のような各地の古老の語りの息遣いなくして昔話は成立しないことから、あえて極力残すことにした。

もはや県内には現在純然たる昔話の語り手はほとんどいない。再話され刊行されることで今後の活用が大いに期待される。出版に当たっては、『わかさ美浜町誌』や『福井県三方郡編　若狭路の民話』で再々お世話になった田中文雅先生（元岡山就実女子大学教授）のご指導とご助言、また琉球語彙については、有為の若手研究者である澤井真代氏のご教示とご指摘をいただいた。なお、解題もまた田中文雅先生に一任したが、惜しむらくは各地の古老たちの貴重なライフヒストリーを採話し記録する余裕がなかったことに、今更ながら我ながら慙愧に絶えない。刊行をご了承いただいた若狭路文化研究所と、今回も多大なご協賛を賜った（公財）げんでんふれあい福井財団に深く感謝を申し上げる。さらにまた、いかにも昔話にふさわしい巧妙なタッチで、装幀画と挿し絵を担当していただいた現代画家の柴田邦彦氏と、ふだんの暮らしを支えてくれている愛妻、紗智子と、、シリーズごとに大変なご苦労をおかけしている山本編集室にも多謝多謝！

２０２２年２月３日　節分の日に

昔話・世間話に興じるお年寄りたち（美浜町佐田）

金田久璋（かねだ・ひさあき）

昭和18年9月22日、福井県三方郡美浜町佐田（旧山東村）に生まれる。福井県立敦賀高校商業科を卒業後、郵政職員となり、民俗学者の谷川健一に師事して民俗学を学ぶ。この間、国立歴史民俗博物館共同研究員、国際日本文化研究センター共同研究員、福井県文化財保護審議会委員副会長、わかさ美浜町誌編纂委員会委員長、福井民俗の会会長、若狭路文化研究会会長、敦賀短期大学非常勤講師などを歴任。2022年放送大学教養課程卒業。現在は日本地名研究所所長（川崎市）。若狭路文化研究所顧問。

主要著書に、『森と神々の民俗』（白水社、中日新聞社賞）『稲魂と富の起源』（同）『あどうがたり一若狭と越前の民俗世界』（福井新聞社）『ニソの杜と若狭の民俗世界」（岩田書院）『田の神まつりの歴史と民俗』（森田悌との共著、吉川弘文館）ほか講座本、辞典、調査報告書など共著多数。

詩集に、『言問いとことほぎ』（思潮社、中日詩賞新人賞）『歌口―エチュードと拾遺』（土語社）『賜物』（土曜美術社出版販売、小野十三郎賞）『鬼神村流伝』（思潮社）『理非知ラズ』（同）。評論に『リアリテの磁場』（コールサック社）『詩論と世論の地場』（土語社）、共編著に『日本の地名詩集』（コールサック社）がある。

■現住所　〒919−1205 福井県三方郡美浜町佐田57−46
■E-mail kanedasun@yahoo.co.jp

若狭路文化叢書　第17集

若狭あどうがたり集成 ―昔話・伝説・語り部

2022年3月31日 発行

発　　行………若狭路文化研究所
〒919-1203　福井県三方郡美浜町菅浜70-8-2
E-mail:wakasajiken@gmail.com.
採話・編集………金田 久璋（かねだ・ひさあき）
解　　題………田中 文雅（たなか・ふみまさ）
再　　話………ふくい昔ばなし大学再話研究会
協　　賛………（公財）げんでんふれあい福井財団
〒914-0051　福井県敦賀市本町2丁目9－16
制　　作………山本編集室
〒918-8013　福井県福井市花堂東1丁目4－15
電話 0776-34-7178　FAX 0776-50-1663

発 売 元………有限会社 岩田書院
〒157-0062　東京都世田谷区南烏山4－25－6－103
電話 03-3326-3757　FAX 03-3326-6788

ISBN978-4-86602-822-4 C3339

若狭路文化叢書の出版物

若狭路文化叢書　第一集

影印本

福井県神社明細帳

—敦賀郡・三方郡・遠敷郡・大飯郡—

A4判　524頁
頒価

若狭路文化叢書　第二集

若州良民伝

B5判　376頁
頒価

若狭路文化叢書　第三集

錦　耕三遺稿集Ⅰ・別冊

若狭路の祭りと芸能

A4判 550頁 別冊155頁
頒価

若狭路文化叢書　第四集

錦　耕三遺稿集Ⅱ

若狭路の暮らしと民俗

A4判　531頁
頒価

若狭路文化叢書の出版物

若狭路文化叢書　第九集

影印本

滋賀県物産誌

―大飯郡―

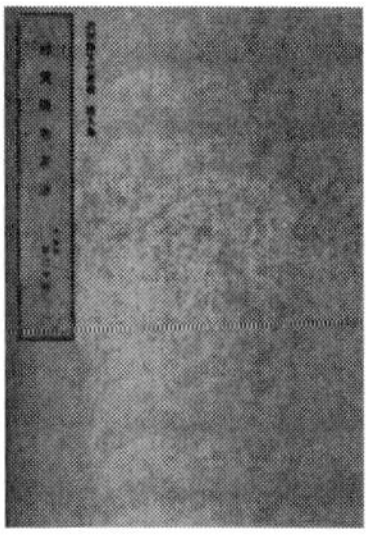

B5判　308頁

頒価

若狭路文化叢書　第十集

島山神社社記
大島村漁業組合沿革誌

大谷信雄 著

A5判　198頁

頒価

若狭路文化叢書　第十一集

若狭湾沿岸の産小屋資料集成

A5判　356頁

頒価

若狭路文化叢書　第十二集

水戸天狗党敦賀関係史料

A5判　370頁

頒価

若狭路文化叢書の出版物

若狭路文化叢書　第十三集
福井県のまつり
健康と諸願成就を祈る　庚申さん

A4判　144頁
頒価

若狭路文化叢書　第十四集
影印本　気比宮社記（上巻）

A4判　340頁
頒価

若狭路文化叢書　第十四集
影印本　気比宮社記（下巻）

A4判　380頁
頒価

若狭路文化叢書　第十二集
敦賀湊北前船主　大和田日記

B5判　316頁
定価　2400円